广东省暨广州市吴和贵名教师工作室

支架梦想 共进前行

——广东省暨广州市吴和贵名教师工作室成果集

吴和贵 / 主编

本书为广东省教育科研“十二五”规划课题“搭建学习支架，促进数学理解的理论与实践研究”（课题批准号：2014YQJK036）、广州市教育科学“十二五”规划课题“基于有效教学的学习支架搭建策略的研究”（课题编号：12B195）、2015年（首届）广州市教学成果培育项目“支架式教学模式的高中数学课堂教学设计研究”培优项目（成果编号：M2015A061）、广东省吴和贵名教师工作室研究成果、广州市吴和贵名教师工作室研究成果。

北京燕山出版社
BEIJING YANSHAN PRESS

图书在版编目（CIP）数据

支架梦想　共进前行：广东省暨广州市吴和贵名教师工作室成果集／吴和贵主编. — 北京：北京燕山出版社，2021.7

ISBN 978-7-5402-6123-8

Ⅰ. ①支… Ⅱ. ①吴… Ⅲ. ①课程—教学研究—中学—文集 Ⅳ. ①G632.3-53

中国版本图书馆CIP数据核字（2021）第130585号

支架梦想　共进前行：广东省暨广州市吴和贵名教师工作室成果集

主　　编	吴和贵
责任编辑	李　涛
出版发行	北京燕山出版社
地　　址	北京市丰台区东铁匠营苇子坑138号C座
电　　话	010-65240430
邮　　编	100079
印　　刷	北京政采印刷服务有限公司
经　　销	新华书店
开　　本	170mm×240mm　16开
字　　数	342千字
印　　张	19
版　　次	2022年4月第1版
印　　次	2022年4月第1次印刷
定　　价	45.00元

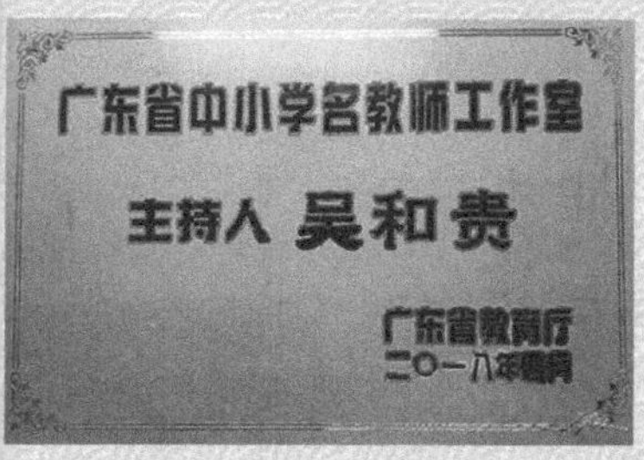

广东省中小学名教师工作室主持人牌匾

广州市名教师工作室主持人牌匾

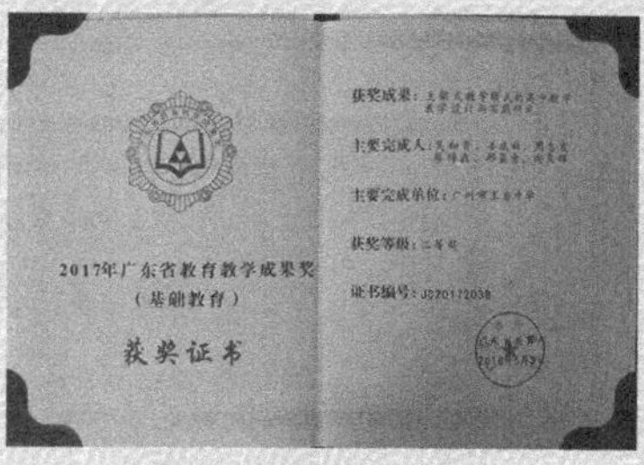

广东省教育教学成果奖证书

朱维宗教授讲座后与工作室成员合影

主持人参加北师大基础教育合作平台第七届“励耘杯”青年教师课堂教学大赛决赛与何小亚、袁京生评委合影

工作室研修合影

广东省名教师工作室集中研修开班仪式

华南师范大学

聘书

兹聘请 吴和贵 同志为2020年"核心基础"教育实验一线专家，聘期三年（2020年-2023年）。

华南师范大学教师教育学部

"核心基础"教育实验一线专家证书

结项证书

项目类别：广东省教育科学"十二五"规划项目

批 准 号：2014YQJK036

项目名称：搭建学习支架 促进数学理解的理论与实践

负 责 人：吴和贵

课题组成员：姜庆新 周志友 钟进均 吴光潮 蔡传森 邱兹青 佘国超 柏君意 向良辉 刘姗姗 连明瑞 于志华 王磊 蔡军喜

证 书 号：202014WT168

鉴定等级：优秀

该项目经审核准予结项，特发此证。

广东省教育科学规划领导小组办公室

二〇二〇年七月

广东省教育科学规划课题结题证书

荣誉证书

吴和贵老师在粤桂教育扶贫协作活动中，作为广东省广州市特级教师讲学团专家到广西区河池市给全市普通高中教师传送数学学科教育教学工作先进经验。表现突出，效果显著。

特颁此证。

河池市教育局

2018年11月9日

工作室主持人作为广州市特级教师讲学团专家到广西河池开展扶贫送教活动

广东省吴和贵名教师工作室成员合影

广州市教育研究院
教学成果奖
获奖证书

获奖成果：基于有效教学的学习支架搭建策略的研究

获奖者：吴和贵、周志友、姜庆新、蔡传森、向良辉、陈兴祥

获奖等级：一等奖

证书号：J2015Y003

广州市教育研究院

广州市教育研究院教学成果一等奖证书

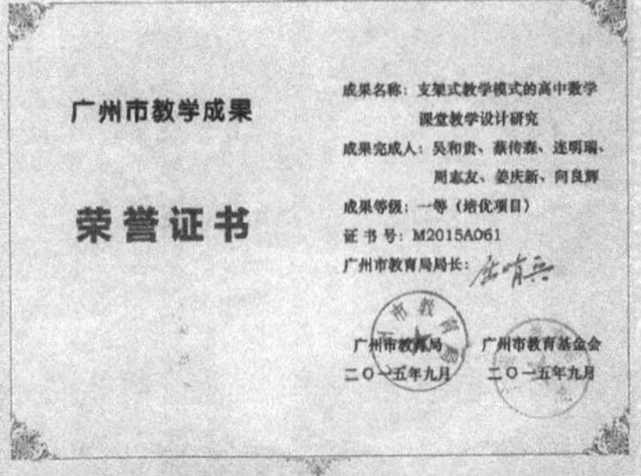

广州市教学成果

荣誉证书

成果名称：支架式教学模式的高中数学课堂教学设计研究

成果完成人：吴和贵、蔡传森、连明瑞、周志友、姜庆新、向良辉

成果等级：一等（培优项目）

证书号：M2015A061

广州市教育局局长：

广州市教育局 二〇一五年九月

广州市教育基金会 二〇一五年九月

广州市教学成果一等奖证书

广州市吴和贵名教师工作室部分成员合影

编 委 会

序言

PREFACE

广东省教育厅为推进广东省中小学教师培训工作的改革创新，进一步提高中小学骨干教师培训的质量和效益，打造中小学名教师品牌，2009 年以来先后建立了一批广东省中小学教师工作室。继而依托教师工作室平台，发挥主持人的示范引领作用，培养学科教学骨干。新一轮（2018—2020 年）广东省中小学名教师、名校（园）长工作室于 2018 年 4 月启动。2018 年 8 月，广州市教育局也启动了广州市基础教育系统教育专家、名校长、名教师工作室。工作室主持人都是在广东省（广州市）范围内通过严格考核后评选出来的。他们师德高尚，专业能力过硬，热心教育事业，是广东省（广州市）中小学教师的优秀代表。2018 年，广州市玉岩中学的正高级教师、广东省特级教师吴和贵经过层层遴选最终被聘为这两类工作室的主持人。

三年来，吴和贵名教师工作室坚持以课堂教学为重点，以课题研究为载体，以反思提升为途径，以引领辐射为目标，通过理论学习、经验传承、公开教学、组织研讨、现场指导、专题研究、公开课评讲、观摩考察、专家讲座、送教助学、网络研修等一系列丰富多彩的形式开展教育教学理论和实践研究，努力提高骨干教师培养对象的教育教学能力和教学研究素质，促进学员和所在区域的中青年教师的专业成长以及名师的自我提升，使工作室成为名教师和骨干教师合作互动的学习共同体，发挥了名教师工作室的辐射带动和示范引领作用。

经世致用，求新求变，三年努力，成果初现。翻开手中这本由广东省和广州市吴和贵名教师工作室筹划结集出版的书籍，我们欣喜地看到，吴和贵名教师工作室成员所取得的成绩和研究成果跃然纸上。本书的出版是对吴和贵名教师工作室成立近三年来的成果的一次汇集与检阅。

我仔细地看了一下全书内容，本书共分为六篇。第一篇是关于教学设计的。新课改重在解决深度学习问题。深度学习是培育和发展学生学科核心素养的基本途径。要实现深度学习，需要真正让学生成为教学的主体，通过深度加工把握知识的本质。教师要关注学生学会了什么、有没有学会、怎么学会的。因此，新课改首先要解决的是如何把握深度学习设计出来的问题。第二篇重在谈学论教。教师的职场在课堂，这就要求教师立足职场，聚焦课堂，不断提高教育教学能力。仅有好的教学设计，没有教师在课堂上开展专题性的诊断、智慧的实施、精彩的生成，即便是最好的设计也是无根之木。因此，谈学论教才是落实立德树人、践行深度学习、实现素养课堂至关重要的一环。第三篇是高考研究。高中数学教学质量如何，最终都是要接受高考的检验的。因此，对高考的研究应成为教师教育教学的日常。教师只有对高考进行精准研究，才能把握高考方向，实现精准教学。第四篇是解题探索。有人说教数学就是教解题，虽不全对，但也不无道理。数学知识与能力最终都要通过试题体现出来，因此，对解题的探索是数学教学的终极目标之一。第五篇是对教研课题进行探讨。要使教师在专业化的道路上不断前行，就要让每一位教师都成为研究者。这就要求教师将“教学问题”作为自己教育科研的日常性研究，使问题专题化、专题课题化、课题课程化。通过课题研究，培养教师教学研究的意识，提高教学研究能力，走上在教学中研究、为教学而研究的行动研究之路，从而走上研究型、专家型、智慧型教师的成长之路。第六篇是有关阅读感想的。教师的专业发展离不开阅读。吴和贵名教师工作室要求每一位成员在做好本职工作的同时阅读教育理论书籍和人文、科学书籍，学习与工作、个人成长有关的知识，定期写出读书笔记和感想，并在阅读的基础上，适时地开展读书心得分享会和沙龙，深刻领悟专家、学者的教育思想和理念，不断提高自身素养。

我与吴和贵老师相识于广东省中小学骨干教师能力提升高端研修班（高中数学）第一阶段集中研修学员与导师见面会上。那个项目是广东省中小学骨干教师高端研修项目，吴和贵是以实践导师身份参会的。在那次见面会上，吴老师在简单自我介绍的同时，主要阐述了广东省和广州市吴和贵名教师工作室的理念、研究方向、目标以及工作室成员的专业成长和发展目标。其实，在与吴老师相识之前，就曾看过他写的多篇较有思想和见地的有关中学数学教育教学的论文。吴老师授课深受学生欢迎，教学效果非常好，我想这得益于他学术造诣高。吴老师在学科教研方面取得了较丰硕的成果，主持并完成多项省、市课题的研究。他主持申报的项目“支架式教学模式的高中数学教学设计与实践研究”获2017年广东省教育教学成果奖（基础教育）二等奖，多个课题研究项目获广州市教育教学成果奖一等奖，出版个人专著《支架式教学：有效教学的生长点——高中数学课堂教学方式的探索与研究》一部，在《数学通报》《中国数学教育》《中学数学》等期刊发表论文30余篇，多篇文章被人大复印资料中心的《高中数学教与学》转载或索引。在长期的教学实践中，吴老师提出“支架数学”的教学主张，逐步形成“激情促学，支架导思，转知为智，化识成慧”的教学风格。

我与吴老师从相识到相知，再到成为生活中的朋友，正可谓“萍水相逢，一见如故”。随着与吴老师接触的次数增多，我感到他对人真诚，为人低调，治学严谨，不管是工作室的建设，发展规划的制定，还是工作室活动的开展，都是扎实推进，有条不紊。与我们数学系合作完成的广东省中小学骨干教师高端研修项目，即跨年度递进式培训项目——中小学骨干教师能力提升高端研修班（高中数学）跟岗研修和广东省2019年中小学乡村骨干教师高端研修班跟岗研修也是圆满完成，学员反映非常好。

工作室的建设是团队的集体行动，着力构建提升全体成员的教学力、学习力、研究力、阅读力、引领力和课程开发力。它也必将不断推动中小学教师整体素质与水平的提高，为广州市乃至广东省教育事业的优质发展服务。

值此书出版之际，略陈数语，愿吴和贵名教师工作室朝着深远的目标继续前行！

李样明

2020年11月4日

李样明

广东第二师范学院数学系主任、教授，贵州师范大学博士生导师

前言

FOREWORD

由广东省教育厅和广州市教育局授牌的广东省吴和贵名师工作室和广州市吴和贵名教师工作室分别成立于2018年4月和2018年8月。现有省级工作室成员16名（主持人、高校专家、教研专家、技术专家各1人，主持人助手2人以及来自广州、清远、梅州等地的优秀骨干教师学员10人）、市级工作室成员11名（主持人、来自广州各区的优秀骨干教师学员10人）、网络学员60余人，是一个集教学科研实践、教师培训于一体的研修团队。工作室以“教师成长的共同体，教学改革的实验室，活力课堂的发源地，教学质量的促进者”为理念，以“专家引领、课题研究、辐射带动、共同成长”为宗旨，以“升华教育情怀、提升专业素养、提炼教学风格、提高辐射作用”为工作室成员专业成长和发展的目标。工作室以立德树人为根本任务，提出“支架数学”的教学主张，努力构建深度学习模式，打造素养课堂，通过跟岗实践、课题研究、网络研修等线上线下培养模式，使每位工作室成员努力做学者型、研究型、专家型、智慧型教师。

成立两年多来，工作室成员的专业水平得到了较快发展，取得了突出业绩。据不完全统计，截至2020年9月，工作室共获得区级以上荣誉20多人次，业务获奖50余项；课题立项24项，其中省级课题4项（主持课题1项）、市级课题9项（主持课题3项）、区级课题15项（主持课题8项），2项省级课题结题（主持课题1项），3项市级课题结题（主持课题1项），5项区级课题结题（全为主持课题）；在市级及以上刊物发表文章20余篇，在各级各类活动中上公开课30多节次，在各级教研会上做中心发言（讲座）以及担任主要职务等40余人次。工作室主持人吴和贵主持申报的项目“支架式教学模式的高中数学教学设计与实践研究”获2017年广东省教育教学成果奖（基础教育）二等奖。此外，本工作室还组织了包括到广西河池、广东清远华侨中学、广东省英德市英西中学等农村、薄弱学校开展送教助学及专业培训活动5次。为发挥专家的引领和同伴的互助作用，工作室共组织专家讲座30场次（主持人14场次，外聘专家16场次），学员之间的同伴互助与心得分享近20场次。

为提高工作室成员的课堂教学水平和教育科研能力，2019年6月，工作室开展了以“聚焦核心素养，打造高效课堂”为主题的教育教学论文评比活动，邀请专家进行现场指导与评审，最终评选出一等奖论文6篇、二等奖论文12篇，并请获得一等奖的成员在集中研修时进行了论文写作分享。

为提升工作室成员的教学设计水平，2020年2月，工作室开展了以“聚焦数学核心素养，追求理解的教学设计”为主题的教学设计评比活动，通过专家的评审，最终评选出一等奖教学设计7篇、二等奖教学设计13篇。在工作室网上集中研修时，部分获一等奖的工作室成员结合自身的教学设计理念和设计思路以及实践过程中的困惑等进行了分享。

为提高工作室成员的理论素养，工作室组织了多次读书分享活动。2020年8月，工作室开展了以“读好书、写实感”为主题的读书征文评比活动，并通过线上进行了交流与分享。

本书的绝大部分文章都选自工作室成员在教育教学论文和教学设计评比中的优秀论文和教学设计。本书的出版也是对工作室成立两年多来的成果的一次汇集与检阅。

我们将本书按文章的内容分为教学设计、谈学论教、高考研究、解题探索、课题研究和阅读感言共六篇。

新修订的布鲁姆教育目标分类法将认知过程分为记忆、理解、应用、分析、评价和提炼六个水平。在较低的“记忆、理解”层次，所涉及的是机械记忆、简单提取、浅层理解等低阶思维活动，学习的结果为“保持”，是浅层学习；在较高的“应用、分析、评价、提炼”层次，涉及的大多是劣构问题解决、元认知、批判性思维等高阶思维活动，学习的结果是对知识的深层理解和迁移应用，是深度学习。与浅层学习停留于对信息的机械记忆和被动接收不同的是，深度学习重视对新知识的批判性吸收、新旧知识之间的关联以及问题的解决。“深度学习”有四个关键点：一是高认知，高认知的起点就是理解；二是高投入，即全神贯注；三是真实任务、真实情境的介入；四是反思。

因此，怎样把深度学习设计出来，即如何进行深度学习的教学设计，应该是教师开给学生的学习“处方”，让学生明白去哪里、怎么去、怎么知道已经到哪里了，而不是告诉学生“我自己”要做什么。为此，本书将“教学设计”作为第一篇呈现。

数学核心素养的提出为高中数学学习方式的转变提供了引领性的支撑，从发展学生核心素养的角度集中体现了数学学科的育人价值，是三维目标的提炼和升华。数学核心素养形成的主要载体是学科知识，主要路径是学科活动，主要条件是学科教师，主要保障是学科评价；而唯有深度学习真正发生，核心素养才能形成。有了好的教学设计，还需教师在课堂上去执行、去实施，因此，“谈学论教”放在了本书的第二篇。

对高考的研究是基于深度学习、打造素养课堂不可缺少的一项内容，包括对高考内容的改革、数学课程标准、高考评价体系、数学科内容改革、高考命题等进行全方位的研究。只有对这些教学进行研究，我们才能把握高考改革的方向，从而促进深度学习，构建素养课堂。因此，“高考研究”为本书的第三篇。

学习数学，关键之一是学会解题。解题教学是数学教师的基本功，因此，数学教师不仅要自己会解题，更重要的是想办法如何教会学生一道题迁移一大片。数学教育家波利亚认为：“一个有责任心的教师与其穷于应付烦琐的书写内容和过量的题目，不如选择某些有意义又不复杂的题目去帮助学生发掘题目的各个方面，在指导学生解题过程中，提升学生的才智与推理能力。”可见，对解题的探索是基于深度学习、构建素养课堂的终极目标。因此，“解题探索”放在了本书的第四篇。

新课程改革要求教师更新教育观念，转变教育教学行为，做学者型、研究型、创新型教师。进行教育教学研究是每一位教育者必须面对的事，而“问题即课题、教学即研究、提高即收获、效果即成果”。因此，教师应从教学问题当中确定一个课题。有了课题，教学研究就有了目标、方向和具体内容。这也是基于深度学习、构建素养课堂之必须。因此，“课题研究”放在了本书的第五篇。

古人有言：“读万卷书，行万里路。”受疫情的影响，不能行万里路，那就请大家利用难得而短暂的闲暇时间去阅读。阅读可以完善人格和丰富人性、充实文化底蕴和生活情趣。爱阅读的教师会积累丰富的理论知识与方法经验，有了科学的理论做指导，教学工作才会顺利，才会取得更好的成绩。阅读就是成就更好的自己。教师只有成为真正意义上的“知识人”，才能领略到“教育者的尊严”。为此，“阅读感言”放在了本书的最后一篇。

本书的文字均来自各位老师在理论学习和教学实践中的案例、体会和总结，每篇文章都凝聚着作者的劳动和创造。借此机会，向为本书提供文稿的作者表示诚挚的谢意！

广州市玉岩中学十分重视本书的出版，将本书的出版列入名师工作室建设计划，并在名师工作室经费当中专项列支全额资助本书的出版。广州市玉岩中学校长印贤文，副校长陈克、周志友、文娟和熊峰，教师发展处主任廖中良，副主任邱蓝青以及全体同事对本书的出版均给予了许多具体的指导、支持和帮助，在此表示由衷的感谢！

经常总结经验、积累案例，及时吸取教训和积极反思，是为了向更高目标迈进。但愿本书能为以“基于深度学习、构建素养课堂”为标志的新一轮课程改革的推进提供借鉴。由于时间仓促，选编内容的观点、认识、思考、做法等，不一定完全符合本书的初衷和读者的期望与要求，难免有不足之处，敬请广大读者、同行批评指正。

吴和贵

2020 年 10 月 29 日于广州

目录

CONTENTS

第一篇　教学设计

第二篇　谈学论教

第三篇 高考研究

第四篇 解题探索

第五篇 课题研究

第六篇　阅读感言

第一篇

教学设计

新修订的布鲁姆教育目标分类法将认知过程分为记忆、理解、应用、分析、评价和提炼六个水平。在较低的“记忆、理解”层次，所涉及的是机械记忆、简单提取、浅层理解等低阶思维活动，学习的结果为“保持”，是浅层学习；在较高的“应用、分析、评价、提炼”层次，涉及的大多是劣构问题解决、元认知、批判性思维等高阶思维活动，学习的结果是对知识的深层理解和迁移应用，是深度学习。与浅层学习停留于对信息的机械记忆和被动接受不同的是，深度学习重视对新知识的批判性吸收、新旧知识之间的关联以及真实问题的解决。

深度学习需把握好四个关键点：一是高认知，高认知的起点就是理解；二是高投入，即全神贯注；三是真实任务、真实情境的介入；四是反思。因此，怎样把深度学习设计出来，即如何进行深度学习的教学设计，应该是教师开给学生的学习“处方”，让学生明白去哪里、怎么去、怎么知道已经到哪里了；而不是告诉学生“我自己”要做什么。

基于核心素养的问题支架式教学设计

——以“任意角的三角函数”教学为例

广州市增城区高级中学　胡能其

一、内容和内容解析

1. 内容

高中数学人教A版教材《数学4》（必修）第一章“三角函数”的第1.2节“任意角的三角函数”。

2. 内容解析

教材地位：三角函数是一个重要的周期函数模型。它在几何学、物理学、天文学、测量学等领域都有着广泛的应用。任意角的三角函数定义是整个三角函数的学习起点，是学生进一步理解并掌握好三角函数知识的关键，也是培养学生数学建模、逻辑推理和数学抽象等核心素养的重要载体。

教学任务：本节课的教学任务是在学生原有的直角三角形模型下的锐角三角形函数定义扩展到直角坐标系下任意角的三角函数的定义，让学生体会到将初中锐角三角函数用边的比值定义到高中用终边上点的坐标的比值定义再到单位圆上的点的坐标定义的合理性和必要性，且在定义的基础上理解并掌握三角函数的符号的判定以及特殊角的三角函数值的求解。

蕴含的数学思想和方法：三角函数的定义从初中的锐角到高中的任意角，从平面几何到解析几何，蕴含着数学建模思想和数形结合思想。

教学重点：任意角的三角函数的定义。

二、目标和目标解析

1. 目标

（1）经历三角函数概念的抽象过程，发展数学抽象素养。

（2）理解任意角三角函数的“终边定义法”和“单位圆定义法”两种定义。

（3）掌握任意角三角函数的符号。

（4）初步体会三角函数的周期性。

2. 目标解析

（1）学生能在原有的锐角三角函数的认知基础上，明确任意角三角函数的定义扩展的必要性和合理性，体会从直角三角形模型到直角坐标系模型的建模过程，并能抽象出任意角的三角函数定义，实现对学生数学建模和数学抽象等数学核心素养的培养。

（2）学生能理解任意角三角函数的“终边定义法”和“单位圆定义法”及其联系，并且能利用定义求出特殊角的三角函数值，实现对学生逻辑推理的数学核心素养的培养。

（3）学生能够根据定义得出任意角三角函数在各个象限取值的符号。

（4）学生能够根据定义初步体会三角函数的周而复始的特性。

三、教学问题诊断分析

虽然学生在初中已经学习过锐角三角函数的定义，有了一定的学习起点，但由于初中的锐角三角函数定义是在直角三角形的模型下建立的，而将锐角放到直角坐标系下，一开始仍然要以初中的直角三角形模型为起点引入，这样就造成学生在理解其他象限角的三角函数定义时很难脱离直角三角形模型转为坐标点的比值定义。这是本节课教学遇到的一个难点。另外，教材为了学生更好地理解三角函数定义和今后更好地学习三角函数相关知识，采用了“单位圆定义法”，而没有提及“终边定义法”。事实上，这两种定义法是一致的，各具优点，所以就需要教师做好权衡。笔者建议两种定义都要传授给学生，但侧重于“单位圆定义法”。

四、教学支持条件分析

（1）在初中学生已经学习了锐角三角函数的定义，且明白锐角三角函数的值与直角三角形的大小无关，这都为本节课的学习提供了很好的学习起点。

（2）可利用几何画板软件，让学生直观体会任意角的三角函数定义与终边上点（不与原点重合）的位置无关，也可以通过直观演示让学生体会三角函数周而复始的重要属性。

五、教学过程设计

环节1：复习回顾，激发兴趣

问题1：初中锐角三角函数是如何定义的？

师生活动：

（1）由学生写出初中锐角三角函数的定义。

（2）追问：如果不改变角的大小将直角三角形的三边都扩大或者缩小，锐角所对应的三角函数值会改变吗？

设计意图：回顾初中锐角三角函数的定义；让学生明确对于每个锐角，它所对应的三角函数值是唯一的。突出函数概念的特征，为学习任意角三角函数定义做准备。

教师追问：$\frac{5\pi}{3}$的正弦、余弦和正切值是多少呢？

师生活动：明确按照初中锐角三角函数的定义是没有办法求得$\frac{5\pi}{3}$的正弦、余弦和正切值的。

设计意图：引发认知冲突，激发学生学习新知的兴趣。

环节2：问题支架，构建新知

问题2：如何根据初中锐角三角函数的定义用点P的坐标写出锐角α的三角函数值？

如图1所示，设锐角α的顶点与原点O重合，始边与x轴的正半轴重合，那么它的终边在第一象限，在α终边上任取一点P（a，b），它与原点的距离$r=|OP|=\sqrt{a^2+b^2}>0$，过点P作x轴的垂线，垂足为M，则线段OM长度为a，线段MP的长度为b。

$\sin\alpha=$______________。

$\cos\alpha=$______________。

$\tan\alpha=$______________。

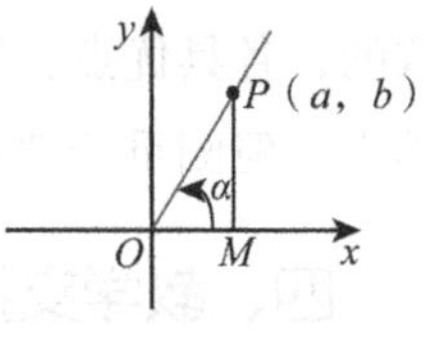

图1

设计意图：让学生体会由直角三角形的锐角三角函数模型转为象限角的锐角三角函数模型的建模过程，引导学生将角 α 的三角函数值由边的比值转为点 P 的坐标比值，导入新课。

教师追问：改变点 P 的位置，角 α 的三角函数值会改变吗？为什么？

设计意图：使学生明白，每一个角对应的三角函数值是唯一确定的，不会随着点的位置的改变而改变。符合函数的定义，为任意角三角函数的定义合理性提供了依据。

问题3：三角函数定义由直角三角形的边的比值变为终边上的点的比值，你觉得这种定义的变化能帮我们研究非锐角的三角函数的值吗？

设计意图：引导学生跳出直角三角形模型，理解在象限角的模型下利用终边上的点的坐标定义三角函数的广泛性，为任意角的三角函数的定义做好铺垫。

师生活动：结合问题2和问题3的探讨和学习，教师给出任意角三角函数的“终边定义法”的定义。

如图2所示，设任意角 α 的顶点与原点 O 重合，始边与 x 轴的非负半轴重合，那么它的终边在第二象限，在 α 终边上任取一点 $P(x, y)$，它与原点的距离 $r=|OP|=\sqrt{x^2+y^2}>0$，则定义 $\sin\alpha=\frac{y}{r}$，$\cos\alpha=\frac{x}{r}$，$\tan\alpha=\frac{y}{x}(x\neq0)$.

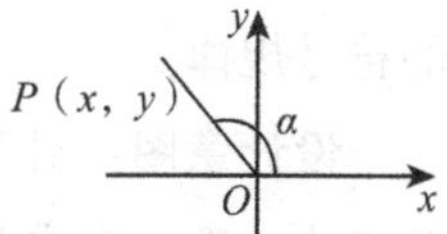

图2

问题4：如图3所示，设角 α 的顶点与原点 O 重合，始边与 x 轴的非负半轴重合，它的终边与单位圆（半径为1）的交点为 $P(x, y)$，请同学们根据刚学过的任意角的三角函数的定义写出角 α 的三角函数值，并找出它们有什么特别之处。

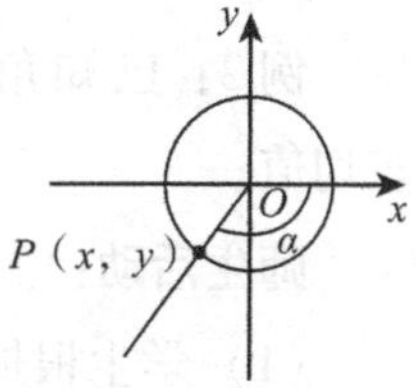

图3

师生活动设计：通过探究活动，教师给出任意角的终边与单位圆的交点的坐标与三角函数的对应关系，得出利用单位圆定义的三角函数的定义。

设计意图：通过单位圆将三角函数的定义变得更简洁、清晰，也让学生掌握了任意角三角函数的“单位圆定义法”的定义，并体会“单位圆定义法”其实是终边定义法的一种特殊情况，发展学生的逻辑推理素养。

问题5：请同学们利用“单位圆定义法”写出0，$\frac{\pi}{2}$，π，$\frac{3\pi}{2}$，2π，$\frac{5\pi}{2}$，3π的三角函数值，并说明sinα在［0，2π）范围内的大小变化规律。

师生活动：

（1）学生自主完成。

（2）教师通过几何画板软件演示，让学生直观感受sinα的变化情况以及正弦函数周而复始的属性。

设计意图：让学生进一步掌握“单位圆定义法”的对应关系，也让学生体会“单位圆定义法”的简洁和清晰，同样让学生感受三角函数周而复始的特性。

问题6：根据任意角三角函数的定义写出正弦、余弦和正切函数的定义域及它们在各象限的符号。

师生活动：

（1）学生自主完成。

（2）教师归纳总结任意角三角函数的定义域及任意三角函数值在各象限的符号规律。

设计意图：引导学生根据三角函数的定义得出三角函数的定义域及其符号规律，进一步掌握任意角三角函数定义的应用。

环节3：例题分析，应用新知

例1：完成问题1中求$\frac{5\pi}{3}$的正弦、余弦和正切值。

例2：已知角α的终边过点P_0（－3，－4），求角α的正弦、余弦和正切值。

师生活动：

（1）学生根据刚才所学习的任意角三角函数的两种定义选择恰当的方法进行求解。

（2）教师根据学生的解题情况分析比较两种定义各自的特点，并引导学生学会选择合适的方法解题。

设计意图：让学生学会选择合适的三角函数的定义求解三角函数值。

例3：求证：当且仅当下列不等式组成立时，角α为第三象限角。

$$\begin{cases}\sin\alpha<0 & ①\\ \tan\alpha>0 & ②\end{cases}$$

师生活动：

（1）教师先提示学生需双向证明。

（2）学生自主完成。

（3）教师总结并对答题规范做出示范。

设计意图：让学生根据三角函数值符号判断角的位置和根据角的位置判定三角函数值的符号。

环节4：课堂小结，提炼方法

（1）学习内容：任意角的三角函数的两种定义，任意角的三角函数的定义域，任意角三角函数值的符号规律。

（2）求任意角三角函数值的基本思路：在直角坐标系中准确画出象限角的位置——根据所求角的特征选择恰当的方法求值。

（3）根据任意角两种三角函数值的符号确定角的位置的方法：先根据一种三角函数值的符号确定角可能在的位置，再结合另一种三角函数值的符号确定角可能在的位置，最后确定角的位置。

六、目标检测设计

目标检测题：

题组一：

（1）利用三角函数的定义求$\frac{7\pi}{6}$的三个三角函数值。

检测目标：利用三角函数“单位圆定义法”求特殊角的三角函数值。

（2）已知角α的终边过点P_0（-12，5），求角α的三个三角函数值。

检测目标：利用三角函数“终边定义法”求三角函数值。

设计意图：根据不同问题的特点，选择恰当的方法求三角函数值。

题组二：

（1）设角α是三角形的一个内角，在$\sin\alpha$，$\cos\alpha$，$\tan\alpha$，$\tan\frac{\alpha}{2}$中，哪些有可能取负值？

检测目标：判定角的三角函数值的符号。

（2）已知角α满足$\sin\alpha<0$，$\cos\alpha>0$，则角α为第几象限角？

检测目标：根据角的三角函数值判定角的位置。

设计意图：掌握三角函数值符号的规律。

七、教学反思

本节课是让学生在原有知识的认知基础上体会之前三角函数的定义的局限性，引导学生体会新定义的必要性和合理性。虽然新教材的定义只是“单位圆定义法”，但在课后习题的处理过程中发现用这种定义解题所遇到的困难，而且“终边定义法”更容易让学生从初中三角函数的定义理解新的定义，将三角函数的边的比值转化为坐标的比值；另外“单位圆定义法”本身就是“终边定义法”的一种特殊情况，所以还是决定让学生掌握三角函数的终边定义法。这样的教学既符合学生的认知，也让学生更容易理解为什么可以用单位圆来定义。本节课的教学是在问题的情境引领下让学生积极参与问题的探讨，在问题的解决过程中体会新知识的生成过程，做到对知识本质的深刻理解，符合以学生为主体的课堂教学要求，在问题的解决过程中提升了学生的素养。

参考文献：

[1] 章建跃. 普通高中教科书·数学（人教A版）“单元—课时教学设计”体例与要求［J］. 中学数学教学参考，2019（22）：14－16.

[2] 马旭，欧阳尚昭. “集合的概念”教学设计、教学反思与点评[J]. 中学数学教学参考，2019（22）：17－23.

[3] 易文辉. 高中数学发展学生数学学科核心素养的策略分析——以“古典概型”教学为例［J］. 中学数学教学参考，2019（10）：16－20.

矩形、菱形、正方形的综合问题复习

广州市第五中学　刘护灵

一、内容和内容解析

1. 内容

矩形、菱形、正方形的综合问题。利用矩形、菱形、正方形的性质与判定定理进行推理和计算。

2. 内容解析

中考第一轮复习的时间紧、任务多，而先前新课学习时掌握的知识和技能有些遗忘，且大部分认知还停留在知识层面，没弄明白各知识点间的内在联系与区别。通过本次的板块复习，知识的系统性、综合性、技巧性等方面都要在原来的基础上有所提升。

基于此，本节课的重难点是对矩形、菱形、正方形关系的理解和应用，以及利用矩形、菱形、正方形的性质与判定定理进行推理和计算。

二、目标和目标解析

1. 目标

（1）回顾矩形、菱形、正方形的性质与判定定理，理解几何法和逆推顺证的解题策略。

（2）掌握平行四边形、矩形、菱形、正方形的概念以及了解它们之间的关系，熟练利用平行四边形、矩形、菱形、正方形的性质与判定定理进行推理和计算。

2. 目标解析

（1）矩形、菱形、正方形的性质与判定在课程标准中属于“理解”和

"掌握"的水平，是平面几何中培养学生数学思维的重要知识载体。

（2）熟练利用平行四边形、矩形、菱形、正方形的性质与判定进行推理和计算，渗透转化和类比的思想方法，进一步提升几何直观与逻辑推理的核心素养。

三、教学问题诊断分析

（1）学生在新课学习时已经学习了矩形、菱形、正方形的概念及相关性质与判定，初步具有几何直观、应用意识和逻辑推理能力，基本掌握了几何图形研究的一般思路和方法，复习课在此基础上进一步提升。

（2）学生对各种特殊平行四边形的性质和判定重叠交错，容易混淆，在应用性质和判定时，容易出现错用、多用或少用条件的现象，在复习中通过典型例题的分析、变式，让学生熟练利用平行四边形、矩形、菱形、正方形的性质与判定进行推理和计算，并且理解几何法和逆推顺证的解题策略。

四、教学支持条件分析

为了更有效地实现教学目标，突破教学难点，教师教学时应采用从特殊到一般的策略，让学生经历探索、发现、认识、理解几何法和逆推顺证的解题策略。为便于开展教学活动，教师可以运用 GeoGerba 或几何画板的几何绘图功能实现从平行四边形到正方形形成的动态展示，以此加强学生对平行四边形、矩形、菱形、正方形的性质与判定的理解，进而积累基本活动经验，形成数形结合的思维认知，提升直观想象的核心素养。

五、教学过程设计

1. 回顾练习

（1）菱形不具备的性质是（　　）。

A. 四条边都相等　　B. 是轴对称图形

C. 是中心对称图形　　D. 对角线相等

（2）如图 1 所示，在矩形 $ABCD$ 中，对角线 AC 与 BD 相交于点 O，且 $OA=AB=2\text{cm}$，则 BD 的长为______cm，BC 的长为______ cm.

（3）如图 2 所示，在菱形 $ABCD$ 中，$\angle B=60°$，$AB=4$，则以 AC 为边长的正方形 $ACEF$ 的周长为（　　）。

A. 14　　B. 15　　C. 16　　D. 17

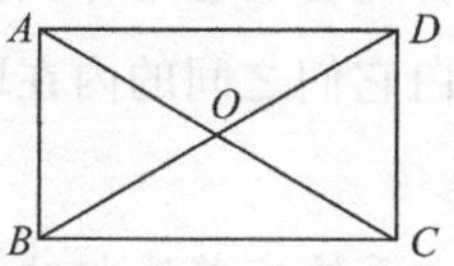

图 1

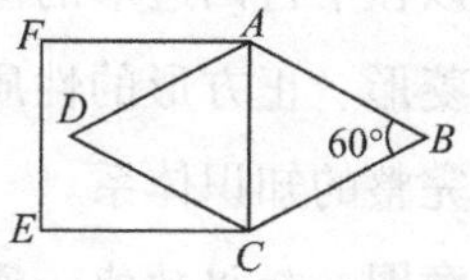

图 2

师生活动： 由学生先独立思考完成，教师再请学生分享答案，教师根据其完成情况引导学生进一步探究分析。如果学生能顺利回答，教师可追问其理由，并引导学生找出每一题涉及的知识点，教师将相应的知识点板书在预设的位置；如果学生回答有难度或不全面，教师则引导其思考，或请其他学生给予帮助，保证每一位学生都能完成这一部分的学习。

设计意图： 知识功能，在完成诊断练习的过程中，回顾矩形、菱形、正方形相关的性质及判定；能力功能，在学生解决问题时，让学生经历猜想、证明、计算等过程，培养学生推理能力的核心素养，构建完整的知识体系；教育功能，回顾练习的难度小、容量少、涉及的知识点不多，学生在这一阶段很容易体验到成功的喜悦，激发学习欲望。

2. 复习回顾

平行四边形、菱形、矩形、正方形这四者的关系是什么？

填写思维导图，如图 3 所示。

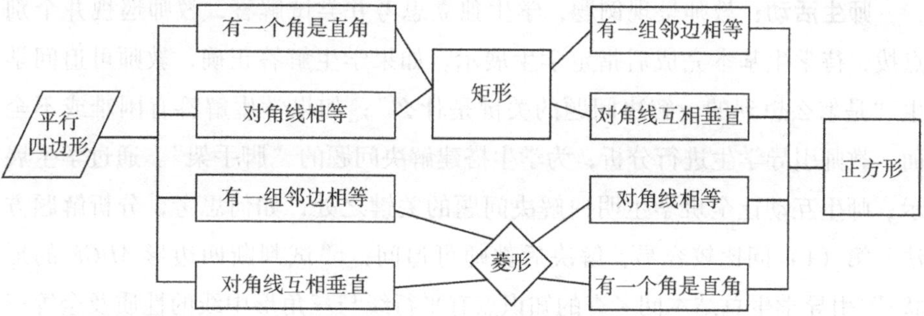

图 3

师生活动： 由“回顾练习”的追问得到思维导图的主干部分，在此基础上，教师引导学生找出其中的内在联系与区别，师生共同完善思维导图。根据思维导图可知正方形都是在矩形或菱形的基础上判定的，教师提出：正方形是否可以在平行四边形的基础上直接判定？结合完善的思维导图让学生理解矩形、菱形、正方形的性质与判定定理，弄明白它们之间的内在联系与区别，构建完整的知识体系。

设计意图：知识功能，通过思维导图的形式，系统完整地归纳总结特殊平行四边形的判定和性质，直观呈现矩形、菱形和正方形之间的联系与区别；能力功能，通过从“回顾练习”中发现、提炼其涉及的知识点，逐一抽象形成思维导图，培养学生学会学习的核心素养；教育功能，让学生体会数学具有严密的知识体系和科学精神，感受数学文化的魅力。

3. 典例分析

例1：如图4所示，在△*ABC* 中，*AD* 是 *BC* 边上的中线，*E* 是 *AD* 的中点，过点 *A* 作 *BC* 的平行线交 *BE* 的延长线于点 *F*，连接 *CF*.

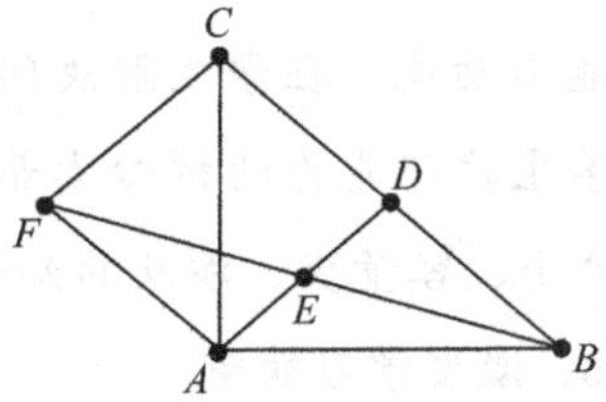

图4

（1）求证：$AF = DC$；

（2）若 $AC \perp AB$，试判断四边形 *ADCF* 的形状，并证明你的结论。

师生活动：教师呈现例题，学生独立思考并尝试解答，教师巡视并个别点拨，待学生基本完成后指定学生展示。如果学生解答正确，教师可追问学生“是怎么想到的，解决问题的关键是什么”；如果学生解答有困难或不全面，教师引导学生进行分析，为学生搭建解决问题的“脚手架”。通过学生展示、师生互动让全班学生明白解决问题的关键之处，如何思考，分析解题方法。第（1）问比较容易，解决后教师可追问：“试判断四边形 *ADCF* 的形状？”引导学生总结本问考查的知识点有平行线与三角形中线的性质及全等三角形的判定和性质。第（2）问是猜想四边形 *ADCF* 的形状，在第（1）问中已做了铺垫，学生已经知道四边形 *ADCF* 是平行四边形，所以关键是找其邻边相等，或有一个内角为直角，或邻边相等且有一个内角为直角。完成此题后，为了拓展学生思维，还可以进行如下变式。

设计意图：知识功能，本题涉及平行四边形、菱形的判定及直角三角形斜边上中线的性质的综合运用；能力功能，学生在解决问题时，用分析法从问题出发得到已知条件，第（2）问需要经历猜想、推理、证明等过程，构建类似问题的模型，提高学生的直观想象、逻辑推理、数学建模的核心素养；教育功能，数学作为一种文化，在学生非智力因素的培养方面也具有特殊功效，使学生在解题过程中遇到困难、挫折不放弃，勇于实践创新，体验成功的感受。

变式1：若将“$AC\perp AB$”改为“CA 平分$\angle FCD$”，那么四边形 $ADCF$ 的形状是__________。

变式2：若将“$AC\perp AB$”改为“$AD\perp BC$”，那么四边形 $ADCF$ 的形状是__________。

变式3：如图5所示，在$\triangle ABC$中，AD 是 BC 边上的中线，E 是 AD 的中点，过点 A 作 BC 的平行线交 BE 的延长线于点 F，连接 CF，$AC\perp AB$，$AG\perp CF$，垂足为 G，$AB=8$，求 AG 的长。

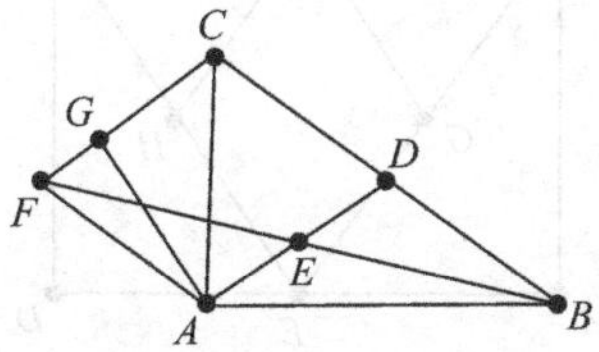

图5

变式4：将变式3中的条件“$AB=8$”改为“$\sin\angle ACB=\frac{4}{5}$”，其他条件不变，求 AF 的长。（这个提问在课堂上带过，学案不出现）

设计意图：知识功能，变式1与变式2是特殊平行四边形的两种判定方法，变式3和变式4运用了特殊平行四边形的判定与性质，融入直角三角形及三角形中线的性质、解直角三角形等知识；能力功能，在例题的基础上改变局部条件进行了四种变式，将等积法及解直角三角形融入特殊平行四边形，拓展学生思维，提升解题能力，构建特殊平行四边形的模型，在思考与辩论中提升学生的直观想象与逻辑推理能力，进一步落实逻辑推理、数学建模、直观想象的核心素养；教育功能，通过系列变式练习，为学生建立严密的知识体系与技能，提高学生非智力因素，促使学生养成科学探索精神。

4. 例2和变式

例2：如图6所示，已知矩形 $ABCD$ 中，E 是 AD 边上的一个动点，点 F，

G，H 分别是 BC，BE，CE 的中点。证明：不论 E 运动到何处，四边形 $EGFH$ 都为平行四边形。

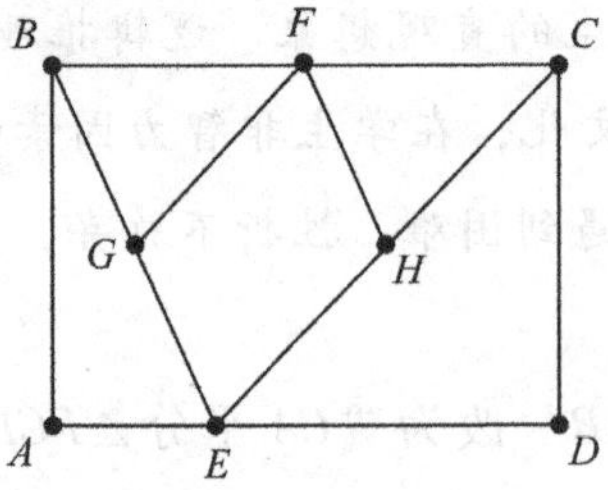

图 6

变式 1：如图 7 所示，已知矩形 $ABCD$ 中，点 E 是 AD 边上的一个动点，点 F，G，H 分别是 BC，BE，CE 的中点。探索：当点 E 运动到何处时，四边形 $EGFH$ 为菱形？

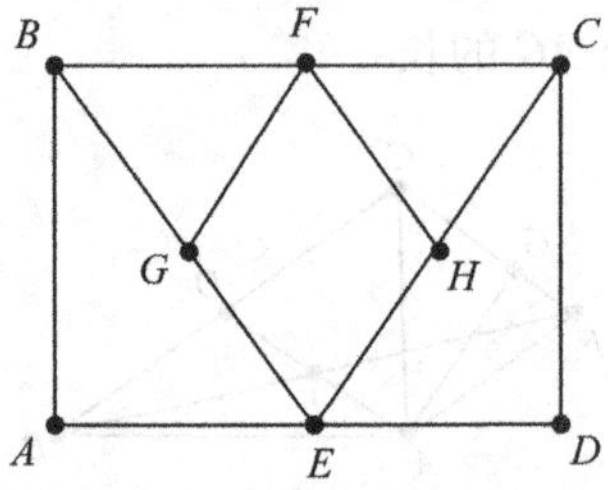

图 7

变式 2：如图 8 所示，已知矩形 $ABCD$ 中，点 E 是 AD 边上的一个动点，点 F，G，H 分别是 BC，BE，CE 的中点。若点 E 到达一处时，使得四边形 $EGFH$ 为矩形，此时矩形 $ABCD$ 的边长 BC 和 CD 需要满足什么条件？

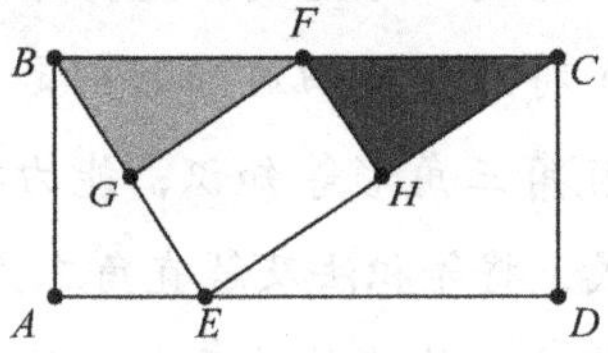

图 8

变式 3：如图 9 所示，已知矩形 $ABCD$ 中，点 E 是 AD 边上的一个动点，点 F，G，H 分别是 BC，BE，CE 的中点。当点 E 运动到使四边形 $EGFH$ 为正方形时，求 AD 与 CD 的比值。

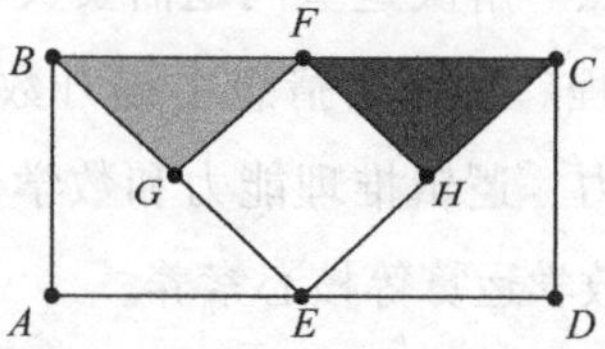

图 9

师生活动：由学生独立思考并解答例 2 变式 1，教师巡视并指定学生板书证明过程，引导学生总结判定全等三角形的几种方法，理解三角形中位线定理，在此基础上继续引导学生探究变式 2。在解决变式 3 时，部分学生会觉得难度较大，不知道从何处入手。教师可引导学生思考正方形有哪些性质，如何表示 GH 与 EF 的关系、GH 与 AD 的关系、EF 与 AB 的关系。学生独立思考后在小组内交流，指定学生代表展示，教师适时引导方法或追问其理由。

设计意图：知识功能，让学生通过参与解题活动，巩固三角形中位线定理和全等三角形的判定、正方形的性质和判定，中位线定理和直角三角形斜边性质的知识；能力功能，促进学生思维能力的发展，从问题出发，分析得到已知条件，提高学生分析问题、解决问题的能力，进一步落实学生逻辑推理的核心素养；教育功能，当学生遇到困难问题时，通过剖析条件，解决有挑战性的问题，通过努力去克服困难，培养学生的探索精神。

5. 课后巩固练习

（略）

六、教学反思

中考复习时，教学设计的复习内容和价值取向要符合中考要求，既要注重“四基”的落实，也要兼顾适度拓展，在课堂教学中更注重对数学方法和思想的渗透以及数学核心素养的培养。

在“回顾练习”这一环节，通过设置难度低、容量小的三个问题反馈学生对知识或技能的掌握情况及问题形成的原因，从“回顾练习”中引出特殊平行四边形的性质与判定。在“思维导图”这一环节帮助学生构建完整的知识体系，进一步提升学生数学抽象的核心素养。在“示例分析”的环节共设计两道例题，其中例 2 另设计有三道变式练习供选择。

例题及变式涉及特殊平行四边形的性质与判定、三角形的中线、锐角三角函数、勾股定理等知识点。解决这些问题需要灵活运用上述知识，学生经历猜想、分析、证明的过程。在观察猜想中提升数学抽象与直观想象能力；在问题分析中提升分析能力、逻辑推理能力和数学建模能力；在证明的过程中进一步提升逻辑推理和数学运算等核心素养。

总体说来，通过这节课的学习，学生可以逐步形成良好的数学思维品质与建模能力，进一步提升数学抽象、直观想象、逻辑推理、数学建模、数学运算等数学核心素养。

（注：本教学设计参考了《中学数学教学参考》2019 年第 1 ~ 2 期的部分文献，根据本校学生实际情况也做了必要的改动，根据 2019 年 4 月区教研员陈永耀的听课反馈，授课效果良好。）

参考文献：

[1] 邵瑞珍，皮连生，吴庆麟．教育心理学［M］．上海：上海教育出版社，1997.

[2] 何小亚．数学应用题认知障碍的分析［J］．上海教育科研，2001（6）：41 −43.

[3] 涂荣豹．数学建构主义学习的实质及主要特征［J］．数学教育学报，1999，8（4）：16.

[4] 王林全，林国泰，何小亚，等．中学数学思想方法概论［M］．广州：暨南大学出版社，1999.

“平面向量基本定理”的教学设计与实践

清远市华侨中学　杨　刚

“平面向量基本定理”是一节概念教学课。在开始设计这节课时，我也进行了深入的思考。一方面，概念教学是个难点，我们需要让学生在第一时间能对概念的内涵和外延有比较清晰的认识，避免出现理解的偏差；另一方面，我们还需要让学生把本节知识较好地融入他原有的知识结构体系，只有引导学生想清楚它是如何承前启后的，才不至于让本节内容显得太孤立。基于这些思考，我确定了最终的教学设计。

一、内容和内容解析

1. 内容

“平面向量基本定理”是人教版《普通高中课程标准实验教科书·数学》(必修4) 第二章2.3节内容。本节内容共需两课时，这是第一课时。该课时主要学习平面向量基本定理及其应用。

2. 内容解析

平面向量基本定理是进一步研究平面向量问题的基础，是解决向量问题及利用向量解决问题的关键桥梁，是平面向量代数化的前提，具有承上启下的作用。由此确定本节课的教学重点是平面向量基本定理的形成与认识过程及应用。

二、目标和目标解析

1. 目标

理解平面向量基本定理及其意义，了解基底的含义，会用基底表示向量；引导学生经历平面向量基本定理的形成过程，培养学生观察、分析、归纳等思维能力，渗透数形结合、化归与转化等数学思想；通过对平面向量基本定理的探究，培养学生数学抽象、逻辑推理、数学运算等核心素养。

2. 目标解析

学生通过几何作图感知与归纳探究，使其经历定理的形成过程，并通过自主探究与小组合作等多种形式激发学生学习的兴趣，培养学生的理性思维能力；在平面向量基本定理的形成过程中培养学生数学抽象的素养，在引导学生证明“存在性”和“唯一性”的过程中培养学生逻辑推理的素养，在用基底表示平面内任一向量的过程中培养学生数学运算的素养。

三、教学问题诊断分析

学生已经学习了向量的基本概念和向量的线性运算，对向量的物理背景（如力的合成与分解）有了初步的了解，但对于向量的运算仍然停留在几何直观的理解上，缺乏从代数运算的角度来理解向量。如果不加启发和引导，学生也不会理解平面向量基本定理的深刻内涵。故本节课的教学难点是平面向量基本定理的理解与探究。

四、教学支持条件分析

教师通过问题引导激发学生学习的兴趣，引导学生通过自主探究、合作交流等形式先归纳出向量基本定理的雏形，然后加以引导，进而对定理不断完善以及严格论证，从一维到二维，从特殊到一般，符合学生的认知规律。

五、教学过程设计

1. 复习回顾，情境引入

问题 1：我们之前学过向量的哪些运算？

加法（图 1）：

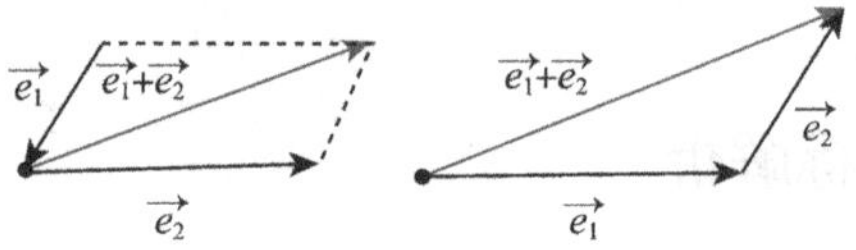

图 1

减法（图2）：

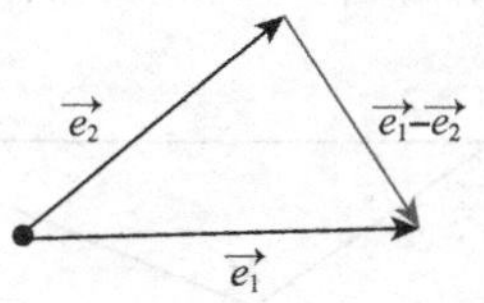

图 2

数乘：$\lambda\overrightarrow{a}$

追问1：上面这些运算可以看成向量的合成，那么向量可以分解吗？同学们见过向量的分解吗？（图3）

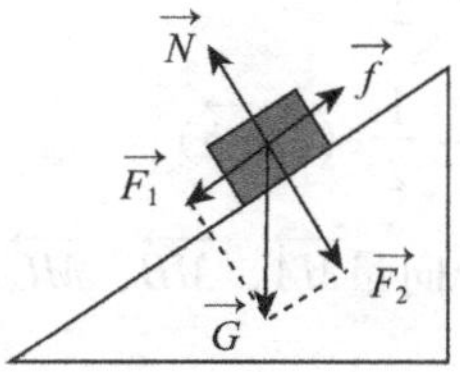

图 3

向量的分解应该遵循什么规律呢？（板书课题）

设计意图： 通过复习前面所学知识，引入本节新课，建立知识点间的联系，同时提高学生概括、推理的能力。

2. 类比猜想，探究验证

前面我们学习了共线向量的基本定理：向量$\overrightarrow{b}$与非零向量$\overrightarrow{a}$共线，当且仅当有唯一一个实数λ，使$\overrightarrow{b}=\lambda\overrightarrow{a}$（图4）。

图 4

问题2： 平面内任一向量$\overrightarrow{a}$，一定能用非零向量$\overrightarrow{b}$来表示吗？你能通过作图说明吗？

问题3： 平面内任一向量$\overrightarrow{a}$，都能用两个非零向量来表示吗？

我们先来回顾一道例题（课本 P. 89 例 7）：

如图 5 所示，平行四边形 $ABCD$ 的两条对角线相交于点 M，且$\overrightarrow{AB}=\vec{a}$，$\overrightarrow{AD}=\vec{b}$，你能用$\vec{a}$，$\vec{b}$表示$\overrightarrow{MA}$，$\overrightarrow{MB}$，$\overrightarrow{MC}$和$\overrightarrow{MD}$吗？

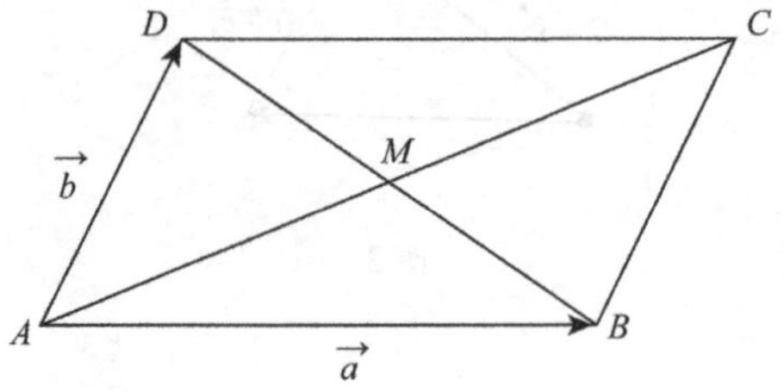

图 5

$\overrightarrow{MA}=-\frac{1}{2}(\vec{a}+\vec{b})$，$\overrightarrow{MB}=\frac{1}{2}(\vec{a}-\vec{b})$

$\overrightarrow{MC}=\frac{1}{2}(\vec{a}+\vec{b})$，$\overrightarrow{MD}=-\frac{1}{2}(\vec{a}-\vec{b})$

也就是说，题目中的 4 个向量$\overrightarrow{MA}$，$\overrightarrow{MB}$，$\overrightarrow{MC}$和$\overrightarrow{MD}$都能用两个非零向量$\vec{a}$，$\vec{b}$来表示。

设计意图：通过设置疑问，启迪学生思维。基于问题的抽象性，故从课本的例题出发，引发学生思考。

思考：如果$\vec{a}$，$\vec{b}$共线，还能表示出来吗？

猜想（图 6）：

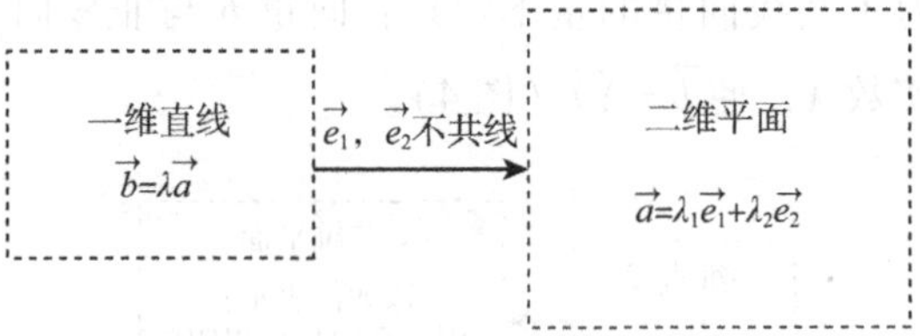

图 6

探究 1：（存在性）如何说明对于平面内的任意向量$\vec{a}$，一定存在一对实数 λ_1，λ_2，使$\vec{a}=\lambda_1\vec{e_1}+\lambda_2\vec{e_2}$呢？

请大家在草稿纸上作出两个不共线的向量$\vec{e_1}$，$\vec{e_2}$，和任意向量$\vec{a}$，试试如何将向量$\vec{a}$沿着$\vec{e_1}$，$\vec{e_2}$两个方向进行分解（图 7）。

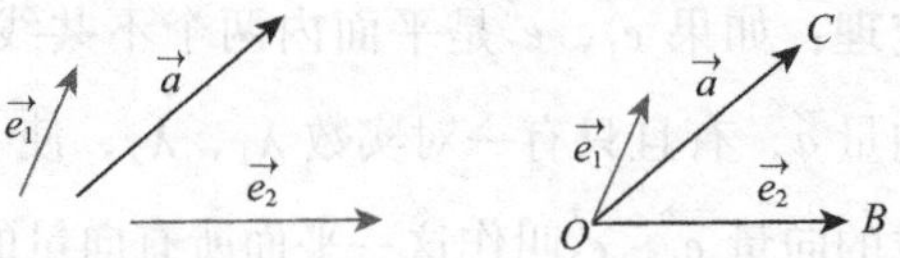

图 7

仅仅通过上面这一种情况来说明“存在性”显然是有缺陷的，需要将平面区域合理划分，全面证明。下面请同学们小组合作，将向量$\vec{a}$可能存在的情况逐一作图验证（图 8）。

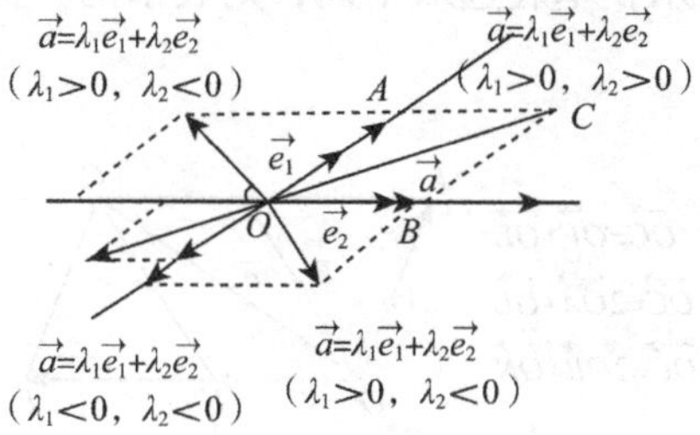

图 8

当$\vec{a}$是零向量时，$\vec{a}=0\vec{e_1}+0\vec{e_2}$.

当向量$\vec{a}$与$\vec{e_1}$共线时，$\vec{a}=\lambda_1\vec{e_1}+0\vec{e_2}$.

当向量$\vec{a}$与$\vec{e_2}$共线时，$\vec{a}=0\vec{e_1}+\lambda_2\vec{e_2}$.

探究 2：（唯一性）是只存在一对，还是有可能会存在几对呢？

（反证法证明）假设还有另一对实数 x，y 使得$\vec{a}=x\vec{e_1}+y\vec{e_2}$，则 $\lambda_1\vec{e_1}+\lambda_2\vec{e_2}=x\vec{e_1}+y\vec{e_2}$，即（$\lambda_1-x$）$\vec{e_1}$+（$\lambda_2-y$）$\vec{e_2}=\vec{0}$

又$\vec{e_1}$与$\vec{e_2}$不共线

$$\therefore \begin{cases}\lambda_1-x=0\\ \lambda_2-y=0\end{cases}，即 \begin{cases}x=\lambda_1\\ y=\lambda_2\end{cases}$$

∴ 假设不成立

∴ 只存在唯一的一对实数 λ_1，λ_2.

设计意图：通过几何作图与归纳探究，让学生经历定理的形成过程，通过自主探究、小组合作等多种形式激发学生探索、合作交流的意识，培养学生的理性思维能力。在引导学生证明“存在性”和“唯一性”的过程中渗透数形结合、化归与转化等数学思想，培养学生逻辑推理的核心素养。

3. 建构概念，概念辨析

平面向量基本定理：如果 $\overrightarrow{e_1}$，$\overrightarrow{e_2}$是平面内两个不共线的向量，那么对于这一平面内的任意向量$\overrightarrow{a}$，有且只有一对实数 λ_1，λ_2，使$\overrightarrow{a}=\lambda_1\overrightarrow{e_1}+\lambda_2\overrightarrow{e_2}$.

基底：把不共线的向量 $\overrightarrow{e_1}$，$\overrightarrow{e_2}$叫作这一平面所有向量的一组基底。

问题 4：设 $\overrightarrow{e_1}$，$\overrightarrow{e_2}$是同一平面内的两个不共线的向量，判断 $\overrightarrow{e_1}-2\overrightarrow{e_2}$与 $4\overrightarrow{e_2}-2\overrightarrow{e_1}$能否作为平面内表示所有向量的一组基底？零向量和任意向量能否作为平面内表示所有向量的一组基底？

问题 5：平面内，基底 $\overrightarrow{e_1}$，$\overrightarrow{e_2}$的选取是否唯一？

问题 6：如图 9 所示，基底选取不同，则表示同一向量的实数 λ_1，λ_2 是否相同？

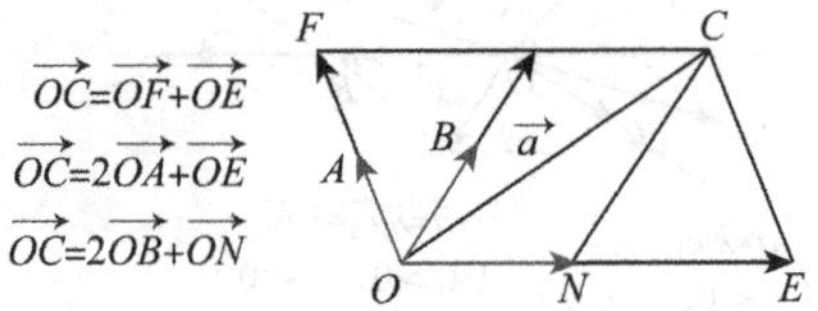

图 9

设计意图：在引导学生归纳定理的过程中，培养学生数学抽象的核心素养；通过设问的方式帮助学生理解基底的概念，从而加深对定理的认识。

4. 概念应用

例 1：如图 10 所示，P 为$\triangle ABC$ 内一点，且$\overrightarrow{AD}=\dfrac{1}{3}\overrightarrow{AB}$，$\overrightarrow{BE}=\dfrac{1}{2}\overrightarrow{BC}$，记$\overrightarrow{AB}=\overrightarrow{c}$，$\overrightarrow{AC}=\overrightarrow{b}$，用$\overrightarrow{c}$，$\overrightarrow{b}$ 来表示$\overrightarrow{AE}$和$\overrightarrow{AP}$.

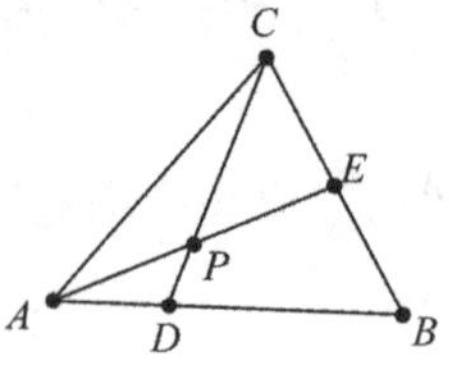

图 10

例 2：如图 11 所示，平行四边形 $ABCD$ 中，$\overrightarrow{AB}=\overrightarrow{a}$，$\overrightarrow{AD}=\overrightarrow{b}$，若 E，F 分别是边 CD 与 BC 的中点，$\overrightarrow{AC}=\lambda\overrightarrow{AE}+\mu\overrightarrow{AF}$，其中 λ，$\mu\in\mathbf{R}$，求 $\lambda+\mu$ 的值。

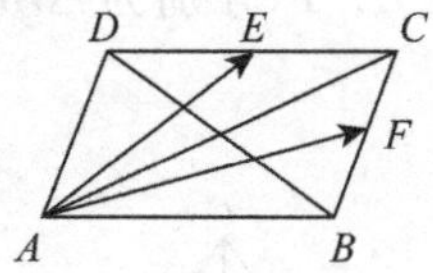

图 11

设计意图： 通过例 1 让学生认识到用基底表示向量实质上是利用三角形法则或平行四边形法则，进行向量的加减法以及数乘运算。向量$\overrightarrow{AP}$的表示还提醒学生注意平面几何知识的运用；通过例 2 让学生注意适当选择向量所在的三角形或平行四边形，利用已知向量表示未知向量，或找到已知向量与未知向量的关系，用方程的观点求出未知向量。

5. 归纳小结

知识层面（图 12）：

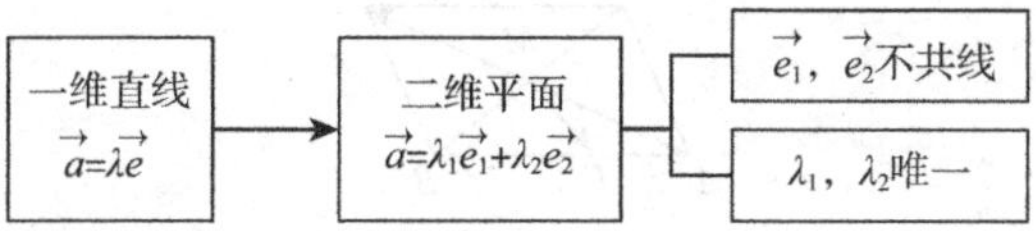

图 12

方法层面：在探究定理的过程中运用了分类讨论、转化与化归的思想，体验了从特殊到一般的思维过程。

设计意图： 通过总结，让学生进一步巩固本节所学内容，提高概括能力，提高学生的数学运算能力和逻辑推理能力。

六、目标检测设计

（1）如果$\vec{e_1}$，$\vec{e_2}$是平面 α 内两个不共线的向量，那么下列说法中不正确的是__________（填序号）。

① $\lambda\vec{e_1}+\mu\vec{e_2}$（$\lambda$，$\mu\in\mathbf{R}$）可以表示平面 α 内的所有向量；

② 对于平面 α 内任一向量$\vec{a}$，使$\vec{a}=\lambda\vec{e_1}+\mu\vec{e_2}$的实数对（$\lambda$，$\mu$）有无穷多个；

③ 若向量 $\lambda_1\vec{e_1}+\mu_1\vec{e_2}$与 $\lambda_2\vec{e_1}+\mu_2\vec{e_2}$共线，则有且只有一个实数 λ，使得 $\lambda_1\vec{e_1}+\mu_1\vec{e_2}=\lambda$（$\lambda_2\vec{e_1}+\mu_2\vec{e_2}$）；

④ 若存在实数 λ，μ 使得 $\lambda\vec{e_1}+\mu\vec{e_2}=\vec{0}$，则 $\lambda=\mu=0$.

(2) 如图 13 所示，设 D，E，F 分别为 $\triangle ABC$ 的三边 BC，CA，AB 的中点，则 $\overrightarrow{EB}+\overrightarrow{FC}=$（　　）。

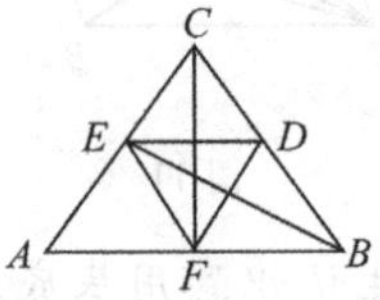

图 13

A. $\overrightarrow{AD}$　　B. $\frac{1}{2}\overrightarrow{AD}$　　C. $\frac{1}{2}\overrightarrow{BC}$　　D. $\overrightarrow{BC}$

(3) 如图 14 所示，平行四边形 $ABCD$ 的对角线 AC 和 BD 交于点 M，$\overrightarrow{AB}=\vec{a}$，$\overrightarrow{AD}=\vec{b}$，$\overrightarrow{AF}=\frac{1}{3}\overrightarrow{AB}$，试用 $\vec{a}$，$\vec{b}$ 表示 $\overrightarrow{MF}$.

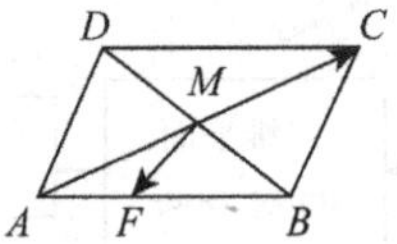

图 14

(4) 选做题，如图 15 所示，平面内有三个向量 $\overrightarrow{OA}$，$\overrightarrow{OB}$，$\overrightarrow{OC}$，其中 $\overrightarrow{OA}$ 与 $\overrightarrow{OB}$ 的夹角为 120°，$\overrightarrow{OA}$ 与 $\overrightarrow{OC}$ 的夹角为 30°，且 $|\overrightarrow{OA}|=|\overrightarrow{OB}|=1$，$|\overrightarrow{OC}|=2\sqrt{3}$. 若 $\overrightarrow{OC}=\lambda\overrightarrow{OA}+\mu\overrightarrow{OB}$（$\lambda$，$\mu\in\mathbf{R}$），求 $\lambda+\mu$ 的值。

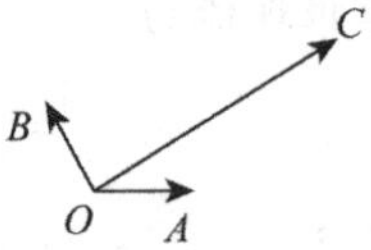

图 15

设计意图：第（1）题考查了学生对概念的辨析；第（2）题和第（3）题考查了平面向量基本定理的简单应用，当在现有图形中不方便直接通过平移向量来进行计算时，需借助平面向量基本定理对已知向量进行适当的分解；第（4）题是拓展训练，属于选做题，考查学生向量和平面几何知识的综合应用能力。

七、教学反思

在本节课的教学实践中，有些环节的处理是比较令人满意的，但也有一些处理稍显遗憾。这里记录一下本节课的反思，便于为后面的教学提供参考：

第一，引入部分，我先简单回顾了前面学过的向量的加减法及数乘，然后引导学生从物理中的实例发现力是可以分解的，从而知道向量也是可以分解的。接着提出问题：向量如何进行分解？这样引入主要是引导学生关注于力的分解是由社会发展和生活需要而产生和进行的，向量也是如此。接着，我让学生由一维的共线向量基本定理，猜想二维平面的类似结论，希望学生通过猜想得出定理的雏形，再通过严格论证得出定理。但我忽略了高一的学生对一维、二维并没有概念，所以讲到这里时学生没有反应过来，于是我只能再引导学生思考：平面内的任意一个向量能否用一个向量来表示？两个呢？这说明我们在备课时一定要充分考虑学生的认知水平，否则就会弄巧成拙。

第二，学生猜想得出平面内任何一个向量可以用不共线的两个向量表示后，我将平面划分成四个区域，让学生分小组动手作图验证，让学生在操作中体会基底位置不变时，不论向量位于哪个区域，都能作出对应的平行四边形，从而从形的角度证明了“存在性”。但在实际作图过程中，我发现很多学生并没有注意先让该向量与这组基底共起点，从而作不出对应的平行四边形。如果我当时能及时引导学生先让几个向量共起点再分解，可能效果会好一点。

第三，在对定理的严谨性的证明上，我一直引导学生从“形”和“数”两个方面来进行验证，不仅要验证“存在”，还要验证“唯一”。但学生的理解能力和动手能力不够，导致在定理的严谨性的证明上花费了太多时间，而且效果也不是很好。如何结合学生的学情来突破定理的严谨性，也是一个值得反思的问题。

第四，在教学内容选择上，我选择了本节课舍弃书本上的“向量的夹角”这个知识点，主要是考虑到一方面本节课的难点在定理的理解和实际应用上，这里可能需要不少时间；另一方面考虑到“向量的夹角”这个知识点相对独立，可以放到下一节课再来讲。当然，这样的处理是否恰当还有待商榷。

概念教学是整个高中数学教学的重点也是难点。我们不仅要引导学生探索概念的形成过程，还要在这个过程中培养学生发现问题、分析问题和解决问题的能力，提升学生的核心素养。

应用基本不等式求最值

广州市南沙区麒麟中学　徐小珍

新课程标准明确提出，教师在中学阶段至少要让学生进行一次完整的数学建模过程。《中国高考评价体系》指出，在知识、能力和素养的教育培养中，应关注与生产生活实际等紧密相关的内容。基本不等式是高中数学的重要内容，是培养学生逻辑推理能力的重要载体。它们在数学问题解决和实际应用中有广泛的应用。本节课为一节数学建模课，教学设计注重学生自主建构知识，更多地为学生搭建“脚手架”，引导学生把实际问题抽象概括为数学建模问题。教学设计中除了认知学习以外，还有情感、意志、价值观等全面参与，以及合作、交流、分享等建构知识的活动。具体设计如下。

一、内容和内容解析

1. 内容

利用基本不等式的模型，探索求解生活中函数的最值问题。

2. 内容解析

本节课教学内容属于人教版《数学》必修中3.4节的内容，它是培养学生逻辑推理能力和数学应用意识的载体，在高中数学知识体系中起着承上启下的作用。从知识应用的角度来看，基本不等式是从大量数学问题和现实问题中抽象出来的一个模型，在解决函数最值问题中起着重要的工具作用，而应用此模型解决现实中的问题所蕴含的数学思想方法如抽象概括、演绎推理等在各种不等式的研究中有着广泛应用。

二、目标和目标解析

1. 目标

本节课的教学在情感上力求激发学生的学习兴趣，让学生体验应用数学知识探索研究的乐趣，努力创设“自主、合作、体验、发展”的课堂研究氛围；在具体的问题情境中，让学生经历应用基本不等式函数最值的过程，体会、感受数学抽象概括、数学建模问题的形成过程，提升学生的数学抽象、直观想象、逻辑推理等数学核心素养。

2. 目标解析

本节课达成上述目标的标志是：第一，在具体的问题情境中能根据要求把实际问题抽象概括为数学问题，并能用基本不等式模型表达出来；第二，通过应用基本不等式解决函数最值问题，能概括使用基本不等式求最值的条件是“一正，二定，三相等”；第三，通过为班级宣传部设计一个展示方案的小组合作活动，能有意识地总结数学研究活动的一般过程，从问题的提出，问题的解决，再到较深入地拓展研究，构成一个数学问题的发现与论证过程。

三、教学问题诊断分析

高二学生具备了一定的抽象概况能力，同时在此之前已经学习过求二次函数的最值问题及利用基本不等式求最值的课程。此节课为应用基本不等式解决应用问题。我校学生为广州市第六组生源，基础比较薄弱，对于用基本不等式来解决问题存在一定的困难，对于变量存在“和”或者“积”为定值需仔细观察，也容易忽视使用基本不等式求最值时的“一正，二定，三相等”的使用条件。

综上，本节课将以问题驱动为教学策略，以问题解决为核心，以学生小组合作、集体讨论为课堂主要活动方式开展教学活动。

四、教学支持条件分析

为了更有效地实现教学目标，突破教学难点，教师立足于中学生的认知实际，在教学中把课本例题改编成学生生活中正在发生的问题，以生活中的实际问题驱动思考，使学生在巩固所学知识的同时，体验数学思想方法的运用，让学生知道数学源于生活，为生活服务。同时，通过应用教学用具让学生先操作，后验证，遵循“大胆猜测，小心验证”的原则，让学生体验和理解知识是如何构建的，经历“真学习”的过程，提升学生的数学抽象、直观想象、逻辑推理等数学核心素养。

五、教学过程设计

（一）问题的提出

问题 1：班级文化建设有助于班级整体的团队建设和精神塑造，而教室环境是班级环境文化建设的重要内容之一。我校即将举办“最美教室”评比活动，高二（1）班宣传部的同学经过商酌，计划对教室后墙进行装饰。他们打算用彩带（图 1）围一个面积为 $1m^2$ 的矩形展示栏，用以展示班级小组合作的活动照片。请设计一个方案，探讨这个矩形的长、宽各为多少时所使用的彩带最短，最短彩带是多少。

图 1

师：每个小组派发一根彩带，请根据题目要求去围一个矩形，思考矩形长、宽分别为多少时所用彩带最短。

生 1：当矩形为正方形时，所用彩带最短。

师：为什么？

（给学生思考时间，鼓励他们说出自己的想法。）

生 2：凭直觉啊！（学生哄堂大笑）

生 3：可以假设如果围成正方形，正方形的长、宽都是 1m，它的周长是 4m；如果围成的矩形不是正方形，如长是 2m，宽是 0.5m，那么它的周长是 5m，所需要的彩带就要长一些。

师：这个同学用大胆假设法给我们提供了一种实操性很强的思路。但是，特殊能代替一般吗？

（肯定学生的“大胆猜测”，但也提出挑战性问题，引导学生深入思考。）

生 3：不能。

师：嗯，那么请大家思考这个看似简单的问题，如何用所学知识进行推理验证？

设计意图：以问题驱动思考，把课本例题改编成学生生活中正在发生的问题，立足于中学生的认知实际，使学生在巩固所学知识的同时体验数学思想方法的运用，让学生知道生活中处处是数学，数学源于生活，为生活服务。本题遵循“大胆猜测，小心验证”的原则，采用先操作后验证的处理方式，让学生体验和理解知识是如何构建的，经历“真学习”的过程。

（二）问题的解决

师：上述问题可以抽象为一个什么样的数学问题？

生4：求矩形的周长。

师：嗯，已经确定的是什么？

生5：矩形的面积确定。

师：对，矩形面积确定时，求周长的最大值。首先，要设定什么量？请大家尝试作答。

设计意图： 把问题抛出来后给学生思考的空间，让学生带着疑问尝试解决问题，暴露思维过程。

（给学生作答时间，教师巡视，鼓励学生展示思路。）

生5：设围成的矩形长为 xm，宽为 ym，依题设得 $xy=1$，那么矩形的周长为 $L=2(x+y)=2\left(x+\frac{1}{x}\right)$.

$\because x>0$，$\therefore x+\frac{1}{x}\geqslant 2\sqrt{x\cdot\frac{1}{x}}=2.$

师：请大家看这位同学的解答过程，对照上一节课学习过的基本不等式，是否有需要补充的地方？

生6：要说明 x 是正数。

生7：还要检查能不能取等号。

先让学生尝试总结利用基本不等式求最值时要注意的“一正，二定，三相等”条件，并提炼出一般的结论一，即：

设 x，y 为正实数，若 $xy=p$（积 p 为定值），则当 $x=y=\sqrt{p}$时，和 $x+y$ 有最小值为 $2\sqrt{p}$.

问题2：班级文化建设中，计划用彩带对教室后墙进行装饰。学生购买了一段长为8m 的彩带，打算围成一个矩形展示栏，这个矩形的长宽各为多少时，展示栏的面积最大？最大面积是多少？请小组讨论并合作完成设计方案。

设计意图： 问题2是问题1的变式，同样基于学生身边的活动命题，把问题1中的已知面积改为已知周长，引导学生搜索已学知识，灵活变换基本不等式用于解决问题，同时检验学生解决抽象数学问题的能力。

师：上述问题可以抽象为一个什么样的数学问题？

生8：矩形的周长确定时，求矩形的面积的最大值。

（给学生思考的时间，并让学生到黑板上板书其验算过程。）

生9：设围成的矩形长为xm，宽为ym，依题设得$2(x+y)=8$，$x+y=4$，则矩形的面积为$S=xy=x(4-x)=-x^2+4x=-(x-2)^2+4$，当$x=2$时，$S_{max}=4$. 此时矩形的长、宽分别为2m.

师：生9采用了二次函数求最值的方法求解最值，非常好。大家联系我们刚学的知识，还可以有什么解答方法？

（引导学生关注正在学习的知识，鼓励学生大胆发言。）

生10：还可以这样做。设围成的矩形长为xm，宽为ym，依题设得$2(x+y)=8$，$x+y=4$，则矩形的面积为$S=xym^2$.

由$\sqrt{xy}\leqslant\frac{x+y}{2}=\frac{4}{2}=2$可得，$xy\leqslant4$，当且仅当$x=y$，$x=y=2$时，等号成立。

当$x=2$时，$S_{max}=4$. 此时矩形的长，宽分别为2m.

教师请大家看生10的解答过程，并请大家就生10的解法进行讨论，看是否还有需要补充的地方，并让学生就问题2提炼出一般的结论二，即：

设x，y为正实数，若$x+y=s$（和s为定值），则当$x=y=\frac{s}{2}$时，积xy有最大值为$\frac{s^2}{4}$.

师：综合结论一、结论二，我们可以把基本不等式求最值的使用规则归纳为：积定和最小，和定积最大。

请同学们应用以上结论，尝试解决以下问题：若$x>1$，当x取何值时$x+\frac{1}{x-1}$有最小值，最小值是多少？

设计意图：引导学生对于基本不等式，不仅要记住原始形式，还要掌握它的变形及等号成立的条件。

（给学生思考的时间，鼓励学生说出想法，教师巡视并视情况进行引导。）

师：这是求什么的最值？和还是积？

生：和。

师：那么，需要什么是定值？

生：积。

师：嗯，大家想一想，式子里哪两个数的“积”是定值？需要如何凑才能是定值？

（学生继续思考，尝试完成，并到黑板上板书。教师进行点评，与学生一起总结，应用基本不等式求最值时，要学会用代换思想，进行配凑，最后规范解题过程。）

（三）迁移应用，问题的拓展研究

拓展问题： 在班级文化建设中，若计划用一根长为12m的彩带做成一个“目”字形宣传栏（图2），用以展示同学们的日常生活照片，要使这个宣传栏能贴更多的照片，宣传栏的高、宽分别为多少米？请小组讨论并合作完成设计方案。

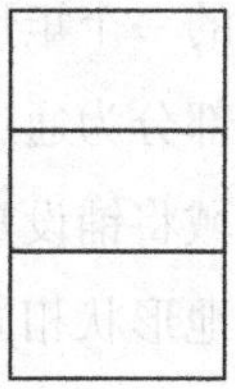

图2

设计意图： 本质是在对问题1的初步研究和探索的基础上，让学生通过小组合作，共同探索利用基本不等式求最值的一般规律，即探索问题的本质属性，与例1的问题研究前后呼应，为后面问题的拓展研究起一定的铺垫作用。

师：上述问题可以抽象为一个什么样的数学问题？

生8：“目”字形宣传栏周长确定时，求其面积的最大值。

（给学生思考的时间，鼓励学生说出想法，教师巡视并视情况进行引导。）

（四）小结与交流

小结活动：

（1）本节课我们学习的主要内容是什么？

（2）在应用基本不等式解决问题时要注意哪些点？

（3）在本节课的学习中，运用了哪些数学思想方法？你有什么收获？

请学生发言，相互补充，教师点评。最后，师生一起总结：

在应用基本不等式解决实际问题时，进行数学建模的时候，应注意如下思路和方法。

（1）先理解题意，设出变量，一般把要求最值的量定为函数。

（2）建立相应的函数关系，把实际问题抽象成函数的最大值或最小值问题。

（3）在定义域内，利用基本不等式求出函数的最大值或最小值。

（4）回到实际问题中，结合实际意义写出正确的答案。

设计意图： 通过小结，让学生回顾本节课问题描述、模型建立、问题解决及迁移应用的过程去体会知识生成的过程及探索的乐趣，同时达成建构、内化知识的目的。

（五）实践探索

课后拓展：如图 3 所示，某学校附近有一块 $500\text{m}\times500\text{m}$ 的正方形荒地，地方政府准备在此建一个综合性休闲广场，首先要建设如图 3 所示的一个矩形场地，其总面积为 3000m^2，其中阴影部分为通道，通道宽度为 2m，中间的三个矩形区域将铺设塑胶地面作为运动场地（其中两个小场地形状相同），塑胶运动场地占地面积为 $S\text{m}^2$. 请问当 x，y 分别为多少米时，S 最大，并求此时 S 的最大值。

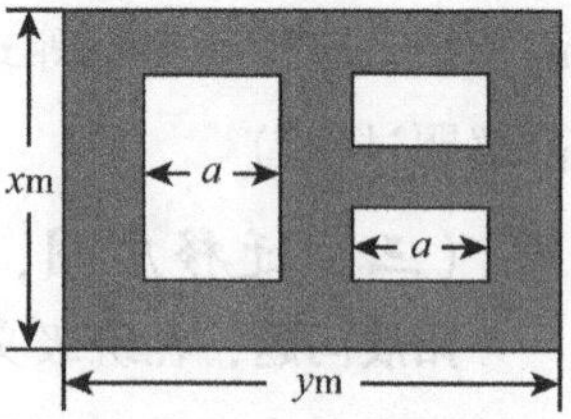

图 3

设计意图：课后拓展练习使学生继续加深对基本不等式的理解和应用，了解数学建模的基本过程。安排小组合作任务意在让学生基于本节课的知识去探索基本不等式的变形应用，为下一节课做铺垫，继续体会数学源于生活，并为生活服务的思想。

六、教学反思

第一，本节课遵循了一般数学建模课的结构，侧重于设计实际应用问题，重视从特殊到一般的探索学习过程的教学，又重视数学理性思维的培养。学生经历了数学研究活动的一般过程，如图 4 所示。

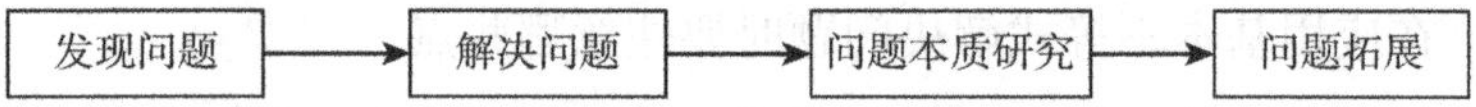

图 4

本节课教学流程大致如图 5 所示。

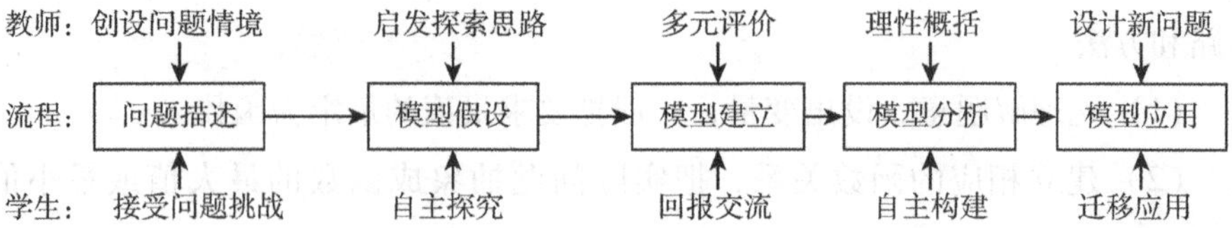

图 5

学生经历了尝试组织、整合相应的基本不等式知识用于解决问题的过程，在应用基本不等式解决问题的过程中体验“观察—归纳—证明”的研究方法，在探索活动中有意识地总结数学研究活动的一般过程，对一个数学建模问题的发现与论证过程有了初步的认识。

第二，在应用基本不等式建模的过程中，师生交流范围较窄，学生建模意识、提出问题的意识不强，局限于跟着老师的思维走，没有充分进行思维展示的空间。在以后的教学过程中，教师要多发挥学生的主体作用，设计好教学问题并且要学会提出有深度的教学问题。

第三，应准确定位高中数学建模课。高中数学所涉及的数学建模重在让高中学生产生数学建模思想，使高中学生产生用数学知识解决社会问题的想法，学会简单的数学建模的方法。问题应根据高中学生的最近发展区，定位于学生的生活实际，具有趣味性，能激发学生兴趣，使他们主动解决，切勿过于高、深、难。

纵观本节课的教学过程，我们不难得到这样的启发：开设高中数学建模课程是当前高中教育教学自身发展的需要。高中数学课程标准重点强调重视高中学生从自己的生活经验和所学知识中去理解数学、学习数学和应用数学，通过自己的感知和实际操作，掌握基本的高中数学知识和数学逻辑思维能力。作为数学教师，应在平时教学过程中渗透建模思想，让学生体会到应用数学知识解决生活中问题的乐趣，激发学生数学学习的兴趣，有效提升学生发现和提出问题、分析和解决问题的能力。

参考文献：

[1] 赖明治，舒宇宸．数学建模提供数学与现实生活的联结［J］．数学教育学报，2017，26（6）．

[2] 张思明，胡凤娟，王尚志．数学建模从走近到走进数学课堂——推介《数学建模教学与评估指南》[J]．数学教育学报，2017，26（6）：10－13.

[3] 罗增儒．从数学知识的传授到数学素养的生成［J］．中学数学教学参考（上旬），2016（7）：2－7.

直线的倾斜角与斜率

广州市第一中学　张玉清

一、内容和内容解析

1. 内容

“直线的倾斜角与斜率”是人教版《数学》（必修2）第三章3.1节内容。本节计划授课一课时，主要是学习直线的倾斜角与斜率的概念以及斜率公式。

2. 内容解析

本节是高中解析几何内容的开始。直线倾斜角和斜率是解析几何的重要概念之一，是刻画直线倾斜程度的几何要素与代数表示，是平面直角坐标系内以坐标法的方式来研究直线及其几何性质的基础。该内容的学习能帮助学生初步了解直角坐标平面内几何要素代数化的过程，初步渗透解析几何的基本思想和基本研究方法。本课有着开启全章、奠定基调、渗透方法的作用。

二、目标和目标解析

1. 目标

（1）理解直线的倾斜角的定义、范围和斜率。

（2）掌握过两点的直线斜率的计算公式，能用公式和概念解决问题。

2. 目标解析

（1）通过探究平面直角坐标系内确定直线的几何要素这一基本活动，引出倾斜角的概念，明确倾斜角的范围。

（2）通过坡度的引入，让学生理解斜率的概念，体验形与数的转化过程。

（3）通过探究两点坐标与斜率的关系，让学生掌握过两点的直线斜率的计算公式，体验用过两点的直线斜率的计算公式解决问题的过程，培养学生的基本技能。

（4）通过坐标法的引入，培养学生联系、对应、转化等辩证思维。

三、教学问题诊断分析

（1）初中阶段学生已学过两点确定一条直线，已能从形上感受直线；明白平面内两点确定一条直线；接触过坡度的概念。这些为本节课的倾斜角和斜率概念的得出打下了基础。但是，在平面坐标系内确定直线的几何要素仍是学生的难点。

（2）学生能从形的角度感受倾斜角和斜率的关系，但是从数的角度得到量的关系，是学生学习的一个难点。

（3）授课班级为重点班，大部分学生能用数学语言表达自己的观点，但是这种表述很多时候仅仅停留在感性层面，不严谨、不完整，学生还没有独立抽象、概括出一个新概念的能力。特别是目前处于疫情期间，实施线上教学，对于教师来讲，及时准确地发现学生的问题存在困难。

四、教学支持条件分析

确定好教学内容和目标后，在疫情阶段，本节课采用以问题教学为主的多媒体辅助在线教学法，利用腾讯课堂中的举手、答题卡、讨论区等功能，突出学生的探究、发现与交流。

五、教学过程设计

1. 数学文化，导入课题

笛卡儿，1596 年 3 月 31 日生于法国安德尔－卢瓦尔省，1650 年 2 月 11 日逝于瑞典斯德哥尔摩，法国哲学家、数学家、物理学家。他对现代数学的发展做出了重要贡献，因其将几何坐标体系公式化而被认为是“解析几何之父”。

2. 问题引导，形成概念

探究 1： 对于平面直角坐标系内的一条直线 l，它的位置由哪些条件确定？

互动形式： 讨论区发表。

我们知道，两点确定一条直线，那一点能确定一条直线的位置吗？已知

直线 l 经过一点 P，直线 l 的位置能确定吗？（利用几何画板动画演示过点 P 的直线有很多条，学生通过在讨论区发表观点得出：这些直线的区别是它们的倾斜程度不同。）

问题1：如何描述直线的倾斜程度？

利用问题引出倾斜角的概念：我们取 x 轴为基准，x 轴正向与直线 l 向上的方向之间所成的角 α 叫作直线 l 的倾斜角。

问题2：倾斜角的范围是多少？

互动形式：连麦。

利用几何画板演示让学生得出倾斜角的范围是 $[0, 180°)$。

结论：确定平面直角坐标系中一条直线位置的几何要素是直线上的一个定点以及它的倾斜角，二者缺一不可。

练习1：判断。

(1) 所有的直线都有唯一确定的倾斜角与它对应。

A. 对　　　　B. 错

(2) 每一个倾斜角都对应于唯一的一条直线。

A. 对　　　　B. 错

互动形式：答题卡。

设计意图：由两个问题导学，引导学生完成探究1，对探究1的悬念给予释疑，前后呼应，充分激发学生的学习兴趣。练习1的设计为答题卡的形式，师生互动，学生回答后立刻显示正确率，反映学生对直线和倾斜角的关系的理解程度。

问题3：日常生活中，还有没有表示倾斜程度的量？（引入微课）

互动形式：讨论区发表，然后引入微课。

利用学生初中学习过的坡度（比）$=\dfrac{\text{升高量}}{\text{前进量}}$的概念，引入斜率，得出 $k=\tan\alpha$，并由学生发现，倾斜角是90°的直线没有斜率，得出：用斜率可以表示直线的倾斜程度。

练习2：

(1) 已知直线的倾斜角 $\alpha=135°$，直线的斜率为（　　）。

A. 1　　B. -1　　C. $\sqrt{3}$　　D. $-\sqrt{3}$

（2）已知直线的斜率 $k=0$，其倾斜角为（　）。

A. 0°　　B. 90°　　C. 180°　　D. 45°

互动形式：答题卡。

设计意图：问题3引入微课，吸引学生的注意力，得出倾斜角和斜率的关系公式，并形成概念：斜率也能表示直线的倾斜程度；并从数和形两个角度分析，形数对应，充分体现数形结合的思想。练习2也设计为答题卡的形式，准确了解学生对斜率和倾斜角关系的掌握情况。

探究2：已知直线上两点的坐标，如何计算直线的斜率？（引入微课）

互动形式：学生在讨论区发表想法后，引入微课学习。

得出过两点 P_1（x_1，y_2），P_2（x_2，y_2）的斜率公式：$\tan\alpha=\dfrac{y_1-y_2}{x_1-x_2}$.

问题4：已知直线上两点 A（a_1，b_1），B（a_2，b_2），运用上述公式计算直线的斜率时，与 A，B 两点坐标的顺序有关吗？

问题5：当直线平行于 y 轴时，或与轴 y 重合时，上述公式还适用吗？为什么？

互动形式：连麦。

设计意图：通过微课的学习，学生掌握了经过两点的直线的斜率公式，初步体会了解析几何中坐标法的应用。问题4和问题5的导入，引导学生观察公式的结构特征，培养学生分析归纳的能力和分类讨论、数形结合的数学思想方法。

3. **讲练结合，巩固新知**

例1：已知点 A（3，2），B（-4，1），求直线 AB 的斜率，并判断此直线的倾斜角是锐角还是钝角。

A. $\dfrac{1}{7}$　　B. $-\dfrac{1}{7}$　　C. 7　　D. -7

互动形式：答题卡。

设计意图：本题为课本例1的改编，由于线上教学的局限性，改为选择题的形式，使用答题卡教学，及时了解学生的掌握情况，但最后教师也给出规范的板书。通过本例题，深化学生对公式的再认识和理解，促进学生新的数学认知结构的形成。

变式：点 A（3，2），B（−4，1），C（10，m），若这三点共线，求 m 的值。

互动形式：QQ 发布解答过程，腾讯课堂进行屏幕分享，教师点评。

设计意图：在例题的基础上变式，是对例题的延伸，而一题多解，培养学生的发散性思维，从而有利于提高学生思维的灵活性、广阔性和深刻性。它源于课本，又高于课本，是优秀学生学习的极佳资源。

4. **总结归纳，形成体系**

探究 1：对于平面直角坐标系内的一条直线 l，它的位置由哪些条件确定？

问题 1：如何描述直线的倾斜程度？

问题 2：倾斜角的范围是多少？

问题 3：日常生活中，还有没有表示倾斜程度的量？

探究 2：已知直线上两点的坐标，如何计算直线的斜率？（引入微课）

问题 4：已知直线上两点 A（a_1，b_1），B（a_2，b_2），运用上述公式计算直线的斜率时，与 A，B 两点坐标的顺序有关吗？

问题 5：当直线平行于 y 轴时，或与轴 y 重合时，上述公式还适用吗？为什么？

设计意图：通过对本节课问题串的回顾，引导学生自主从知识、方法、思想三个方面进行归纳，教师加以补充强调。一方面，培养学生自我归纳、总结的能力；另一方面，把知识的归纳进一步延伸到方法思想的提炼，提高了学生的数学素养和文化水平。

5. **分层作业，因材施教**

设计意图：作业练习进一步让学生巩固了本节课的知识，并拓展了学生的数学文化知识，而巩固作业和创新作业两种设计体现了不同的学生在数学上得到不同的发展的新课标教学理念。

六、目标检测设计

1. 已知直线 l 过 A（2，−1），B（−1，3）两点，则直线 l 的斜率为（　　）。

A. $-\frac{3}{4}$　　B. $\frac{3}{4}$　　C. $-\frac{4}{3}$　　D. $\frac{4}{3}$

设计意图：考查过两点的直线的斜率公式。

2. 在直角坐标系中，过点 $A(-3, 0)$，$B(0, \sqrt{3})$ 的直线的倾斜角为（　　）。

A. 30°　　B. 60°　　C. 120°　　D. 150°

设计意图：考查斜率与倾斜角的关系。

3. 直线 $y=\sqrt{3}x+1$ 的倾斜角为（　　）。

A. 30°　　B. 60°　　C. 150°　　D. 120°

设计意图：考查斜率与倾斜角的关系。

4. 已知一直线经过两点 $A(1, 2)$，$B(a, 3)$，且倾斜角为 45°，则 a 的值为（　　）。

A. -6　　B. -4　　C. 2　　D. 6

设计意图：考查斜率与倾斜角的关系。

互动形式：答题卡。

设计意图：通过课堂检测，调动学生的学习积极性，让学生体会到成功的喜悦。教师也能及时发现学生对本节课内容的掌握情况，便于调整课堂教学。

七、教学反思

（1）“问题导学法”是基于建构主义学习理论形成的，最先是由苏联教育家马赫穆托夫提出的，是一种发展性教学的有效教学方法。本节课始终以问题为载体，问题链贯穿整节课，用问题引导学生完成探究，让学生体验知识的形成过程和知识的应用过程，通过探究平面直角坐标系内确定直线的几何要素和两点坐标与斜率的关系这些基本活动体验，让学生掌握 $\tan\alpha=\frac{y_1-y_2}{x_1-x_2}$ 这一基础知识，并通过例题的变式让学生掌握基本技能。整节课贯穿数形结合的数学思想，培养学生发现问题、提出问题、分析问题、解决问题的能力，提高了课堂效率。

（2）《普通高中数学课程标准（2017 年版）》强调：“数学教学是数学活动的教学，是师生之间、学生之间交往互动与共同发展的过程；动手实践，自主探索，合作交流是学生学习数学的重要方式。”本节课设计的探究，充分利用在线教学的优势，由学生自主探索和合作交流完成，而教师的作用就是通过精心设置问题来穿针引线。这样设计，把课堂还给学生，给学生提供主动参与的舞台，使教学过程充满个性和活力。通过这样的学习过程，学生领悟的是数学学习的方法，得到的是自己探究的结果，体验的是成功的喜悦。

(3) 因为本节课是腾讯课堂的直播教学，学生做题情况的反馈不及面授，所以大部分题型是以选择题的形式出现，旨在掌握学生答题的准确率，弥补在线教学的不足。

参考文献：

[1] 史宁中，王尚志．普通高中数学课程标准（2017 年版）解读［M］．北京：高等教育出版社，2018.

[2] 全优课堂编写组．全优课堂［M］．广州：南方出版传媒新世纪出版社，2019.

离散型随机变量的均值

广州市白云中学　郭根文

一、内容和内容解析

本节课是普通高中新课程标准实验教科书《数学》（选修 2－3）（A 版）中第二章“随机变量及其分布”2.3 节“离散型随机变量的均值与方差”的第一课时。在解决实际问题时，有时需要了解试验结果的总体平均水平，这就需要研究随机变量的数字特征，即随机变量的均值（数学期望）。学生在前面的学习中已经掌握了分布列的求法，并且在必修 3 中学习了样本平均数的求法，为离散型随机变量的均值的引入打下了基础。此时提出离散型随机变量的均值的概念已是水到渠成，而离散型随机变量的均值又为后面离散型随机变量的方差的学习奠定了基础。本节课在教材中起到了承上启下的作用。教材通过权数和加权平均引入离散型随机变量的均值的概念是教材中的一个亮点。其目的是帮助学生更好地理解均值的意义，所以教学时要把握好这一点。教师的重要作用就在于培养学生“数学化”地观察事物，对现象或问题“数学化”地思考，进而合理地量化和转化，把问题“数学化”；用数学的思想方法加以解决，从而方便学生对利用均值解决决策问题的理解。所以，确定本节课的教学重点为：理解离散型随机变量的均值的意义，掌握离散型随机变量的均值计算公式，并能运用离散型随机变量的均值解决决策问题等实际问题。

二、目标和目标解析

（1）通过实例，理解离散型随机变量均值（数学期望）的概念和意义；能计算离散型随机变量的均值，并能运用离散型随机变量的均值解决决策问题等实际问题。

(2) 体验从具体实例中归纳概括出概念的本质属性的过程；通过猜想、类比探究离散型随机变量均值的线性性质，体会从特殊到一般的归纳思想；培养合情推理能力，以及将实际问题转化为数学问题的能力。

三、教学问题诊断分析

本节课是一节概念课，关键要让学生理解概念。学生在必修 3 中已熟知一组数据的平均数的求法及意义，学生要理解离散型随机变量的均值并不是很难。首先，本节内容以形象的混合糖果定价问题的解释为例，引出了离散型随机变量的均值的定义，其中涉及"加权平均"，学生对加权平均数接触不多，故在教学中应注意讲解。其次，学生已掌握等权平均数的线性性质，对随机变量均值的线性性质具有合情推理能力，但需引导进行严谨论证。最后，面对实际生活中的决策问题，学生缺乏"数学化"地思考问题的能力，需强化数学期望的意义，从而让学生理解可从计算数学期望的角度来进行决策。

四、教学支持条件分析

数学期望是平均数的延伸，是平均值的规范表达，学生不难理解，同时学生对数学期望可以解决什么问题的理解也比较水到渠成，所以本节课主要采取学案导学法，通过一系列问题串，引导学生层层递进思考，从而理解掌握，具体流程如图 1 所示。

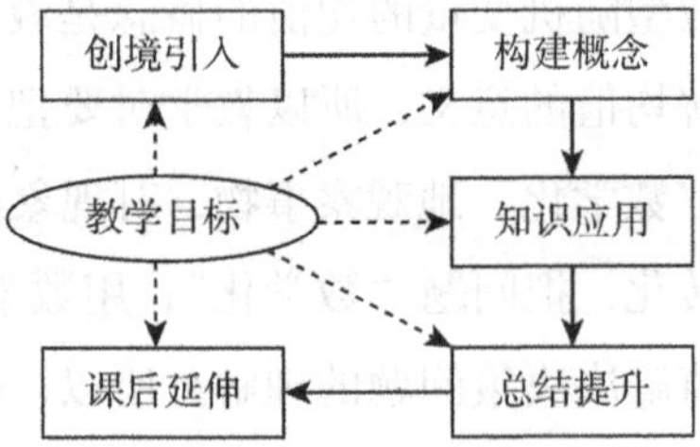

图 1

五、教学过程设计

(一) 创境引入

问题 1：高二 (1) 班有 40 人，本学期期中考试数学平均分为 80 分，高二 (2) 班有 60 人，平均分为 90 分，求两班的数学平均分。

思考1：能否利用两个平均数相加除以2求得两个班的平均分？如果不能，应该怎么做？

思考2：能否用各班的平均分乘以人数所占的比例求均值？

师生活动：学生根据学案完成思考，教师提问学生。

设计意图：选取学生熟悉的计算平均分问题，在学生最近发展区内选题，方便学生理解；思考2引导学生变换代数表达式，有利于引出“加权平均”的概念，降低教学难度。

问题2：某商场为满足市场需求要将单价分别为18元/千克、24元/千克、36元/千克的三种糖果按3∶2∶1的比例混合销售，其中混合糖果中每一颗糖果的质量都相等，如何对混合糖果定价才合理？

思考1：混合后，每千克糖果的合理价格为多少？

思考2：若在混合糖果中任取一颗糖果，用随机变量X表示这颗糖果的价格（元/千克），写出X的分布列。你能说出合理价格的计算式子与分布列的联系吗？

思考3：作为顾客，买了1千克糖果要付23元，而顾客买的这1千克糖果的真实价格一定是23元吗？

师生活动：教师引导学生探究完成思考1，思考2和思考3由学生讨论完成。

设计意图：以实际生活问题为背景，设计问题串的形式，能快速引导学生思考，进入课题。思考1计算有实际生活意义的合理价格问题，利于学生理解，也强化了权数的含义；思考2通过对比分布列与合理价格计算式子的联系，使后续随机变量均值概念的引出显得水到渠成，进而突破了如何理解“随机变量均值”这个难点；思考3通过讨论，得出实际意义，使离散型随机变量的均值的含义更加完备，进而突出了重点（随机变量的均值是常数，样本的平均值是一个随机变量）。

（二）构建概念

一般地，若离散型随机变量X的分布列为表1。

表1

X	x_1	x_2	…	x_i	…	x_n
P	p_1	p_2	…	p_i	…	p_n

称 $E(X)=$____________________为随机变量 X 的均值或数学期望。它反映了离散型随机变量取值的平均水平。

注意：随机变量的均值与样本的平均值的区别与联系。

区别：随机变量的均值是__________，而样本的平均值是__________。

联系：对于简单随机样本，随着样本容量的增加，样本平均值越来越__________总体的均值。因此，我们常用样本的平均值来估计总体的均值。

师生活动：教师引导学生看书，然后完成填空。

设计意图：先看书再填空，培养学生数学阅读能力，规范表达数学语言；由学生填写计算公式，强化记忆；厘清两者的区别与联系，加强对离散型随机变量均值的概念的理解。

（三）知识应用

例1：某射手射击所得环数 X 的分布列见表2。

表2

X	6	7	8	9	10
P	0.1	0.1	0.5	0.2	0.1

求 $E(X)$ 并指出其含义。

变式：如果射击的环数与奖金挂钩，奖金变量 Y 与射击环数 X 的关系如下：$Y=2X+1$.

思考1：奖金变量 Y 的均值为多少？

思考2：通过上面求 Y 的均值，你认为求离散型随机变量的均值的一般步骤是什么？

一般步骤：① 理解变量 Y 的意义，写出 Y 的全部取值；② 求 Y 取各个值的概率，写出分布列；③ 根据分布列，由期望的定义求出 $E(Y)$.

思考3：已知一组数据 x_1，x_2，x_3，…，x_n 的平均数是 $\bar{x}$，那么另一组数据 ax_1+b，ax_2+b，ax_3+b，…，ax_n+b 的平均数为 $a\bar{x}+b$，猜想随机变量的均值是否具有类似的性质？并简单证明。

结论1：$E(aX+b)=$________________。

证明：令 $Y=aX+b$，则 Y 的分布列为表3。

表3

X	x_1	x_2	…	x_i	…	x_n
Y	ax_1+b	ax_2+b	…	ax_i+b	…	ax_n+b
P						

$\therefore E(Y)=aE(X)+b.$

师生活动：例1由教师规范板书示范；思考1由学生独立完成，教师引导学生根据思考1的答题思路，归纳得出求离散型随机变量的均值的一般步骤；思考3学生根据学案完成，教师投影学生结果。

设计意图：明确求数学期望的方法与步骤，将知识程序化，突出重点；通过类比，让学生猜想随机变量均值的线性性质，再进一步证明，培养学生大胆猜想、类比等合情推理能力，突破难点；让学生体验研究数学的乐趣，增强学生的自我效能感，提高对数学学习的兴趣。

例2：在NBA比赛中，罚球命中1次得1分，不中得0分，见表4。如果某篮球运动员罚球命中的概率为0.7，那么他罚球一次得分X的均值是多少？

表4

X	0	1
P	$1-p$	p

结论2：若X服从两点分布，则$E(X)=$________。

师生活动：教师引导分析，学生独立完成。

设计意图：得出离散型随机变量均值的性质，为后续学习二项分布做好铺垫。

例3：产量相同的2台机床生产同一种零件，它们在一小时内生产出的次品数X_1，X_2的分布列分别见表5，表6。

表5

X_1	0	1	2	3
P	0.4	0.3	0.2	0.1

表6

X_2	0	1	2
P	0.3	0.5	0.2

哪台机床更好？请解释所得出结论的实际含义。

变式：某商场统计资料表明，每年端午节商场内促销活动可获利 2 万元；商场外促销活动如不遇下雨可获利 10 万元；如遇下雨则损失 4 万元。5 月 29 日气象预报端午节下雨的概率为 40%，商场应选择哪种促销方式？

师生活动：引导学生通过计算比较两种方案的均值，解决决策问题。

设计意图：例 3 比较直接简单，让学生体验通过计算两个随机变量的均值后进行比较，为科学地选择好的方案提供了一种思路，突出重点，彰显了本节课学习离散型随机变量均值的意义；两道题均通过解决实际问题，体现了数学在生活中的应用，培养学生“数学化”地思考问题的能力，用数学的思想方法解决实际问题，也体现了数学的应用价值。

考题赏识：（2016 全国理Ⅰ）某公司计划购买 2 台机器，该种机器使用三年后即被淘汰。机器有一易损零件，在购进机器时，可以额外购买这种零件作为备件，每个200 元。在机器使用期间，如果备件不足再购买，则每个500 元。现需决策在购买机器时应同时购买几个易损零件，为此搜集并整理了 100 台这种机器在三年使用期内更换的易损零件数，得到下面的柱状图（图 2）。

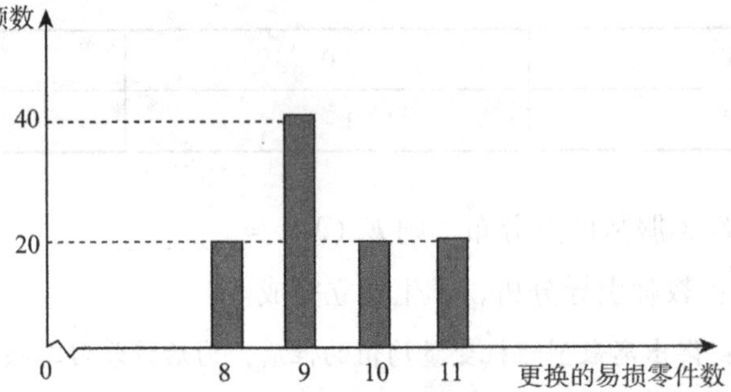

图 2

以这 100 台机器更换的易损零件数的频率代替 1 台机器更换的易损零件数发生的概率，记 X 表示 2 台机器三年内共需更换的易损零件数，n 表示购买 2 台机器的同时购买的易损零件数。

（1）求 X 的分布列。

（2）若要求 $P(X\leqslant n)\geqslant 0.5$，确定 n 的最小值。

（3）以购买易损零件所需费用的期望值为决策依据，在 $n=19$ 与 $n=20$ 之中选其一，应选用哪个？

师生活动：引导学生通过阅读题意，让学生讲解大概思路，课后再规范完成书写。

设计意图：让学生体验高考题，同时更深刻地体验离散型随机变量的均值在解决实际决策问题中的作用，“数学化”地思考，从而培养学生的核心素养。

（四）总结提升

（1）对照学习目标，检验目标是否达成。

（2）一个概念（公式）、两个性质、三个思想方法。

师生活动：引导学生回想归纳总结、反思。

设计意图：梳理知识点，构建知识体系，突出课堂重点；检验学习效果，提炼数学思想方法，掌握解决数学问题的通性通法。

（五）课后延伸

思考1：若某篮球运动员在某次比赛中罚球2次，求他罚球的得分 X 的均值？

思考2：若某篮球运动员在某次比赛中罚球 n 次，求他罚球的得分 X 的均值？你能猜想出结果吗？

猜想：若 $X \sim B(n, p)$，则 $E(X)=$ ________.

设计意图：思考1是具体数值计算，思考2从特殊到一般，过渡自然，同时也是课堂上两点分布的延伸，让学生猜想证明，得出随机变量均值的性质，为后续二项分布的学习埋下伏笔。

六、目标检测设计

1. 随机抛掷一枚骰子，则所得骰子点数的期望 ξ 为（　　）。

A. 0.6　　B. 1　　C. 3.5　　D. 2

2. 已知随机变量 X 的分布列（表7），$Y=2X+1$，则 $E(Y)=$（　　）。

表7

X	1	0	-1
P	$\frac{1}{2}$	$\frac{1}{3}$	a

A. $\frac{1}{3}$　　B. $\frac{5}{3}$　　C. $\frac{7}{3}$　　D. 2

3. 某工厂欲购买软件服务，有如下两种方案：

方案1：软件服务公司每日收取工厂60元，对于提供的软件服务每次收取10元；

方案2：软件服务公司每日收取工厂200元，若每日软件服务不超过15次，不另外收费，若超过15次，超过部分的软件服务每次收费标准为20元。

（1）设日收费为y元，每天软件服务的次数为x，试写出两种方案中y与x的函数关系式；

（2）该工厂对过去100天的软件服务的次数进行了统计，得到如图3所示的条形图，依据该统计数据，把频率视为概率，从节约成本的角度考虑，从两个方案中选择一个，哪个方案更合适？请说明理由。

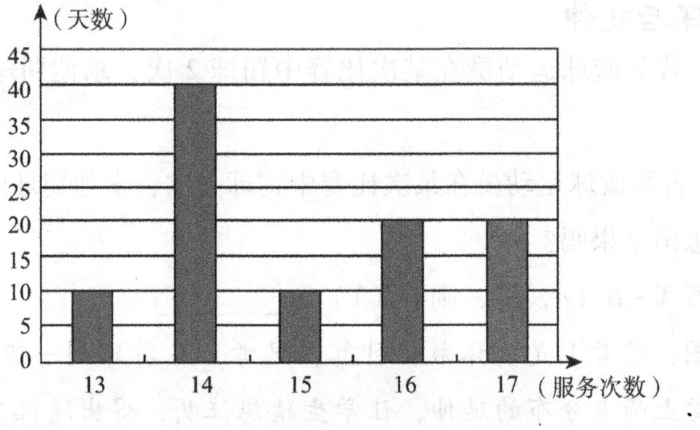

图3

4. 某工厂过去在生产过程中将污水直接排放到河流中对沿河环境造成了一定的污染，根据环保部门对该厂过去10年的监测数据，统计出其每年污水排放量x（单位：吨）的频率分布表（表8）。

表8

污水排放量x	[0，100)	[100，200)	[200，300)	[300，400)
频率	0.1	0.3	0.4	0.2

将污水排放量流入河流的频率作为概率，并假设每年该厂污水排放量相互独立。

（1）若不加以治理，根据上表中的数据，计算未来3年中至少有2年污水排放量不小于200吨的概率；

（2）根据环保部门的评估，该厂当年污水排放量$x\in[0，100)$时，对沿河环境及经济造成的损失为5万元；当年污水排放量 $x \in [100, 200)$ 时，对沿河环境及经济造成的损失为10万元；当年污水排放量 $x \in [200, 300)$ 时，对沿河环境及经济造成的损失为20万元；当年污水排放量 $x \in [300, 400)$ 时，对沿河环境及经济造成的损失为50万元。为了保护环境，减少损失，该厂现有两种应对方案：

方案1：若该厂不采取治污措施，则需全部赔偿对沿河环境及经济造成的损失。

方案2：若该厂采购治污设备对所有产生的污水净化达标后再排放，则不需赔偿，采购设备的费用为10万元，每年设备维护等费用为15万元，该设备使用10年需重新更换。

在接下来的10年里，试比较上述两种方案哪种能为该厂节约资金，并说明理由。

设计意图：第1题考查简单的数学期望计算；第2题以表格形式考查数学期望的性质；第3、4题考查生活实际问题，需通过计算数学期望来进行决策，让学生深刻体验离散型随机变量的均值在解决实际决策问题中的作用，遇到问题能"数学化"地思考，体现数学的应用意识，从而培养学生的核心素养。

七、教学反思

首先，在体验数学概念产生的过程中认识概念。数学期望概念的引入，从实际出发，从计算学生熟悉的两个班的平均分，到求混合糖果的合理定价，通过与概念有明显联系、直观性强的例子，使学生在对具体问题的体验中感知概念，形成感性认识，提炼出本质属性。同时，数学概念是多结构、多层次的，理解和掌握数学概念，应遵循由具体到抽象、由低级到高级、由简单到复杂的认知规律。离散型随机变量的均值概念的提出是学生经体验两个具体实例理解"加权平均"后建构而成的。

其次，通过搭建支架，引导学生深入地分析问题、解决问题，逐步形成能力，提高素养。本节在学生最近发展区内选题，设计了一系列问题串，能唤起学生已有的知识基础，步步为营，将知识程序化，从而建构新知。同时，通过不断追问，潜移默化地引导学生在学习新知时大胆质疑，积极探索，实现对新概念的内涵及外延的全面认识。

最后，在解决实际问题中巩固数学概念。很多数学概念都有其实际背景，它的产生必然离不开现实世界，离不开生活实际。反过来，在概念形成后，学会在实际问题中运用所学概念，这也是深入理解概念本质的有效途径。本节借助解决几个决策问题的生活实例，反过来促进学生对概念的理解，也彰显了学习随机变量均值的意义。

参考文献：

[1] 中华人民共和国教育部．普通高中数学课程标准（2017 年版）[M]．北京：人民教育出版社，2018.

[2] 李青林，刘运科．注重概念形成过程，彰显课堂灵魂魅力——微课“离散型随机变量的均值与方差的意义”的教学随笔 [J]．数学通讯（下半月），2016（1）：15－17.

[3] 梁付义．离散型随机变量的均值及其实际应用 [J]．中学数学教学参考，2015（7）：65－66.

函数的奇偶性

广州市增城区第一中学　陈　畅

一、内容和内容解析

1. 内容

合作探究定义偶函数、奇函数的概念及其图像的性质，会证明简单函数的奇偶性。

2. 内容解析

函数的奇偶性在初中已经学习过，图形的轴对称与中心对称、函数的单调性以及函数的最值的基础上的进一步扩展。可以通过类比、归纳总结、数形结合分析等教学方法帮助学生理解函数的奇偶性。函数奇偶性是研究函数的一个重要策略，因此它成为函数的重要性质之一，它的研究也对今后幂函数、三角函数的性质等后续内容的深入学习起着铺垫的作用；奇偶性的教学无论是在知识方面还是在能力方面都对学生的教育起着非常重要的作用。因此，本节课充满着数学方法论的渗透教育，同时又是数学美的集中体现。本节课的教学重点是函数奇偶性概念的形成和函数奇偶性的判断，渗透数形结合的思想，培养学生观察、归纳、总结的能力以及勇于探索的学习精神，提高学生数学抽象、逻辑思维等核心素养。

二、目标和目标解析

1. 目标

理解函数的奇偶性及其几何意义；学会运用函数图像理解和研究函数的性质；掌握判断函数奇偶性的方法与步骤。

2. 目标解析

本节课为生本小组合作学习的课堂教学，借助希沃电子白板，采用以引导发现法为主，以直观演示法、设疑诱导法为辅的教学模式。达成上述目标的标志是：第一，通过函数奇偶性概念的形成过程，培养学生观察、归纳、抽象的能力；第二，学生学会运用函数的图像理解和研究函数的性质，渗透数形结合的数学思想；第三，学生借助计算机观察图像、抽象概括、归纳数学问题，体验数与形结合的数学思想。

三、教学问题诊断分析

在本节课的教学中，学生可能遇到的问题是奇偶性概念的数学化提炼过程。从学生的认知基础看，学生在初中已经学习了轴对称图形和中心对称图形，并且有了一定数量的简单函数的储备；同时，刚刚学习了函数单调性，积累了研究函数的基本方法与初步经验。从学生的思维发展看，高一学生思维能力正在由形象经验型向抽象理论型转变，学生能够用假设、推理来思考和解决问题。但是，学生看待问题还是静止的、片面的，抽象概括能力比较弱，这对建构奇偶性的概念造成了一定的困难。综上所述，本节课的教学难点就是判断函数的奇偶性。

四、教学支持条件分析

为了更有效地实现教学目标，突破教学难点，教学前教师布置微课辅助学生自学函数的奇偶性；借助信息技术创设情境，通过类比、归纳总结、数形结合分析等教学方法帮助学生理解函数的奇偶性；通过电子白板互动功能，如提问、分组讨论、练习等功能，突破重点。以问题导学方式贯穿整节课，以问题调动学生思维，以问题带动课堂教学；小组合作探究、互相浏览评价，符合学生探究知识的认知规律；借助电子白板的互动功能，即时反馈，课堂体现开放性和生成性的特点。

五、教学过程设计

（一）前置研究，引导先学

（1）小组合作，共同寻找生活中的对称图片并拍照，科代表收集。

（2）在希沃电子白板上观看《函数的奇偶性》微课。

（3）列表、描点、画函数图像（表1~表4）。

表1

x	−3	−2	−1	0	1	2	3
$f(x)=x^2$							

表2

x	−3	−2	−1	0	1	2	3
$f(x)=\|x\|$							

表3

x	−3	−2	−1	0	1	2	3
$f(x)=x$							

表4

x	−3	−2	−1	0	1	2	3
$f(x)=\frac{1}{x}$							

师生活动：学生拍照上传4个函数的作图作业，并在班级空间相互交流。在希沃电子白板上观看《函数的奇偶性》微课。

设计意图：小组合作探究，目的是培养学生自主探究与合作学习的能力，同时又能控制学生完成作业的时间；微课学习促使学生更为直接地了解新课学习的教学重点与难点内容，为新课学习做好铺垫。

（二）创设情境，兴趣导入

展示学生课前所找的生活中的图片（图1），让学生感受生活中的对称图形，为下一步概念的理解做好铺垫，让学生感受到函数和我们的生活息息相关，进而激发兴趣。

图 1

师生活动：教师用电子白板展示学生课前所找的对称图片，让学生观察得出对称特点并举例。

设计意图：通过图片引起学生的兴趣，培养学生的审美观，激发学生的学习兴趣。

（三）探究新知，形成概念

探究 1：观察图 2 两个函数 $f(x)=x^2$ 和 $f(x)=|x|$ 的图像，它们有什么共同特征吗？

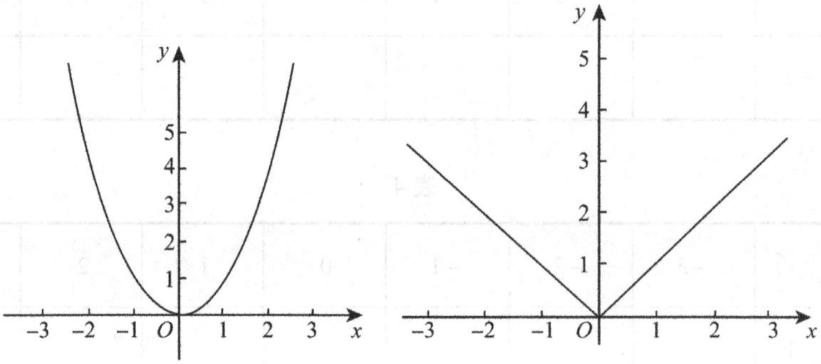

图 2

两个函数的图像都关于 y 轴对称。

问题 1：通过填表 5、表 6，你发现了什么？

表 5

x	−3	−2	−1	0	1	2	3
$f(x)=x^2$	9	4	1	0	1	4	9

表 6

x	−3	−2	−1	0	1	2	3
$f(x)=\|x\|$	3	2	1	0	1	2	3

当自变量 x 取一对相反数时，相应的两个函数值相等。

师生活动：学生课前完成填表与画图，观察表格，得出结论。

设计意图：从学生熟悉的函数图像入手，顺应了学生的认知规律；从"形"过渡到"数"，为形成概念做好铺垫。

问题2：如何用自变量 x 及其函数值 $f(x)$ 来刻画这个关于 y 轴对称的函数图像？

追问1：关于 y 轴对称的点的坐标具有什么特点？

追问2：$P(x_0, f(x_0))$ 关于 y 轴的对称点 P 的坐标是什么？

追问3：根据这些，你发现了什么结论？

结论：$f(x_0)=f(-x_0)$.

新知识：一般地，如果函数 $f(x)$ 的定义域关于原点对称，且对定义域内任意一个 x，都有 $f(-x)=f(x)$，那么函数 $f(x)$ 就叫作偶函数；类比偶函数的探究过程，培养学生的自学能力和探索精神。

师生活动：教师引导，共同得出偶函数的概念。

设计意图：渗透数形结合的思想，让学生感悟从形象到具体的研究方法。

探究2：类比偶函数的研究过程，观察图3两个函数图像，它们有什么共同特征吗？

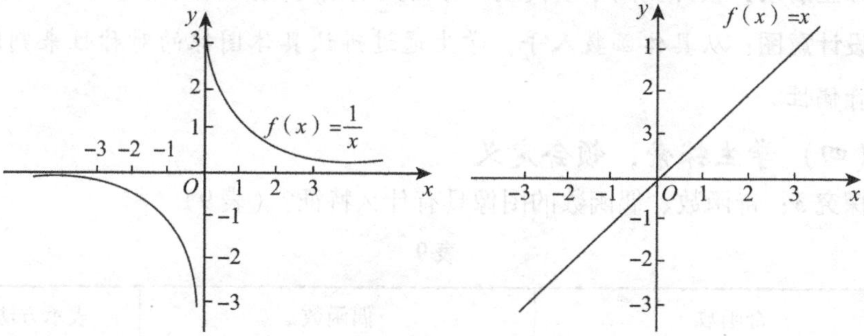

图3

两个函数的图像都关于原点对称。

问题3：通过填表7、表8，你发现了什么？

表7

x	−3	−2	−1	0	1	2	3
$f(x)=x$	3	2	1	0	1	2	3

第一篇 教学设计

表 8

x	-3	-2	-1	1	2	3
$f(x)=\frac{1}{x}$	$-\frac{1}{3}$	$-\frac{1}{2}$	-1	1	$\frac{1}{2}$	$\frac{1}{3}$

当自变量 x 取一对相反数时，相应的两个函数值也是相反数。

师生活动：类比偶函数的学习，小组自主完成奇函数的学习过程。

设计意图：类比偶函数的探究过程，培养学生的自学能力和探索精神。

问题 4：如何用自变量 x 及其函数值 $f(x)$ 来刻画这个关于原点中心对称的函数图像？

追问 4：关于原点中心对称的点的坐标具有什么特点？

追问 5：$P(x_0, f(x_0))$ 关于原点的对称点 P 的坐标是什么？

追问 6：根据这些，你发现了什么结论？

结论：$f(-x_0)=-f(x_0)$.

类比偶函数的定义，请学生自主得出奇函数的定义。

新知识：一般地，如果对于函数 $f(x)$ 的定义域内的任意一个 x，都有 $f(-x)=-f(x)$，那么函数 $y=f(x)$ 就叫作奇函数。

师生活动：教师提问小组代表，分析归纳出奇函数的定义。

设计意图：从具体函数入手，学生通过辨认具体图像的对称性来判断函数的奇偶性。

（四）学生探索，领会定义

探究 3：奇函数、偶函数的图像具有什么特征？（表 9）

表 9

奇函数	偶函数	表示方法
$f(-x)=-f(x)$	$f(x)=f(-x)$	数
图像关于坐标原点中心对称	图像关于 y 轴对称	形

师生活动：师生共同归纳函数奇偶性。

设计意图：加深学生对函数奇偶性的理解，让学生体会数形结合的数学思想。

探究 4：已知函数 $f(x)$ 是奇函数，在 $(-\infty, 0]$ 上的图像如图 4 所示，你能试作出 $[0, +\infty)$ 内的图像吗？

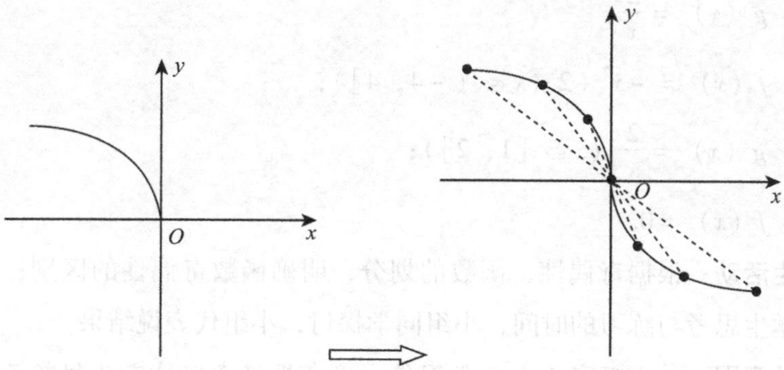

图 4

师生活动：学生根据奇函数的图像特征，补完整函数图像。

设计意图：从具体函数入手，学生通过辨认具体图像的对称性来判断函数的奇偶性。

探究 5：观察图 5 的函数图像，其是否关于 y 轴（或 x 轴）对称？

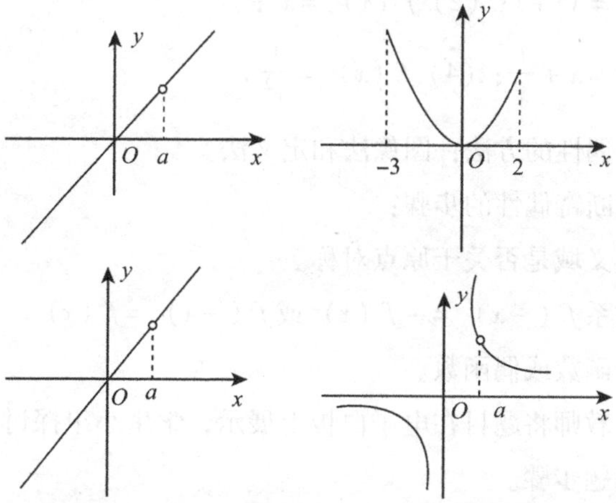

图 5

师生活动：学生通过观察发现函数图像关于 y 轴（或 x 轴）对称。

设计意图：函数具有奇偶性的前提条件是定义域关于原点对称。

问题 5：如果一个函数有奇偶性，那么它的定义域应该有什么特点？

学生回答：定义域应该关于原点对称。

问题 6：判断下列函数的奇偶性。

（1）$f(x) = -x^2 + 2$；

(2) $g(x)=\frac{2}{x}$;

(3) $f(x)=-x^2+2\ (x\in(-4,4])$;

(4) $g(x)=\frac{2}{x}\ (x\in[1,2])$;

(5) $f(x)=0$.

师生活动：根据奇偶性、函数的划分，明确函数奇偶性的区别；学生口答，给学生思考与练习的时间，小组同学探讨，小组代表说结果。

设计意图：学生观察4个函数图像，思考根据奇偶性定义判断函数的奇偶性，深化对奇偶性概念的理解。

师生总结：根据奇偶性，函数可划分为四类，即奇函数、偶函数、既奇又偶函数、非奇非偶函数。

（五）知识应用，巩固提高

例1：判断下列函数的奇偶性。

(1) $f(x)=x^2+1$；(2) $f(x)=x^5$；

(3) $f(x)=x+\frac{1}{x}$；(4) $f(x)=\frac{1}{x^2}$.

判断函数奇偶性的方法：图像法和定义法。

用定义法判断奇偶性的步骤：

一看：看定义域是否关于原点对称。

二找：找关系$f(-x)=-f(x)$或$f(-x)=f(x)$.

三判断：奇函数或偶函数。

师生活动：教师将题目在电子白板上展示，学生小组探讨后，师生点评，然后教师强调解题步骤。

设计意图：让学生利用函数的相关性质进行解题，规范解题步骤，让学生养成良好的习惯。

练习：

(1) 判断函数$f(x)=x^2-3$，$x\in(-1,4)$的奇偶性。

(2) 定义在区间$f(x)=\begin{cases}x^2+x, & x<0\\ x-x^2, & x>0\end{cases}$上的函数$f(x)$为奇函数，那么

$f(x)=\begin{cases}x^2+x, & x<0\\ x-x^2, & x>0\end{cases}=$__________.

（3）判断函数 $f(x)=\begin{cases}x^2+x, & x<0\\ x-x^2, & x>0\end{cases}$ 的奇偶性。

师生活动： 巩固训练，完成后提问学生，了解具体的答题情况。

设计意图： 通过巩固练习及时巩固所学知识。

（六）总结归纳，提炼感悟

教师引导学生回顾本节课所学知识，并引导学生回答下面的问题：

（1）偶函数与奇函数的定义。

（2）利用定义判断函数奇偶性的基本步骤是什么？

定义法（图6）：

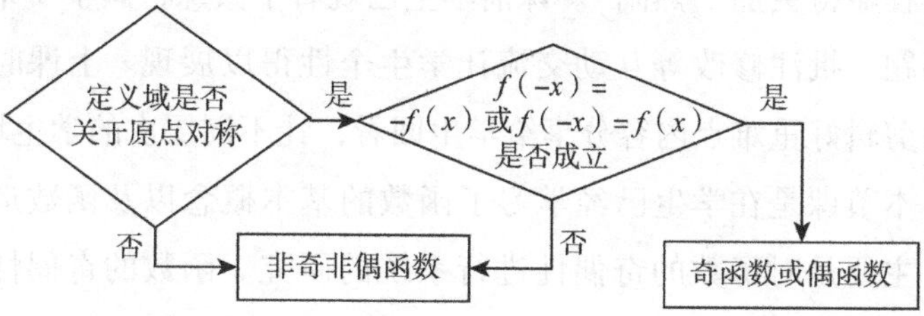

图6

图像法： 若函数的图像关于原点对称，则函数为奇函数；若函数图像关于 y 轴对称，则函数为偶函数。

（3）引导学生用数学的眼光观察世界。使用多媒体展示图片，让学生体会对称带给我们的和谐美、数学美。

设计意图： 梳理、总结、归纳提炼本节课的核心内容和方法。

（七）课后环节，拓展延伸

1. 课后延伸

（1）已知函数 $f(x)$ 是定义在 **R** 上的奇函数，当 $x\geqslant 0$ 时，$f(x)=x(1+x)$. 画出函数 $f(x)$ 的图像，并求出函数的解析式。

（2）已知函数 $f(x)$ 是偶函数，而且在 $(0,+\infty)$ 上是减函数，判断 $f(x)$ 在 $(-\infty,0)$ 上是增函数还是减函数，并证明你的判断。

2. 课后作业布置

P. 36　练习1，2.

P. 44　A组8，10.

3. 微课或笔记分享

（1）分享【课后延伸】的详细答案及推送教师录制的讲解微课，个性化辅导学生。

(2) 分享 PPT，便于学生复习、整理知识与巩固新知。

师生活动：课后学生自主探究、思考，尝试解答。学生完成作业，整理笔记，看微课，复习旧知识。

设计意图：为了加深学生对函数奇偶性的理解，并延伸应用，课后增加两道思考探究题，为下节课继续学习做好铺垫。

六、教学反思

第一，本节课教师借助希沃电子白板进行课堂教学，相比传统课堂，这种教学的过程显得更加“热闹”。课前学生已观看了微课，画了4个函数的图像。拍照答题、批注修改等互动交流让学生个性得以展现。上课时同步录制微课，课后剪辑好重难点内容分享给学生回看，让不同层次的学生均有发展。

第二，本节课是在学生已经学习了函数的基本概念以及函数运算的基础上进行的，主要是对函数的奇偶性进行系统的研究。函数的奇偶性是描述函数整体特征的，在培养学生图像观察能力的基础上，引导学生从数量关系的角度通过逻辑推理加以确认，是锻炼学生掌握数形结合思想很好的机会。学生在对奇偶性概念中定义域内自变量的任意性理解出现障碍，进而在对函数奇偶性的判断过程中容易忽略对定义域的考虑。另外，部分学生由于学习习惯不良，容易抛开图像而片面死记奇偶函数的概念，从而在奇偶性概念的理解上产生错位或无法进行灵活应用。基于这些问题，课上通过设计一些问题串，借助一系列问题串，引导学生积极主动地参与教学过程，探究出函数奇偶性的概念，并充分体现学生的主体地位，从而加强学生对定义本质的理解，也培养学生观察、归纳、总结的能力及勇于探索的学习精神。

第三，本节课教学活动贯穿了观察、归纳、总结、应用的探究要素，采用了师生互动的开放式教学模式，以及以学生为主体、教师为主导的教学理念。学生的自主学习，结合教师的引导分析，调动了师生之间的交流，使学生在活动中完成教学目标，体现了学习的自主性，把教学过程变成研究并解决问题的过程。

椭圆及其标准方程

广东省大埔县虎山中学　黄小辉

一、内容和内容解析

1. 内容

椭圆及其标准方程。

2. 内容解析

圆锥曲线在高中教材中，给出它们的几何定义后，便用结合代数的方法——“坐标法”进行讨论，使我们对平面曲线有了更多的感性认识，体现了数学中数与形、代数与几何之间的关系。本节课是数学选修系列2（人教版A版）2.2.1“椭圆及其标准方程”第一课时。在本章，通过对三种圆锥曲线的求证探讨如何利用代数方法研究几何问题。以椭圆为重点，阐述了椭圆的形成、求标准方程的一般方法，接着在探究双曲线、抛物线的教学活动中应用和巩固。因此，本节知识起到了承上启下的重要作用，融合了数形结合、化归、类比等数学思想方法，教学时应重视数形结合的思想方法及价值。

基于以上分析，本节课的重点为椭圆的定义、椭圆的标准方程、坐标法、化归等基本思想。

二、目标和目标解析

1. 目标

（1）理解椭圆的定义。

（2）理解椭圆的标准方程的推导，在体验化简椭圆方程的过程中提高学生的运算能力。

（3）掌握椭圆的标准方程，会根据条件探究椭圆的标准方程，会根据椭圆的标准方程求焦点坐标。

2. 目标解析

（1）经历从具体情境中抽象出椭圆的过程，由形象到抽象，掌握数学概念的本质；充分发挥学生在学习中的主体地位，引导学生进行动手、观察、思考、合作、探究等活动，形成研究氛围和合作意识，培养学生形成扎实严谨的科学作风。

（2）学生通过自主学习、合作交流，体验椭圆的标准方程的推导过程、化简，让学生知其然并知其所以然，体会探索的艰辛过程，从而提升学生战胜困难的意志品质。

（3）探究椭圆的形成过程，渗透数学思想方法，增强学生利用数学思想方法分析和解决问题的意识，提高学生学数学的兴趣和动力。

三、教学问题诊断分析

1. 体悟教材，自主学习，问题诊断分析

（1）学生自主学习遇到的第一个问题是椭圆定义的形成。教材介绍了利用细绳画椭圆的方法，通过画图揭示椭圆上的点所要满足的条件，建立直观的概念。要鼓励学生大胆、亲自操作，体验椭圆的形成过程，抽象成椭圆的数学定义。

问题解决方案：两定点距离、绳长与图形的关系，让学生亲自操作，结合教材，完善定义。

（2）学生自主学习遇到的第二个问题是椭圆标准方程的推导中含有两个根式的等式如何化简。

问题解决方案：两边同时平方法化简较为复杂，学生更要细心、耐心，根据本班学情，更要有充足的时间。部分学生完成可能有困难，引导学生完成。

（3）学生自主学习遇到的第三个问题可能是焦点在 y 轴上椭圆方程的得出。

问题解决方案：可以利用类比焦点在 x 轴的推导过程，发现 x 与 y 互换的特点，从而利用焦点在 x 轴上椭圆的标准方程得到焦点在 y 轴上椭圆的标准方程，避免烦琐、重复的推导过程。

2. 课堂教学问题诊断分析

（1）椭圆有两种标准方程，在求解时，要先判断焦点的位置，再确定椭圆标准方程的类型，主要有定义法、待定系数法，有时还可以根据条件用代入法等。

问题解决方案：结合实例，强化用待定系数等方法求椭圆标准方程的一般步骤。

（2）如何在课堂教学中有效解决带根式方程的化简？

问题解决方案：学生通过课前自主学习、合作、交流、演算，利用信息技术展示学生演算过程，归纳化简原则。

基于以上分析，本节课的难点为椭圆标准方程的推导与化简，椭圆标准方程的求解。

四、教学支持条件分析

给出动点满足的几何条件之后，信息技术在探究曲线的形状方面有着特殊作用。例如，演示平面截圆锥的过程、椭圆的动态形成过程，可以更直观、形象地突出重点，突破难点。

五、教学过程设计

（一）预习教材，问题导入

（1）平面内满足什么条件的点的轨迹为椭圆？椭圆的焦点、焦距分别是什么？

（2）椭圆的标准方程是什么？

设计意图：学生通过自主学习，经历分析、探究、形成知识的过程；解决问题、激活学生已有的认知结构，分享自主学习的成果；指导学生体悟推导椭圆方程的方法与策略，引入课题。

（二）体悟教材，核心必记

1. 椭圆的定义

平面内与两个定点 F_1，F_2 的距离的和等于常数（大于 $|F_1F_2|$）的点的轨迹叫作椭圆。这两个定点叫作椭圆的焦点，两焦点间的距离叫作椭圆的焦距。

问题 1：定义中的条件 $2a > |F_1F_2| > 0$ 不可以少，为什么？当 $2a = |F_1F_2|$时，其轨迹是什么？当 $2a < |F_1F_2|$时，其轨迹又是什么？

2. 椭圆的标准方程的推导

问题 2：如何推导出椭圆的标准方程（以焦点在 x 轴上为例）？

问题3：如何选取坐标系？

问题4：怎样去根号？

问题5：设 $a^2-c^2=b^2$（$a>c>0$），又得到怎样的方程？

问题6：a^2-b^2 的几何意义是什么？

3. 椭圆的标准方程

问题7：椭圆的标准方程的特征有哪些？根据椭圆的几何特征、代数特征，如何区分焦点在 x 轴还是 y 轴？

设计意图：在定义的教学上，突出关键字，准确把握，让学生充分、深入地理解数学定义，让学生真正理解问题的本质。

（三）基本技能，理解概念

（1）判断下列命题是否正确。（正确的打“√”，错误的打“×”）

① 平面内到两定点距离之和等于定长的点的轨迹为椭圆。（　　）

② 已知椭圆的焦点是 F_1，F_2，P 是椭圆上的一动点，如果延长 F_1P 到 Q，使得 $|PQ|=|PF_2|$，则动点 Q 的轨迹为圆。（　　）

③ 方程 $\dfrac{x^2}{a^2}+\dfrac{y^2}{b^2}=1$（$a>0$，$b>0$）表示的曲线是椭圆。（　　）

（2）若椭圆 $\dfrac{x^2}{5}+\dfrac{y^2}{m}=1$ 的一个焦点坐标为（1，0），则实数 m 的值为（　　）。

A. 1　　B. 2　　C. 4　　D. 6

（3）设 P 是椭圆 $\dfrac{x^2}{25}+\dfrac{y^2}{16}=1$ 上的点，若 F_1，F_2 是椭圆的两个焦点，则 $|PF_1|+|PF_2|$ 等于（　　）。

A. 4　　B. 5　　C. 8　　D. 10

（4）若椭圆的焦距为6，$a-b=1$，则椭圆的标准方程为________。

设计意图：基本技能训练培养学生观察、辨析、归纳问题的能力。考虑到部分学生的数学基础较弱，让学生动手练、动脑思来感悟椭圆定义及其标准方程的基本求法。

（四）例题分析，素养培优

例1：求适合下列条件的椭圆的标准方程。

（1）椭圆的两个焦点的坐标分别是（-4，0），（4，0），椭圆上一点 P 到两焦点距离的和等于10；

（2）椭圆的两个焦点的坐标分别是（0，-2），（0，2），并且椭圆经过点（-32，52）；

（3）椭圆的焦点在 x 轴上，$a:b=2:1$，$c=6$.

设计意图：学生已掌握求椭圆方程的方法，为更深入地研究椭圆，确定椭圆的方程应包括“定位”和“定量”两个方面：①“定位”是指确定与坐标系的相对位置，在以中心为原点的前提下，确定焦点位于哪条坐标轴上，以判断方程的形式；②“定量”是指确定 a_2，b_2 的具体数值，根据条件列方程求解。

例 2：椭圆的定义及其应用。

（1）已知椭圆的方程为$\frac{x^2}{a^2}+\frac{y^2}{25}=1$（$a>5$），它的两个焦点分别为 F_1，F_2，且 $|F_1F_2|=8$，弦 AB 过点 F_1，则 $\triangle ABF_2$ 的周长为（　　）。

A. 10　　B. 20　　C. $2\sqrt{41}$　　D. $4\sqrt{41}$

（2）如图 1 所示，已知椭圆的方程为$\frac{x^2}{4}+\frac{y^2}{3}=1$，若点 P 在第二象限，且 $\angle PF_1F_2=120°$，则 $\triangle PF_1F_2$ 的面积为__________。

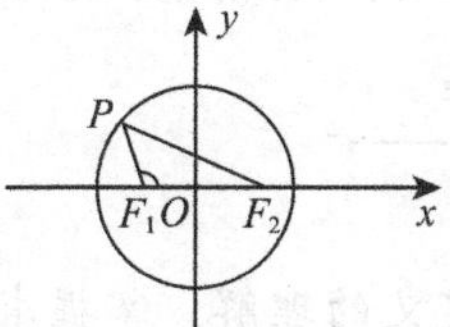

图 1

设计意图：只有准确把握好数学概念、定理，才能真正对知识进行灵活应用。在学习了椭圆定义后，适当学习应用技巧。

（1）椭圆的定义具有双向作用，即若 $|MF_1|+|MF_2|=2a$（$2a>|F_1F_2|$），则点 M 的轨迹是椭圆；反之，椭圆上任意一点 M 到两焦点的距离之和必为 $2a$.

（2）涉及焦点、三角形面积时，可把 $|PF_1|$，$|PF_2|$看作一个整体，运用 $|PF_1|^2+|PF_2|^2=(|PF_1|+|PF_2|)^2-2|PF_1|\cdot|PF_2|$及余弦定理求出 $|PF_1|\cdot|PF_2|$，这样，就避免了单独求出 $|PF_1|$，$|PF_2|$，减少了运算量。让学生独立完成时间花费较多，教师与学生合作完成，引导、提示、写明关

键步骤，逐步突破难点，提高课堂教学效果。

六、目标检测设计

1. 求适合下列条件的椭圆的标准方程。

(1) 经过两点 $(2,\ -\sqrt{2})$，$\left(-1,\ \frac{\sqrt{14}}{2}\right)$；

(2) 过点 $(\sqrt{3},\ -\sqrt{5})$，且与椭圆 $\frac{y^2}{25}+\frac{x^2}{9}=1$ 有相同的焦点。

2. 如图 2 所示，已知椭圆的两焦点为 $F_1\ (-1,\ 0)$，$F_2\ (1,\ 0)$，P 为椭圆上一点，且 $2|F_1F_2|=|PF_1|+|PF_2|$，则椭圆的标准方程为__________。

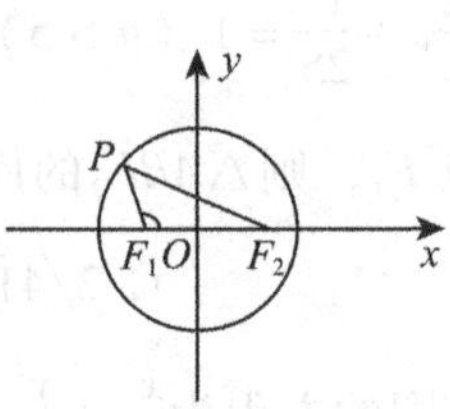

图 2

3. 已知椭圆 $\frac{x^2}{9}+\frac{y^2}{2}=1$ 的左、右焦点分别为 F_1，F_2，点 P 在椭圆上，若 $|PF_1|=4$，则 $\angle F_1PF_2=$_________。

设计意图：

(1) 检测学生对椭圆的定义的理解；掌握求椭圆方程的方法，进一步提升学生对求椭圆方程的两种方法的理解（定义法和待定系数法）。椭圆中涉及焦点的有关问题，常根据定义求解，本题方法一的定义法求椭圆方程就是此思路。从另一个角度考虑，求椭圆的标准方程只需要求出 a，b 即可。因此，只需要列出两个方程即可。本题方法二就是用待定系数法求方程。不管是用定义法还是用待定系数法求椭圆方程，求椭圆方程的一般步骤都是“先定型再定量”。

(2) 检测学生对椭圆定义的理解及应用，提高学生的运算能力，培养学生不怕困难、耐心、扎实严谨的科学态度。

(3) 检测学生对椭圆的定义及标准方程的理解，同时为学习椭圆的几何性质做铺垫，与余弦定理结合，渗透平面解析几何的基本思想，培养学生分析问题、解决问题的能力，帮助学生提升综合思维能力。

七、教学反思

本节课结合数学核心素养的要求，引导学生动手操作及演示，直观形象地展示椭圆形成的过程，激发了学生探究新知识的欲望，让学生主动参与椭圆的定义的形成过程。同时，根据课件演示，提出问题，以师生共同探究的形式，突破各个易错点，对不同的关键点，采用习题形式体现，让学生在练中发现问题，从而掌握知识。在例题的讲解中，由学生自主或学习小组讨论完成，然后到黑板上书写过程，训练学生书写正规答题格式，培养了学生的应急反应能力。最后，目标检测，当堂反馈学生接受知识的情况，发现学生做第1题时，错误率较高，学生没有考虑到焦点的位置，同时，发现学生运算技巧不熟练，而且运算能力不强。

本节课主要教给学生利用数形结合思想解决问题，引导学生将已学的知识迁移到新知中。通过观察、分析、归纳、抽象完成对椭圆定义的理解。同时，教给学生如何提高运算技巧及培养学生的运算能力。

本节课的不足之处：这节课知识容量较大，学生运算能力不强，使目标检测这个环节较仓促。因此，今后要大胆给学生更多的自主时间和空间，提高课堂的学习效率，继续加强对学生运算能力的培养。

总之，本节课我将自己的想法提前设计成课件，展示椭圆的形成过程，达到了预期目的。在今后的教学中，我要更加努力、不断完善，提高自己的教学业务水平。

参考文献：

[1] 中华人民共和国教育部．普通高中数学课程标准（2017年版）[M]．北京：人民教育出版社，2018.

[2] 人民教育出版社，课程教材研究所，中学数学课程教材开发研究中心．普通高中课程标准实验教科书《数学选修2－1教师教学用书》[M]．北京：人民教育出版社，2018.

[3] 人民教育出版社，课程教材研究所，中学数学课程教材开发研究中心．普通高中课程标准实验教科书《数学选修2－1》[M]．北京：人民教育出版社，2018.

直线与平面平行的判定

广州市玉岩中学　余国超

一、教学内容分析

本节课教材选自人教 A 版《数学》必修 2 第二章 2.1 节，本节内容在立体几何学习中起着承上启下的作用，具有重要的意义与地位。本节课是在已学空间点、线、面位置关系的基础上，结合有关的实物模型，通过直观感知、操作确认、合情推理（不要求证明）归纳出直线与平面平行的判定定理。本节课内容的学习对培养学生空间感与逻辑推理能力起到了重要作用，特别是线线平行、面面平行的判定的学习作用重大。

二、学生学习情况分析

笔者任教的学生年段属中上程度，学生学习兴趣较高，但学习立体几何所具备的语言表达及空间感与空间想象能力相对不足，学习方面有一定困难。

三、设计思想

本节课的设计遵循从具体到抽象的原则，适当运用多媒体辅助教学，借助实物模型，通过直观感知、操作确认、合情推理归纳出直线与平面平行的判定定理，将合情推理与演绎推理有机结合，让学生在观察分析、自主探索、合作交流的过程中，揭示直线与平面平行的判定，理解数学的概念，领会数学的思想方法，养成积极主动、勇于探索、自主学习的学习习惯，发展学生的空间观念和空间想象力，提高学生的数学逻辑思维能力。

四、教学目标

通过直观感知—观察—操作确认的认识方法理解并掌握直线与平面平行

的判定定理，掌握直线与平面平行的画法并能准确使用数学符号语言、文字语言表述判定定理；培养学生观察、探究、发现的能力和空间想象能力、逻辑思维能力；让学生在观察、探究、发现中学习，在自主合作、交流中学习，体验学习的乐趣，增强自信心，树立积极的学习态度，提高学习的自我效能感。

五、教学重难点

教学重点是判定定理的引入与理解，难点是判定定理的应用及立体几何空间感、空间观念的形成与逻辑思维能力的培养。

六、教学过程设计

（一）知识准备，新课引入

提问1：根据公共点的情况，空间中直线 a 和平面 α 有哪几种位置关系？完成表1（多媒体幻灯片演示）。

表1

位置关系			
公共点			
符号表示			
图形表示			

我们把直线与平面相交或平行的位置关系统称为直线在平面外，用符号表示为 $a\not\subset\alpha$.

提问2：根据直线与平面平行的定义（没有公共点）来判定直线与平面平行你认为简便吗？谈谈你的看法，并指出是否有其他判定方法。

设计意图：通过提问，学生复习并归纳空间直线与平面位置的关系，引入本节课题，并为探寻直线与平面平行的判定定理做好准备。

（二）判定定理的探求过程

1. **直观感知**

提问：根据同学们日常生活的观察，你们能感知到并举出直线与平面平行的具体事例吗？

生1：日光灯与天花板，竖立的电线杆与墙面。

生2：门转动到离开门框的任何位置时，门的边缘线始终与门框所在的平面平行（由学生到教室门前演示，然后教师用多媒体动画演示）。

学情预设：此处的预设与生成应当是很自然的，但教师要预见到可能出现的情况，如电线杆与墙面可能共面的情形及门要离开门框的位置等情形。

2. 动手实践

教师取出预先准备好的直角梯形泡沫板演示：当把互相平行的一边放在讲台桌面上并转动时，观察另一边与桌面的位置关系，给人以平行的感觉；而当把直角腰放在桌面上并转动时，观察另一边与桌面的位置关系，给人的印象就是不平行。又如老师直立讲台，则大家会感觉到老师（视为线）与四周墙面平行，如老师向前、后倾斜则感觉老师（视为线）与左、右墙面平行，如老师向左、右倾斜，则感觉老师（视为线）与前、后墙面平行（老师也可用事先准备的木条放在讲台桌上做上述情形的演示）。

设计意图：设置这样动手实践的情境，是为了让学生更清楚地看到线面平行与否的关键因素是什么，使学生学在情境中，思在情理中，感悟在内心，学自己身边的数学，领悟空间观念与空间图形的性质。

3. 探究思考

（1）上述演示的直线与平面位置关系为何有如此的不同？关键是什么因素起了作用呢？通过观察感知发现直线与平面平行，关键是三个要素：①平面外一条直线；②平面内一条直线；③这两条直线平行。

（2）如果平面外的直线 a 与平面 α 内的一条直线 b 平行，那么直线 a 与平面 α 平行吗？

4. 归纳确认（多媒体幻灯片演示）

直线和平面平行的判定定理：平面外的一条直线与平面内的一条直线平行，则该直线和这个平面平行。

简单概括：（内外）线线平行⇒线面平行。

符号表示：$\left.\begin{matrix} a\not\subset\alpha \\ b\subset\alpha \\ a/\!/b \end{matrix}\right\}\Rightarrow a/\!/\alpha.$

温馨提示：

作用：判定或证明线面平行。

关键：在平面内找（或作）出一条直线与平面外的直线平行。

思想：空间问题转化为平面问题。

（三）定理运用，问题探究（多媒体幻灯片演示）

1. 想一想

（1）判断下列命题的真假，并说明理由。

① 如果一条直线不在平面内，则这条直线就与平面平行。（　　）

② 过直线外一点可以作无数个平面与这条直线平行。（　　）

③ 一条直线上有两个点到平面的距离相等，则这条直线与平面平行。（　　）

（2）若直线 a 与平面 α 内无数条直线平行，则 a 与 α 的位置关系是（　　）。

A. $a /\!/ \alpha$　　B. $a \subset \alpha$　　C. $a /\!/ \alpha$ 或 $a \subset \alpha$　　D. $a \not\subset \alpha$

学情预设：设计这组问题的目的是强调定理中三个条件的重要性，同时预设（1）中的③学生可能认为是正确的，这样就无法达到教师的预设与生成的目的。这时，教师要引导学生思考，让学生想象的空间更广阔些。此外，教师可用预先准备好的羊毛针与泡沫板进行演示，让羊毛针穿过泡沫板以举不平行的反例。如果学生的空间想象力强，能按教师的要求生成正确的结果就由学生进行演示。

2. 作一作

设 a，b 是两条异面直线，则过 a，b 外一点 P 且与 a，b 都平行的平面存在吗？若存在，请画出平面；不存在，说明理由。

先由学生讨论交流，教师提问，然后教师总结，并用准备好的羊毛针、铁线、泡沫板等演示平面的形成过程，最后借助多媒体展示作图的动画过程。

设计意图：这是一道动手操作的问题，不仅是为了拓展加深学生对定理的认识，更重要的是培养学生的空间感与思维的严谨性。

3. 证一证

例 1：（见课本 P. 60 例 1）：已知空间四边形 $ABCD$ 中，E，F 分别是 AB，AD 的中点，求证：$EF /\!/$ 平面 BCD.

变式 1：空间四边形 $ABCD$ 中，E，F，G，H 分别是边 AB，BC，CD，DA 的中点，连接 EF，FG，GH，HE，AC，BD，请分别找出图中满足线面平行位置关系的所有情况。（共 6 组线面平行）

变式 2：在变式 1 的图中如作 $PQ /\!/ EF$，使 P 点在线段 AE 上、Q 点在线段 FC 上，连接 PH，QG，并继续探究图中所具有的线面平行位置关系（在变式1的基础上增加了4组线面平行），并判断四边形 $EFGH$，$PQGH$ 分别是怎样的四边形，说明理由。

设计意图：设计两个变式训练，目的是通过问题探究、讨论、思辨，及时巩固定理、运用定理，培养学生的识图能力与逻辑推理能力。

例2：如图1所示，在正方体 $ABCD—A_1B_1C_1D_1$ 中，E，F 分别是棱 BC 与 C_1D_1 中点，求证：$EF//$平面 BDD_1B_1.

分析：根据判定定理必须在平面 BDD_1B_1 内找（作）一条直线与 EF 平行，联想到中点问题找中点解决的方法，可以取 BD 或 B_1D_1 中点证之。

思路1：取 BD 的中点 G，连接 D_1G，EG，可证 D_1GEF 为平行四边形。

思路2：取 D_1B_1 的中点 H，连接 HB，HF，可证 $HFEB$ 为平行四边形。

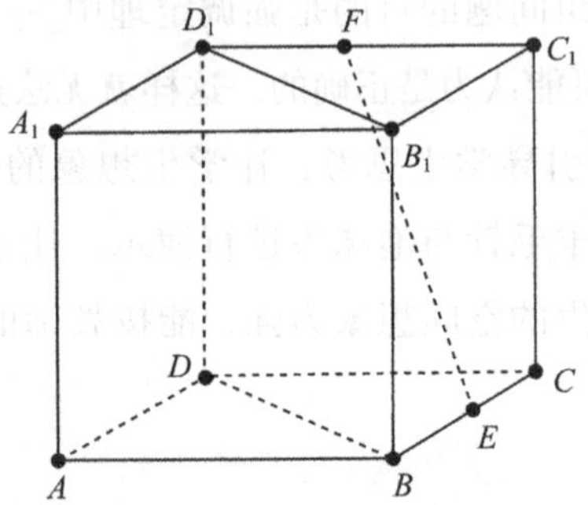

图1

知识链接：根据空间问题平面化的思想，把找空间平行直线问题转化为找平行四边形或三角形中位线问题，这样就自然想到了找中点。平行问题找中点解决是个好途径、好方法。这种思想方法是解决立体几何论证平行问题，培养逻辑思维能力的重要思想方法。

4. **练一练**

练习1：见课本6页练习1，2.

练习2：将两个全等的正方形 $ABCD$ 和 $ABEF$ 拼在一起，设 M，N 分别为 AC，BF 的中点，求证：$MN//$平面 BCE.

变式：若将练习2中 M，N 改为 AC，BF 上的点且 $AM = FN$，试问结论仍成立吗？试证之。

设计意图：设计这组练习的目的是巩固与深化定理的运用，特别是通过练习2及其变式的训练，让学生在复杂的图形中识图，寻找分析问题、解决问题的途径与方法，以达到逐步培养空间感与逻辑思维能力的目的。

（四）总结

先由学生口头总结，然后教师归纳总结（由多媒体幻灯片展示）。

（1）线面平行的判定定理：平面外的一条直线与平面内的一条直线平行，则该直线与这个平面平行。

（2）定理的符号表示：$\left.\begin{array}{l} a\not\subset\alpha \\ b\subset\alpha \\ a/\!/b \end{array}\right\}\Rightarrow a/\!/\alpha.$

简述：（内外）线线平行则线面平行。

（3）定理运用的关键是找（作）平面内的线与平面外的线平行，途径有取中点利用平行四边形或三角形中位线性质等。

七、教学反思

“直线与平面平行的判定”是学生学习空间位置关系的判定与性质的第一节课，也是学生学习立体几何演绎推理论述的思维方式方法的开始。因此，本节课的学习对发展学生的空间观念和逻辑思维能力是非常重要的。

本节课的设计遵循“直观感知—操作确认—思辨论证”的认识过程，注重引导学生通过观察、操作交流、讨论、有条理地思考和推理等活动，从多个角度认识直线和平面平行的判定方法，让学生通过自主探索、合作交流，进一步认识和掌握空间图形的性质，积累数学活动的经验，发展空间观念与推理能力。

本节课的设计注重训练学生准确表达数学符号语言、文字语言及图形语言，加强各种语言的互译。例如上课开始时的复习引入，让学生用三种语言进行表达，动手实践、定理探求以及定理描述注重三种语言的表达，对例题的讲解与分析也注意指导学生三种语言的表达。

一元二次不等式及其解法

广州市玉岩中学　吴光潮

一、内容和内容解析

1. 内容

探索一元二次方程、一元二次不等式与二次函数的关系，获得一元二次不等式的解法，并用所学方法解一元二次不等式。

2. 内容解析

本节课是人教版普通高中课程标准实验教科书《数学》（必修5）第三章3.2节“一元二次不等式及其解法”第一课时。从内容上看，它是学生初中学过的一元一次不等式的延伸，而且它与一元二次方程、二次函数联系紧密，涉及的知识面较多。从思想层面看，本节课突出体现了数形结合思想。同时，一元二次不等式是解决函数定义域、值域等问题的重要工具。因此，本节课在整个中学数学中具有较重要的地位和作用。本节课的重点是一元二次不等式的解法，难点是理解二次函数、一元二次方程与一元二次不等式解集的关系。教学过程中，教师需要让学生经历从实际情境中抽象出一元二次不等式模型的过程。

二、目标和目标解析

1. 目标

让学生经历从实际情境中抽象出一元二次不等式模型的过程，并在此过程中理解一元二次方程、一元二次不等式与二次函数的关系；掌握解一元二次不等式的方法，培养学生数形结合的能力、分类讨论的思想方法、抽象概括能力和逻辑思维能力。

2. 目标解析

本节课是解题方法的研究，达成上述目标的标志是：

（1）在抽象出一元二次不等式模型的过程中，学生能够通过看图像找解集，从形到数转化，从具体到抽象，从特殊到一般归纳概括。

（2）学生通过对问题的思考、探究、交流，能展示良好的数学交流能力，数形结合的思维意识得到增强。

（3）教师在教学中渗透由具体到抽象、由特殊到一般、类比猜想、等价转化的数学思想方法；通过具体情境，学生掌握了一元二次不等式的解法，并激发了学习研究一元二次不等式的积极性，充分体验获取知识的成功感受。

三、教学问题诊断分析

本节课从内容上看是学生初中学过的一元一次不等式的延伸，同时也与一元二次方程、二次函数联系紧密，学生在初三阶段只会根据二次函数图像观察出一元二次不等式的解，对于从形到数的转化，从具体到抽象，从特殊到一般的归纳概括意识欠缺。在教学过程中，渗透数形结合、特殊到一般、具体到抽象、化归等数学思想是关键。因此，教师需要通过具体实例，让学生经历从实际情境中抽象、归纳出一元二次不等式的解法。

综上，本节课的难点是理解二次函数、一元二次方程与一元二次不等式解集的关系。

四、文本教材与信息整合点分析

（1）课件中出现的结论性文字均采用亮黄色，以突出重点。

（2）本节难点“三个二次”（二次方程、二次不等式、二次函数）关系表制成幻灯片，答案逐个播放，把节省的大量的板书时间转化成学生的思考时间；在引导学生结合图像写解集时用白板笔做标记帮助学生分析，突破难点。

（3）例题讲解、方法总结环节中，白板演示例题、黑板板书步骤。黑板、白板交替使用，既节省了板书例题的时间，又起到了规范解题步骤的作用，也符合学生接受新事物时的心理。

（4）教学小结环节展示整节课的教学导图，使学生对新课内容一目了然，有整体认识，有利于学生总结收获的知识与技能。

五、教学方法和教学策略分析

1. 选择教法的原则和依据

根据学生的原有知识和现有的认知规律，以发展学生的能力和应试水平为原则。

2. 教法选择

选择观察、探究、发现、类比、总结的教学模式，重点以引导学生为主，让他们能积极、主动地进行探索，获取知识。

3. 学法分析

结合本节内容和学生实际，适当引入研究性学习，采用讲练结合的方法，通过阅读发现问题，分析探索，合作交流，最终形成技能，使学生在观察、思考、交流中体验数学学习的乐趣。

4. 教学环境和教学资源准备

教师把书上的引例、发现“三个二次”（二次方程、二次不等式、二次函数）联系的过程及教科书第77页“三个二次”关系、第78页程序框图制成课件。

学生完成预习作业（不等式表示引例中的不等关系），复习一元二次函数的图像和一元二次方程的解。

六、教学过程设计

1. 创设情境，引入新课

情境问题：学校要在长为8m，宽为6m的一块长方形地面上进行绿化，计划四周种花卉，花卉带的宽度相同，中间种植草坪（图1中阴影部分）。为了美观，现要求草坪的种植面积超过总面积的一半。此时，花卉带的宽度x的取值范围是什么？

依题意有$(8-2x)(6-2x)>\frac{1}{2}\times 8\times 6$，整理得$x^2-7x+6>0$.

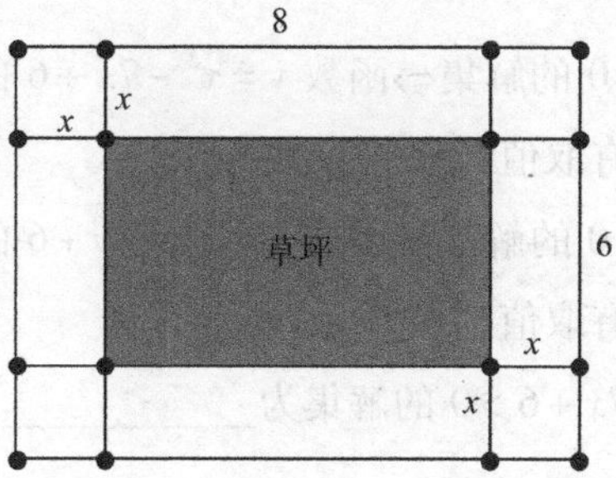

图 1

问题 1：一元二次不等式的定义。

只含有一个未知数，且未知数的最高次数为 2 的不等式叫作一元二次不等式。

问题 2：一元二次不等式的一般形式为 $ax^2+bx+c>0$（$a\neq0$）或 $ax^2+bx+c<0$（$a\neq0$）.

设计意图：教师抛出问题，学生简短思考、作答，引导学生建立数学模型，设疑激趣，引入新知（一元二次不等式的定义、一般形式、解法）。

2. 互动探究，发现规律

探究：一元二次不等式 $x^2-7x+6>0$ 的解集。

问题 3：请作出函数 $y=x^2-7x+6$ 图像（图 2）。

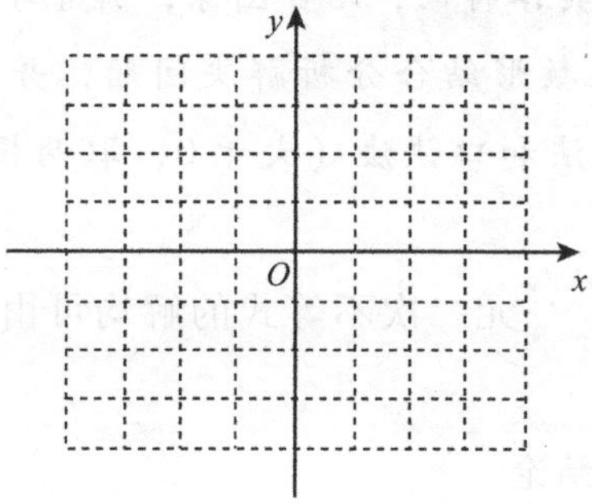

图 2

问题 4：观察你所作的图像，回答如下问题。

（1）当 x 取__________时，$y=0$.

当 x 取__________时，$y>0$.

当 x 取__________时，$y<0$.

（2）由图2得：

不等式 $x^2-7x+6>0$ 的解集⇔函数 $y=x^2-7x+6$ 的图像位于 x 轴的____部分，所对应的 x 的所有取值；

不等式 $x^2-7x+6<0$ 的解集⇔函数 $y=x^2-7x+6$ 的图像位于 x 轴的____部分，所对应的 x 的所有取值。

所以，不等式 $x^2-7x+6>0$ 的解集为________________，不等式 $x^2-7x+6<0$ 的解集为________________。

归纳1：“三个二次”（二次方程、二次不等式与二次函数）的关系（图3、图4）。

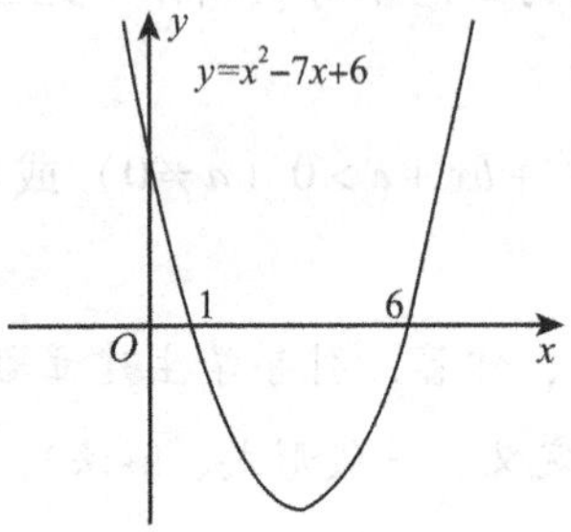

图3

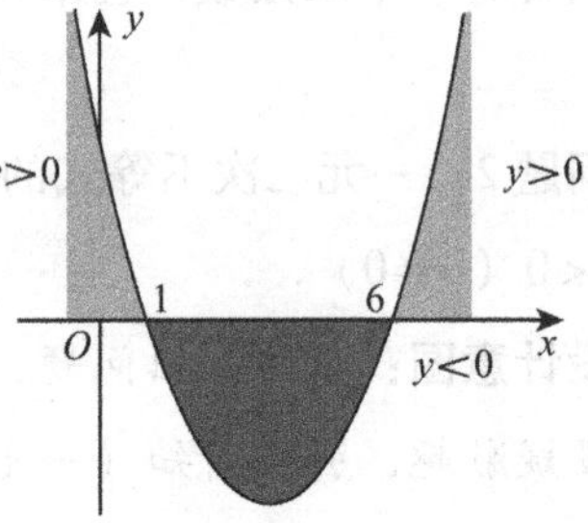

图4

设计意图：教师引导，学生展示、分享。教师根据图2，引导学生思考、作答问题4，通过具体特例，结合图像，引导学生初步归纳“三个二次”的关系，引导学生数形结合分析解决问题，并从中归纳小结解不等式的基本方法——图像法和口诀法（大于0，取两根两边；小于0，取两根中间）。

问题5：由上可知，一元二次不等式的解均可由图像观察得出（图像法）吗？

3. 启发引导，形成结论

归纳2：请填写表1，并思考“三个二次”的关系。

“三个二次”（二次方程、二次不等式、二次函数）的关系：

（1）$ax^2+bx+c=0$（$a\neq0$）的根⇔函数 $y=ax^2+bx+c$（$a\neq0$）的零点（$y=0$），即该图像 x 轴上的值。

（2）$ax^2+bx+c>0$（$a\neq0$）的解⇔函数 $y=ax^2+bx+c$（$a\neq0$）（$y>0$），位于 x 轴上方的图像对应的 x 的值。

（3）$ax^2+bx+c<0$（$a\neq0$）的解$\Leftrightarrow$函数 $y=ax^2+bx+c$（$a\neq0$）（$y<0$），位于 x 轴下方的图像对应的 x 的值。

表 1

$\Delta=b^2-4ac$	$\Delta>0$	$\Delta=0$	$\Delta<0$
二次函数 $y=ax^2+bx+c$（$a>0$）的图像	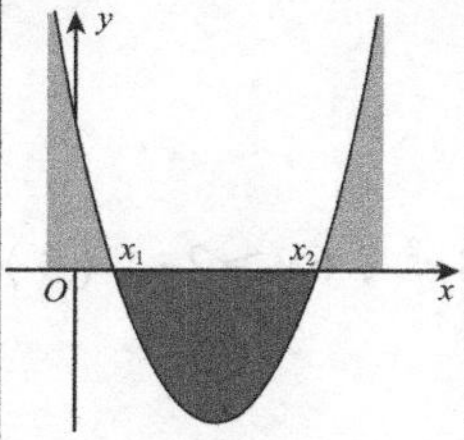	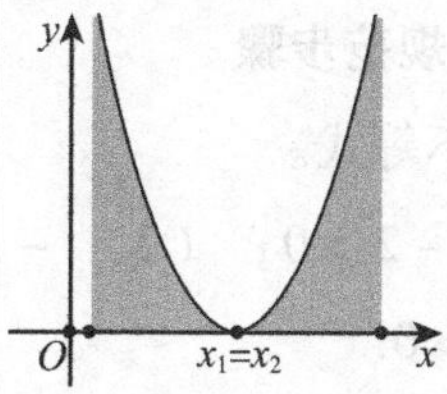	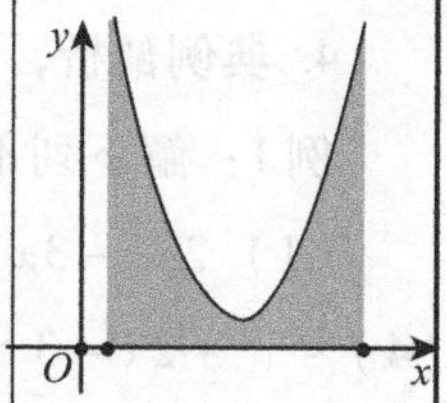
二次方程的根 $ax^2+bx+c=0$（$a\neq0$）	$x=x_1$，$x=x_2$，（$x_1<x_2$）	$x=x_{1,2}=-\dfrac{b}{2a}$	$\varnothing$
二次不等式的解集 $ax^2+bx+c>0$（$a>0$）	$\{x\mid x<x_1$ 或 $x>x_2\}$	$\{x\mid x\neq-\dfrac{b}{2a}\}$	$x\in R$
二次不等式的解集 $ax^2+bx+c<0$（$a>0$）	$\{x\mid x_1<x<x_2\}$	$\varnothing$	$\varnothing$

问题 6：思考，一元二次不等式 $ax^2+bx+c>0$（$a>0$）或 $ax^2+bx+c<0$（$a>0$）的解法。

（1）万能方法——图像观察法，当 $\Delta>0$ 时，你发现上述不等式的解集有何规律？

（2）当上述一元二次不等式的二次项系数 $a<0$ 时，如何求解？不等式 $ax^2+bx+c>0$（$a\neq0$）的解集与不等式 $ax^2+bx+c\geqslant0$（$a\neq0$）的解集有差异吗？

一元二次不等式的解法：

方法 1（图像法）：①作二次函数的图像；②根据不等号，观察图像对应部分；③写出 x 的集合。

方法 2“大于取两边；小于取中间”（口诀法）：①二次项系数化为正；

②求方程根；③写解集。

设计意图：学生分享、展示，教师点评。从特殊到一般，引导学生小结"三个二次"（二次方程、二次不等式、二次函数）的关系及解一元二次不等式的基本方法——图像法和口诀法（大于0，取两根两边；小于0，取两根中间）。

4. 典例剖析，规范步骤

例1：解下列不等式。

（1）$2x^2-3x-2>0$；（2）$-3x^2+6x\geqslant 2$；（3）$4x^2-4x+1>0$；（4）$-x^2+2x-3>0$.

解：（1）方程 $2x^2-3x-2=0$ 的解是 $x_1=-\frac{1}{2}$，$x_2=2$，所以原不等式的解集为 $\left\{x \mid x<-\frac{1}{2}，或x>2\right\}$.

（2）整理得 $3x^2-6x+2\leqslant 0$，方程 $3x^2-6x+2=0$ 的解是 $x_1=1-\frac{\sqrt{3}}{3}$，$x_2=1+\frac{\sqrt{3}}{3}$，所以原不等式的解集为 $\left\{x \mid 1-\frac{\sqrt{3}}{3}\leqslant x\leqslant 1+\frac{\sqrt{3}}{3}\right\}$.

（3）方程 $4x^2-4x+1=0$ 的解是 $x_1=x_2=\frac{1}{2}$，所以原不等式的解集为 $\left\{x \mid x\neq\frac{1}{2}\right\}$.

（4）整理得 $x^2-2x+3<0$，方程 $x^2-2x+3=0$ 无解，所以原不等式的解集为$\varnothing$.

设计意图：学生作答、分享、展示，教师点评。例1中（1）（2）引导学生运用一元二次不等式的基本解法——图像法和口诀法，通过错解，再次深化、强调口诀法的注意事项；例1中（3）（4）进一步引导学生对数形结合思想进行深刻认识。

变式：解下列一元二次不等式。

（1）$3x^2+5x>0$；（2）$-3x^2-5x\geqslant 0$；（3）$x^2-4x+\frac{1}{4}>0$；（4）$-x^2-4x+4>0$.

设计意图：学生作答、分享、展示，教师点评。进一步强化一元二次不等式的基本解法。

5. **拓展与提高**

已知不等式 $ax^2+bx+c<0$（$a\neq0$）的解是 $x<2$，或 $x>3$，求不等式 $bx^2+ax+c>0$ 的解。

解：由不等式 $ax^2+bx+c<0$（$a\neq0$）的解为 $x<2$，或 $x>3$，可知 $a<0$，且方程 $ax^2+bx+c=0$ 的两根分别为 2 和 3，所以 $-\frac{b}{a}=5$，$\frac{c}{a}=6$，即 $\frac{b}{a}=-5$，$\frac{c}{a}=6$. 因为 $a<0$，所以不等式 $bx^2+ax+c>0$ 可变为 $\frac{b}{a}x^2+x+\frac{c}{a}<0$，即 $-5x^2+x+6<0$，整理，得 $5x^2-x-6>0$，所以，不等式 $bx^2+ax-c>0$ 的解是 $x<-1$，或 $x>\frac{6}{5}$.

设计意图： 学生作答、分享、展示、教师点评。让学生进一步对一元二次不等式的“口诀”解法进行深刻认识。

6. **总结归纳，提炼内化**

一元二次不等式的定义与一般形式；“三个二次”（二次方程、二次不等式、二次函数）的关系；一元二次不等式的解法及其步骤；数学思想：数形结合；认识方法：从特殊到一般的辩证法。

7. **当堂训练，巩固深化**

（1）求函数 $y=\sqrt{-2x^2+x-5}$ 的定义域。

设计意图： 强化学生对一元二次不等式解法正向运用的熟练掌握。

（2）自变量 x 在什么范围取值时，函数 $y=3x^2-x+2$ 的值小于0？

设计意图： 数形结合思想的渗透。

（3）（选做题）已知不等式 $x^2-ax-b<0$ 的解集为 $\{x\mid 2<x<3\}$，求 a、b 的值。

设计意图： 一元二次不等式解法逆向运用，培养学生思维的灵活性与深刻性。

七、教学反思

（一）情境设置引入新课

问题情境“花卉带”的设计简单、活泼，学生列式解答，引入一元二次不等式的概念等实际问题，既激发学生兴趣，又让学生产生了强烈的求知欲。

（二）教学环节设计比较流畅

本节课按如下环节层层推进，即“创设情境，引入新课—互动探究，发现规律—启发引导，形成结论—典例剖析，规范步骤—拓展与提高—总结归纳，提炼内化—当堂训练，巩固深化”，从情境问题引出新知，再通过一个具体的一元二次不等式的特例归纳出基本解法，再推广到一般情形—— 一元二次不等式的解法规律，形成结论；通过具体不等式的求解过程检验学生对新授方法的掌握情况，规范解法步骤，再独立完成变式训练。这是一个归纳演绎、讲练结合的过程，符合学生的认知规律。

（三）教学中需注意的几个问题

1. **学情把握不充分**

需要充分估计学生的学情。例如，异地教学，若对学生情况把握不够，学生在作二次函数的过程中，作图慢、不熟，还可能有不会的情况；学生计算过程——求一元二次方程的解计算不熟练。这两处可能浪费时间比较多，导致展示环节较少，课堂设计环节不能有效完成。

2. **教学过程矛盾冲突点的设置问题**

本教学课例教学矛盾冲突点有如下几处值得深入思考，好好设计：冲突点1——新课引入环节：问题情境中一元二次不等式的求解方法；冲突点2——推广到一般情形，“三个二次”（二次方程、二次不等式、二次函数）的关系；冲突点3——二次项系数小于零及判别式小于或等于零的情形（应该在具体例题讲解过程中激发冲突较合适）；冲突点4——“拓展与提高”环节（思维训练的高潮部分之一）。这些冲突点在教学前如果没有充分设计教学活动，整节课将很平淡，较难出彩。

本节课是一节知识点较单一、数学思想很丰富的课，如果设计不好，则很难出彩；反之，如果充分考虑上述问题，从细节着手，则能充分展现本节课蕴含的数学核心素养，平淡中显奇彩。

勾股定理复习专题：方程思想

广州市第四中学　王义梅

一、内容和内容解析

1. 内容

运用方程思想解决有关勾股定理的问题。

2. 内容解析

勾股定理是几何中非常重要的定理之一，也是直角三角形的一条重要性质。根据勾股定理及其逆定理，能够把形的特征转化成数量关系，它把形与数密切地联系起来，因此，它在理论上也有重要地位。

方程思想是初中数学中一种基本的数学思想方法。方程可以清晰地反映已知量和未知量之间的关系，架起已知量和未知量之间的桥梁。

基于以上分析，可以确定本节课的教学重点是运用方程思想解决有关勾股定理的问题。

二、目标和目标解析

1. 目标

掌握勾股定理的内容，经历对几何图形观察、分析的过程，体会运用方程思想解决有关勾股定理问题的简便性。

2. 目标解析

目标要求学生先对情境问题进行数学模型化，再分析几何图形，学会用代数式或方程表述某些数量关系，学会寻找或构造直角三角形的方法，体会方程思想、数形结合思想、转化思想、建模思想。

三、教学问题诊断分析

运用方程思想解决有关勾股定理问题的实质就是用方程表示数量关系，将条件转化到一个直角三角形中，利用勾股定理列出方程，解方程，进而解决问题。用方程表示数量关系对学生来讲比较容易接受，但在多个直角三角形中利用勾股定理寻找合适的直角三角形，部分学生会有困难；在没有直角三角形的图形中，要学生自己构造直角三角形，学生有较大困难。

基于以上分析，可以确定本节课的教学难点是当几何图形中没有直角三角形时，通过构造直角三角形，利用勾股定理解决问题。

四、教学支持条件分析

借助课件 PPT 展示问题浅入深出的过程。

五、教学过程设计

1. 创设情境，提出问题

问题 1：前面我们学习了勾股定理，你能说出其内容吗？

师生活动：学生回答勾股定理的内容，教师强调勾股定理的题设和结论，并揭示勾股定理是将形的关系转化为数的关系。

问题 2：

例 1：受台风利奇马影响，一木杆在离地某处断裂（图 1），木杆顶部落在离木杆底部 8m 处，已知木杆原长 16m，老师想知道木杆断裂处离地面的高，你们能帮助老师解决吗？

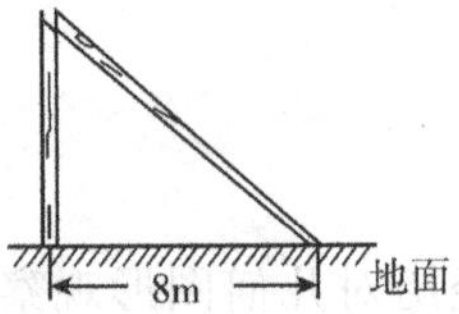

图 1

师生活动：师生共同分析题目。

设计意图：通过给学生提供现实背景及生活素材，激发学生为解决问题而生成的求知欲，使学生意识到数学来源于生活，激发学生的学习兴趣。

2. **合作探究，形成知识**

问题3：在直角三角形中，如果已知两边的长，利用勾股定理就可以求第三边的长。那么，如果已知一条边长及另外两边的数量关系，能否求各边长呢？

师生活动：学生先独立思考问题3，然后学生代表描述解题思路，最后上黑板进行展示，教师点评。

教师小结：解决与勾股定理有关的实际问题时，先要抽象出几何图形，从中找出直角三角形。已知直角三角形的一边及另外两边的数量关系，可以设其中一边为未知数，用未知数表示出另外一边，最后根据勾股定理求解。

设计意图：教师提出问题，让学生明确题型，教师及时进行总结，让学生理顺解题思路，学会解决问题的方法，为后面的练习做好铺垫。

问题4：如果一道题中有多个直角三角形，我们如何选择在哪个直角三角形中利用勾股定理求解？

例2：如图2所示，有一张直角三角形纸片 ABC，两条直角边 $AC=5$，$BC=10$，将 $\triangle ABC$ 折叠，使点 A 和点 B 重合，折痕为 DE，求 CD 的长。

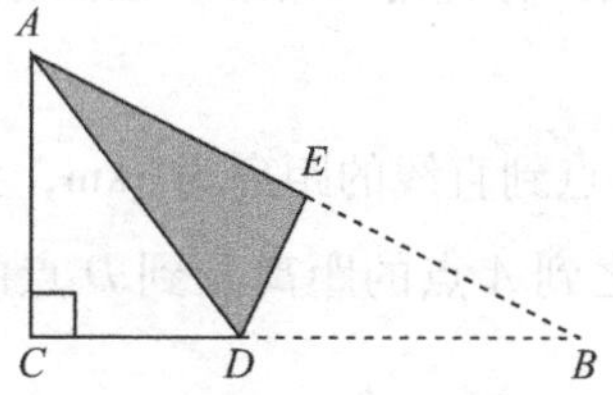

图2

师生活动：学生先独立思考，然后小组讨论，学生代表在黑板上展示解题过程，并讲解，教师点评。

教师小结：如果一道题中有多个直角三角形，要选择能够用一个未知数表示出三条边的直角三角形（边也可为常数），在这个三角形中利用勾股定理求解。

设计意图：让学生从有多个直角三角形的较复杂的图形中找到可列勾股定理求解的直角三角形。用折叠问题作为例题，非常经典，让学生在动、静的转化中找出不变量，体会方程思想、数形结合思想、转化思想。

练习：（2019秋·新泰市期末）如图3所示，高速公路上有 A，B 两点相距 10km，C，D 为两村庄，已知 $DA=4\text{km}$，$CB=6\text{km}$，$DA\perp AB$ 于 A，$CB\perp AB$ 于 B，现要在 AB 上建一个服务站 E，使得 C，D 两村庄到 E 站的距离相等，求 EB 的长。

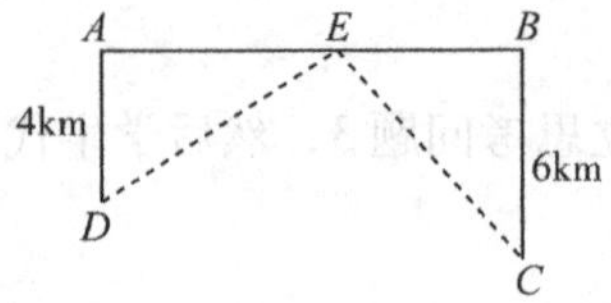

图 3

师生活动：学生独立思考，小组合作探究，小组代表展示、讲解。

特别注意：本题有个典型的错误解法，就是证 $\triangle ADE$ 与 $\triangle BEC$ 全等，可以找这个做法的学生上台讲解。在讲解的过程中，他自己或者其他学生会发现并指出此证明方法的漏洞。

设计意图：此题是在多个直角三角形中选择一个直角三角形的另一种题型，用此题跟例 2 对比，让学生经历从不同角度寻求分析问题和解决问题的方法的过程，让学生体会到数学的神奇，培养学生的数学思维能力。

问题 5：如果题目中既没有直角三角形，也没有直角，怎么利用勾股定理求解呢？

例 3：如图 4 所示，A 点到直线的距离为 3km，到 D 点的距离为 5km，现要在直线上找一点 C，使之到 A 点的距离及到 D 点的距离相等，求 C 点到 D 点的距离。

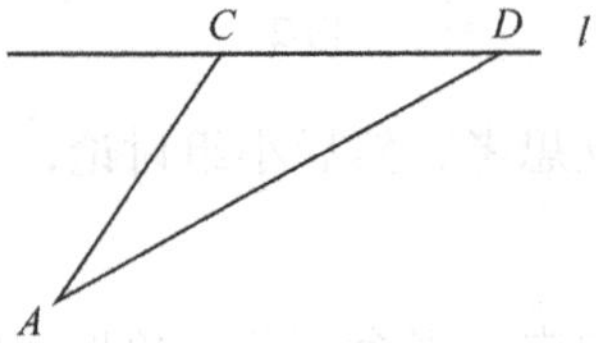

图 4

师生活动：学生先独立思考，同学描述解题思路，学生代表上台板演。

设计意图：通过对几何图形的观察、分析，根据题意，初步掌握利用作垂线法构造直角三角形的方法。

练习：如图 5 所示，在 $\triangle ABC$ 中，$AB=6$，$AC=8$，$BC=10$，BC 的垂直平分线分别交 AC，BC 于点 D，E，则 CD 的长是（　　）。

A. $\frac{25}{4}$ B. $\frac{25}{8}$ C. $\frac{7}{4}$ D. $\frac{7}{8}$

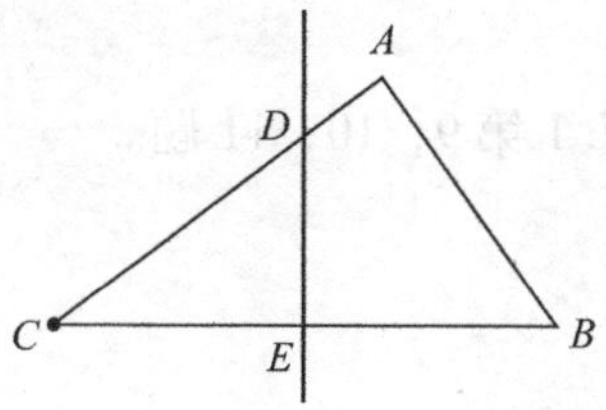

图 5

师生活动：学生先独立思考，小组合作交流，学生代表讲解。

设计意图：此题让学生学会构造直角三角形的方法。

3. 能力提升，深化知识

问题 6：如果题目中没有直角三角形，但存在直角，怎么利用勾股定理求解？

例 4：如图 6 所示，一块四边形的土地，其中 $\angle ABC = 120^\circ$，$AB \perp AD$，$BC \perp CD$，$AB = 3\sqrt{3}$，$CD = 5\sqrt{3}$，求这块土地的面积。

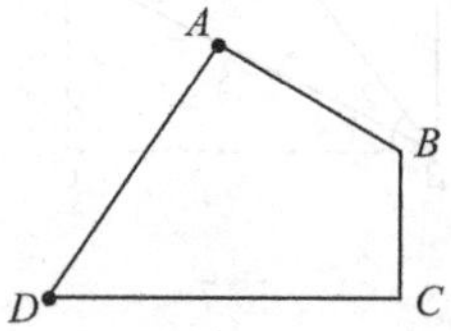

图 6

师生活动：学生先独立思考，小组合作交流，学生代表表述解题思路。

设计意图：此题不同于例 3 及其练习，构建直角三角形的方法是比较容易找到的。此题题干并没有给出构建直角三角形的任何提示，学生通过对几何图形进行观察分析，初步掌握利用“补”图形构建直角三角形的方法，了解特殊与一般的转化思想。此题有多种解法，能让学生感受到数学的魅力，发散学生的思维。

4. 课堂小结，巩固知识

教师和学生一起回顾本节课所学主要内容，并请学生回答以下问题：

（1）本节课你学到了什么？

（2）本节课涉及哪些数学思想？

师生活动：教师提问，学生回答，教师补充。

设计意图：从本节课所学的知识和思想方法两方面总结。

5. **布置作业**

教科书第29页习题17.1第9，10，11题。

六、目标检测设计

1. 在$\triangle ABC$中，$\angle C=90°$.

（1）如果$BC=16$，$AB:AC=5:3$，求AB，AC的长。

（2）如果$AC=5$，$AB=BC+1$，求AB，BC的长。

设计意图：本题是在直角三角形中，已知一边及另外两边的关系，利用方程思想解决问题的题型。

2. 如图7所示，在长方形$ABCD$中沿直线BD折叠，使点C落在点E处，BE交AD于点F，$BC=8$，$AB=4$，求DF的长。

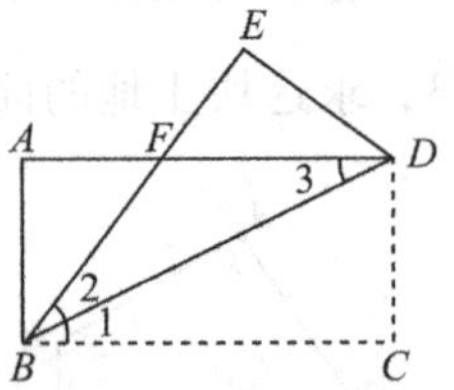

图7

设计意图：考查折叠问题中的方程思想。

七、教学反思

1. **将“问题”贯穿整个课堂**

本人在本节课的设计中是以问题作为主干的，通过提问的方式让学生厘清思路，了解每道题的题型分类，了解整节课的思维过渡，问题由浅入深、循序渐进，符合学生的认知规律。利用问题来贯穿课堂，能够让学生在解题时更有目标，思维更加清晰，也能够激发学生学习和讨论的兴趣。

2. **重视学生的自主探究，合作交流**

学生自己可以解决的问题可以简单处理，但学生跳一跳够得着的题目，有一点思维难度的题目，可以鼓励学生先自主探究，然后小组合作交流。在合作交流的过程中，学生的思维是开放的，不同思维方法相互碰撞，往往能够引出创造性的火花，从而开阔学生的思维。

3. 给学生展示自己的机会

学生在自主探究、小组交流后能够进行自我展示，可以让学生由被动听变为主动说，成为课堂的主体，不仅能够提高学生的解题能力、数学交流能力，也可以增强学生的自信心，实现学生的全面发展。

4. 注重培养学生的数学思维方法

数学思维方法的培养是数学学习中的重要内容，勾股定理能够把形的特征转化为数的关系，体现了数学中的数形结合思想，而方程思想又可以将已知量和未知量联系起来，两者结合在一起，可以高效地解决问题。本节课还渗透了转化思想、一题多解思想等重要的数学思想方法，让学生在学习知识的同时，数学思维也得到提高。

参考文献：

[1] 中华人民共和国教育部．普通高中数学课程标准（2017 年版）[M]．北京：人民教育出版社，2018.

[2] 胡英兰．例谈方程思想与勾股定理的有效结合 [J]．语数外学习，2018（8）：32.

[3] 陈铭波．方程思想在勾股定理中的应用 [J]．中学数学研究，2017（2）：44－45.

[4] 李昌官．“导学问题”与“问题导学” [J]．中学数学教学参考（上旬），2018（7）：6－8.

古典概型

广州市第七十一中学　陈友冬

一、内容和内容解析

1. 内容

理解古典概型的概念，能用列举法求解古典概型随机事件的概率。

2. 内容解析

本节课是高中数学（必修3）第三章“概率”的3.2节“古典概型”的第一课时，是在随机事件的概率之后，几何概型之前的内容。古典概型是一种特殊的数学模型。古典概型在概率论中占有相当重要的地位，是学习概率必不可少的内容。学习古典概型有利于理解概率的概念；有利于计算随机事件的概率；有利于提升学生的数学核心素养，特别是数学建模素养；能解释生活中的一些问题。

二、目标和目标解析

1. 目标

了解基本事件的特点，理解古典概型的概念及古典概型随机事件概率的计算公式，会用列举法求解古典概型随机事件的概率。

2. 目标解析

通过实验，抽象出古典概型的两大特点，并归纳出古典概型随机事件概率的计算公式，渗透化归思想，提升学生逻辑推理、数学抽象的核心素养。在用列举法求解古典概型随机事件概率的过程中，培养学生的应用意识，提升学生的数学建模素养。

三、教学问题诊断分析

1. 从知识基础来看

学生已经了解了概率的意义，掌握了概率的基本性质，掌握了互斥事件和对立事件的概率加法公式，能用列举法列出简单试验的全部基本事件，但是还没有学习排列组合的内容。

2. 从思维基础来看

学生已经具备了一定的归纳、猜想能力，但在数学的应用意识与数学建模素养方面尚需进一步培养。

综上所述，本节课的重难点如下：

重点：理解古典概型的概念，用列举法求解古典概型随机事件的概率。

难点：理解古典概型的第二特征（等可能性）。

四、教学支持条件分析

基于本节课的内容特点与学生实际情况，我采取了问题式引导发现的教学模式，即通过再次考查前面做过的试验引入课题，根据学习情况，在合适的时机提出问题，设置合理有效的教学情境，让每一名学生都参与课堂讨论，提供给学生思考讨论的时间与空间，师生一起探讨古典概型的特点以及概率值的求法。在教学过程中，利用多媒体等手段构建数学模型，调动学生的主体能动性，让每一个学生都充分地参与到学习活动中来，并利用了情感暗示及恰当的评价等教学方法。

五、教学过程设计

问题	问题设计意图	师生活动
（1）观察两个试验 试验 1：掷一枚硬币，只考虑朝上的一面，有几种不同的结果？ 试验 2：抛掷一颗骰子，只考虑朝上的点数，有几种不同的结果？	创设学生熟悉的生活情境，激发学生的学习兴趣，为下面的教学提供素材	师：提出问题，引导学生得出结果 生：思考，回答问题

续 表

问题	问题设计意图	师生活动
(2) 两个试验的每个结果之间都有什么特点?	归纳出基本事件的特点，培养学生猜想、观察比较、归纳问题的能力，提升学生的逻辑推理、培养学生数学抽象的素养	师：提出问题，引导学生发现结果的共性 生：观察，分析结果，找出共性，尝试归纳出基本事件的特点
(3) 例1：从字母a，b，c，d中任意取出两个不同字母的试验中，有哪些基本事件?	让学生学会用列举法列出试验的所有基本事件，为归纳出古典概型的特点提供了素材	师：提出问题，讲解，板书 生：尝试用列举法列出所有的基本事件
(4) 试验1、试验2、例1中的基本事件各有几个？它们发生的可能性是多少？你能发现它们的共同点吗?	抽象出古典概型的概念；培养学生猜想、观察比较、归纳问题的能力；提升学生的逻辑推理能力，培养学生的数学抽象素养	师：提出问题，启发学生思考，个别提问，总结、概括 生：思考，回答问题，尝试抽象出古典概型的概念
(5) 某同学随机地向一靶心进行射击，这一试验的所有基本事件只有有限个："命中10环""命中9环""命中8环""命中7环""命中6环""命中5环"和"不中环"。你认为这是古典概型吗？为什么？你能举出一些生活中古典概型的例子吗?	强化学生对古典概型概念的理解，提升学生发现问题的能力，培养学生的数学建模素养	师：提出问题，引导学生思考判断，提问，评价学生活动 生：讨论探究，举例
(6) 在古典概型下，随机事件出现的概率如何计算?	归纳出古典概型随机事件的概率公式，培养学生猜想、观察、归纳问题的能力，提升学生的逻辑推理、数学抽象素养	师：提出问题，引导观察，找出规律 生：尝试归纳出古典概型随机事件的概率公式

续表

问题	问题设计意图	师生活动
（7）例2：单选题是标准化考试中常用的题型，一般是从A，B，C，D 4个选项中选择一个正确答案。如果考生掌握了考查的内容，他可以选择唯一正确的答案。假设考生不会做，他随机地选择一个答案，他答对的概率是多少？	应用习得的知识解决问题，培养学生的数学建模素养	师：提出问题，引导学生思考，规范板书 生：先尝试自己做，然后再听教师讲解
（8）探究1：在标准化的考试中既有单选题又有不定项选择题，不定项选择题是从A，B，C，D 4个选项中选择所有正确答案，同学们有一种感觉，如果不知道正确答案，不定项选择题更难猜对，这是为什么？ 探究2：同时抛掷两枚硬币，出现“一枚正面向上，一枚反面向上”的概率是多少（给出解法，问学生：这样解答对不对？为什么？）	强化对古典概型概念的理解，为解决例3搭建“支架”，培养学生的数学建模素养	师：提出问题，引发学生的认知冲突，提问，对学生的活动进行评价 生：尝试做出判断，并且说出理由
（9）例3：同时掷两颗骰子，计算向上的点数之和为5的概率是多少？	强化对古典概型概念的理解，为突破本节课的难点提供素材，培养学生的数学建模素养	师：提出问题，引导学生分析问题，展示答案 生：在老师的启发下，尝试独立解决问题
（10）为什么要把两颗骰子标上记号？如果不标记号会出现什么情况？你能解释其中的原因吗？	强化对古典概型概念的理解，突破本节课的难点，培养学生的数学建模素养	师：提出问题，引发学生的认知冲突 生：讨论探究，大胆发表自己的看法

续 表

问题	问题设计意图	师生活动
(11) 变式训练：同时抛掷三枚硬币，出现“一枚正面向上，两枚反面向上”的概率是多少?	深化学生对古典概型随机事件概率的理解，了解学生对本节课知识的掌握情况，培养学生的数学建模素养	师：提出问题，提问，反馈 生：独立完成
(12) 小结：古典概型的特点；求古典概型随机事件概率的步骤、方法、思想与素养	总结本节课所学的知识、方法、素养	师：提出问题，引导学生回忆、思考、归纳 生：尝试概括出结果
作业：课本 P. 134，第 3，5 题		

六、教学反思

本节课遵循概念课的一般结构，经历了概念教学的四个环节。

1. 情境导入，激发兴趣

兴趣是最好的老师，本节课以学生熟悉的“抛骰子”试验为情境，极大地激发了学生的学习兴趣，也为下一步学习提供了素材。

2. 引导探索，理解概念

新课标把丰富学生的学习方式、改进学生的学习方法作为高中数学课程的基本理念，认为学生的数学学习活动不应只限于对概念的记忆、模仿和接受，倡导积极主动、勇于探索的学习方式。本节课以教师为主导，以学生为主体，以问题解决为导向，引导学生抽象出古典概型的概念。

3. 辨析比较，巩固概念

古典概型这个数学概念形成之后，通过探究 1、探究 2，说明概念的内涵，突破这节课的难点（等可能性）。

4. 变式训练，强化理解

由于概念所指的对象除了具有相同的本质属性以外，还会在非本质属性方面有不同的表现，本节课运用变式来帮助学生获得更精确的古典概型。

总之，在概念教学中要根据新课标对概念的具体要求，创造性地使用教材，优化概念教学策略，把握概念教学的过程，真正使学生在参与学习的过程中产生内心的体验和创造，以达到认识数学思想和数学概念本质的目的。

参加文献：

[1] 吴和贵，朱维宗，陈静安．新课标下的数学课堂教学过程的优化[J]．数学通报，2007（3）：16－18.

[2] 肖凌戆．让数学教学设计优质高效——基于等比数列新授课教学设计的案例分析[J]．中国数学教育，2012（8）：22－25.

[3] 周伟．新课程理念下高中数学概念的教学策略探讨[J]．考试周刊，2011（47）：66－67.

[4] 吴启霞．淡化形式　注重过程　抓住本质——谈如何优化高中数学概念教学[J]．数学学习与研究，2016（1）：20.

对数函数及其性质

广州市花都区秀全中学　陈伟炼

一、内容和内容解析

本节课教学设计对数函数及其性质是人民教育出版社 A 版《数学》（必修 1）第二章的 2.2.2 节，主要内容有：①对数函数的概念；②反函数的概念。它们都属于定义性质的概念，学生需要达到运用水平。本节教学主要是为了帮助学生明确对数函数和指数函数之间的关系，进一步加深对对数函数概念、数形结合、分类讨论、归纳类比等思想的理解，本节课属于概念课型。

二、目标和目标解析

1. 对数函数的概念

掌握对数函数的概念，包括：

（1）学生能描述对数函数的定义，并且能够列举正反例子加以说明和理解。

（2）学生能用列表描点法作出对数函数的图像，并且能够用自己的语言根据对数函数的图像描述出对数函数的特征（包括函数三大要素、单调性与特殊点）。

（3）学生能根据对数函数的图像与性质比较两个对数值的大小。

2. 反函数的概念，对数函数和指数函数的关系

理解反函数的概念，并进一步明确对数函数和指数函数之间的关系。

（1）通过归纳、类比（类比指数函数）等推理方法，引导学生探索对数函数的性质，让学生体验它们之间的联系，从而激发学生的学习兴趣。

（2）从实际问题入手，让学生初步经历对数函数在现实生活中的应用价值，增强学生的数学应用意识。

三、教学问题诊断分析

虽然经过初中的数学学习，学生已经充分掌握了用列表描点法来作图，且在高一学习了集合、函数，也对函数及其图像的关系有了初步的认知，但涉及边界值（如 $x>0$）、特殊点、底数 a 对图像的影响等关键要素时，学生还是难以迅速找到，难以准确作出对数函数的图像，从而影响对对数函数的分析与理解。教师在教学过程中应当给予学生充分的时间，着重引导学生思考上述问题，让学生充分体会其中奥秘，从而彻底掌握本节课的数学知识。

四、教学支持条件分析

由于学生对对数函数是完全陌生的，在用列表描点法作图时，数值的选取可能不一定考虑到所有情况，从而可能产生"作不准，画不好"的情况。这个时候，教师应当充分利用实物投影、照相机、电脑等多媒体工具展示学生作图问题，并引导学生一起纠错，补充作图不足的地方。另外，还可以借助几何画板或图形计算等数学专用软硬件，画出不同底数（a）对 $y=\log_a x$ 图像的影响，从而加强对知识的内化。

五、教学设计过程

第一步：回忆原有知识

问题1：

（1）学习指数函数时，指数函数如何定义？对其性质研究了哪些内容，采取怎样的方法？结合指数函数，让学生熟知对于函数性质的研究内容，熟练研究函数性质的方法——借助图像研究性质。

（2）对数的定义及其对底数的限制。（为讲解对数函数时对底数的限制做准备）

问题2：考古学家一般通过提取附着在出土文物、古遗址上死亡生物的残留物，利用 $t=\log_{5730\sqrt{\frac{1}{2}}}P$ 估算出土文物或古遗址的年代。你利用计算器根据碳14的含量 P，求出生物死亡年数 t，完成表1。

表 1

碳 14 的含量 P	0.5	0.3	0.1	0.01	0.001
生物死亡年数 t					

（引导学生观察上表，体会“对每一个碳 14 的含量 P 的取值，通过对应关系 $t=\log_{5730\sqrt{\frac{1}{2}}}P$，生物死亡年数 t 都有唯一的值与之对应，从而 t 是 P 的函数”。）

设计意图：激活原有知识，为引入新概念做准备。

第二步：告知教学目标

本节课学习的内容有两项：①对数函数的概念；②反函数的概念。

PPT 显示教学目标，教师解释。

设计意图：利用教学目标激发学习动机，训练元认知策略。

第三步：习得函数概念

实例分析：类比指数函数，你能定义新的函数吗？用数学符号表示出来。

定义：函数 $y=\log_a x$（$a>0$，且 $a\neq1$）叫作对数函数（logarithmic function）。其中 x 是自变量，函数的定义域是 $(0,+\infty)$.

问题 3：$y=2\log_2 x$，$y=\log_5\dfrac{x}{5}$是对数函数吗？对数函数的定义与指数函数类似，都是形式定义，它们都不是对数函数，而只能称其为对数型函数。

问题 4：对数函数对底数有什么限制？为什么？函数的定义域为什么是 $(0,+\infty)$？$y=\lg x$，$y=\ln x$ 的底数是什么？

[因为根据对数与指数式的关系，$y=\log_a x$ 可化为 $a^y=x$，根据指数的概念，要使 $a^y=x$ 有意义，必须满足 $a>0$ 且 $a\neq1$. 因为 $y=\log_a x$ 可化为 $x=a^y$，不管 y 取什么值，根据指数函数的性质都有 $a^y>0$，所以 $x\in(0,+\infty)$.]

设计意图：通过正反例辨析和深入分析，加深对函数概念的理解。

第四步：探索对数函数的图像与性质

问题 5：你会用描点法画出 $y=\log_2 x$，$y=\log_{\frac{1}{2}}x$ 的图像吗？

学生画完后，让学生动手借助于计算器或计算机画出 $y=\log_2 x$ 和 $y=\log_{\frac{1}{2}}x$ 的图像，由图像可知它们是底数不同的一组对数函数，进行验证比对，加深对图像的认识。

设计意图： 培养学生的动手能力，激发学生学习的积极性。

问题6： 观察你们画出的这组图像（图1），能类比指数函数，通过函数图像得出对数函数的性质吗？（定义域、值域、特殊点、单调性、最大（小）值、奇偶性）

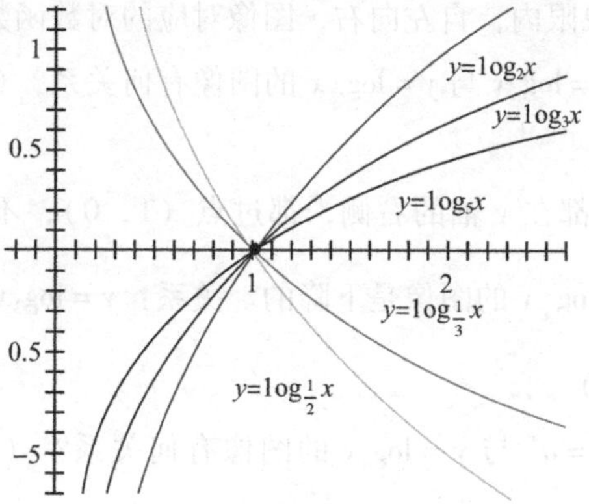

图1

类比指数函数的图像和性质，学生小组讨论填写表2。

表2

图像特征		函数性质	
$a>0$	$0<a<1$	$a>1$	$0<a<1$
函数图像都在 y 轴右侧		函数的定义域为 $(0, +\infty)$	
图像关于原点和 y 轴不对称		非奇非偶函数	
向 y 轴正负方向无限延伸		函数的值域为 **R**	
函数图像都过定点（1，1）		$1^0=1$	
自左向右看，图像逐渐上升	自左向右看，图像逐渐下降	增函数	减函数
第一象限的图像纵坐标都大于0	第一象限的图像纵坐标都大于0	$x>1$，$\log_a x>0$	$0<x<1$，$\log_a x>0$
第二象限的图像纵坐标都小于0	第二象限的图像纵坐标都小于0	$0<x<1$，$\log_a x<0$	$x>1$，$\log_a x<0$

（用图形计算器动态演示，引导学生归纳。）

设计意图：由特殊到一般，培养学生观察、归纳、概括的能力。

问题7：底数 a 是如何影响函数 $y=\log_a x$ 的？（学生独立思考，师生共同总结）

规律：在第一象限内，自左向右，图像对应的对数函数的底数逐渐变大。

问题8：函数 $y=\log_a x$ 与 $y=\log_{\frac{1}{a}} x$ 的图像有何关系？（用图形计算器动态演示）

（相同点：图像都在 y 轴的右侧，都过点（1，0）；不同点：$y=\log_3 x$ 的图像是上升的，$y=\log_{\frac{1}{3}} x$ 的图像是下降的。关系：$y=\log_3 x$ 和 $y=\log \dfrac{1}{3}x$ 的图像都关于 x 轴对称。）

问题9：函数 $y=a^x$ 与 $y=\log_a x$ 的图像有何关系？（用图形计算器动态演示）

设计意图：引发学生思考，学习反函数的概念。

第五步：样例学习及变式训练

（1）（教材 P.71 例7）解：（略）

说明：本例主要考查学生对对数函数定义中底数和定义域的限制的理解，加深对对数函数的理解。

变式训练（巩固练习）：（教材 P.73 练习2）。

（2）（教材 P.72 例8）解：（略）

说明：本例主要考查学生对利用对数函数的单调性比较两个数大小的掌握情况，熟悉对数函数的性质，渗透应用函数的观点解决问题的思想方法。

注意：本例应着重强调利用对数函数的单调性比较两个对数值大小的方法，规范解题格式。

变式训练：比较下列各组数中两个值的大小。

①$\log_6 7$，$\log_7 6$；②$\log_3 \pi$，$\log_2 0.8$.

（3）（教材 P.72 例9）解：（略）

说明：本例主要考查学生对实际问题题意的理解，把具体的实际问题化归为数学问题。

注意：本例在教学中还应特别启发学生用所获得的结果去解释实际现象。

巩固练习：教材 P.74 习题2.2 A组第6题。

第六步：课堂小结

请学生总结本节课学习的内容：

两个概念：①对数函数的概念；②反函数的概念。

一个判断：判断两个对数值的大小。

三个问题：对数函数的定义、图像、性质。

六、目标检测设计

1. 必做题

教材 P. 74 习题 2. 2A 组第 7、8、9、12 题。

7. 求下列函数的定义域。

（1）$y=\sqrt[3]{\log_2 x}$ （2）$y=\sqrt{\log_{0.5}(4x-3)}$

8. 已知下列不等式，比较正数 m，n 的大小。

（1）$\log_3 m>\log_3 n$ （2）$\log_{0.3} m>\log_{0.3} n$

（3）$\log_a m<\log_a n$（$0<a<1$） （4）$\log_a m>\log_a n$（$a>1$）

9. 在不考虑空气阻力的条件下，火箭的最大速速 vm/s 和燃料的质量 Mkg、火箭（除燃料外）的质量 $m$kg 的函数关系是 $v=2000\ln\left(1+\frac{M}{m}\right)$. 当燃料质量是火箭质量的多少倍时，火箭的最大速度可达 12km/s?

12. 大西洋鲑鱼每年都要逆流而上，游回产地产卵。研究鲑鱼的科学家发现鲑鱼的游速可以表示为函数 $v=\frac{1}{2}\log_3\frac{O}{100}$，单位是 m/s，其中 O 表示鱼的耗氧量的单位数。

（1）当一条鱼的耗氧量是 2700 个单位时，它的游速是多少？

（2）计算一条鱼静止时耗氧量的单位数。

设计意图：7、8 两题是帮助学生加强对利用对数函数的单调性解决不等式问题的运用；而 9、12 则加深学生对对数函数的实用价值的认识。

2. 选做题

教材 P. 75 习题 2. 2B 组 第 5 题。

5.（1）试着举几个满足“对定义域内任意实数 a，b，都有 $f(a\cdot b)=f(a)+f(b)$”的函数例子，你能说出这些函数具有哪些共同性质吗？

（2）试着举几个满足“对定义域内任意实数 a，b，都有 $f(a+b)=$

$f(a)\cdot f(b)$”的函数例子，你能说出这些函数具有哪些共同性质吗？

设计意图： 此题主要是加深学生对指数与对数运算性质的理解，同时也让学生体会从特殊到一般的数学思想方法——归纳推理。

七、教学反思

现在的高中数学教学不应像以往那样不可捉摸、抽象晦涩，教师应该通过实物投影、照相机、电脑等多媒体工具把高中数学各种抽象的概念形象化和直观化，并引导学生观察、找规律、推理分析，从而不断提高学生的数学思维水平。另外，教师对高中数学教材要不断深入研究，针对自己所教学生的水平，探索并开发出新的教学素材，这样才能不断提高高中数学课堂教学效率和质量。

参考文献：

[1] 中华人民共和国教育部．普通高中数学课程标准（2017 年版）[M]．北京：人民教育出版社，2018.

[2] 波利亚．怎样解题：数学思维的新方法 [M]．上海：上海科技教育出版社，2007.

运用正弦定理解三角形复习

广东省平远县梅青中学 吴运兴

一、教材内容分析

本节课内容为高中数学（必修5）第一章正弦定理应用复习内容，通过对三角形边角的研究，发现并处理三角形边角间的关系。教学中应充分引导学生自主探究三角形边角问题及恒成立问题，由特殊到一般进行推导推广。此部分知识内容在全国卷高考中占17～22分，是不容有失的基础得分题之一。

二、学情分析

所教班级学生是高三艺术生，由于所学的专业特点，文化课落后多，知识缺失大，基础较差。但学生艺术科成绩上线后，学习劲头足，积极性高。现短时间备考的做法是要培养学生的计算能力及一般推理应用能力。

三、设计思想

虽然这部分知识属于基础内容，但对本班学生来说易懂难解，教学中应充分借助多媒体动画，引导学生主动发现问题、解决问题，让学生在轻松愉快的学习环境中获取新知，掌握解题方法，提高课堂教学效率。

四、教学目标

（1）理解正弦定理的内容并能简单运用定理解三角形。

（2）通过对正弦定理的探究，培养学生发现数学规律的思维方法。

（3）通过对三角形边角关系的探究学习，让学生体会由特殊到一般及由一般到特殊的认知规律。

(4) 通过对正弦定理应用学习，让学生体会数学的应用价值，激发学生数学的学习兴趣。

五、教学重难点

重点：利用正弦定理解三角形。

难点：灵活运用正弦定理进行边角转换，从而解三角形。

六、教学过程设计

采用以学生为主导的教学原则，师生互动共同探究，教师指导循序渐进。通过问题探究激发学生的求知欲；通过分类讨论、数形结合让学生动脑思考，在探究中获得一般结论；通过探究例题，始终从问题出发，层层深入，让学生在探究中获得解决问题的方法。

七、教学过程

（一）知识回顾

若$\triangle ABC$中a，b，c分别是角A，B，C的对边，S为面积，R为三角形外接圆半径。

(1) $\angle A+\angle B+\angle C=$ ________________。

(2) $\angle A+\angle C=2\angle B$，则$\angle B=$ ________________。

(3) 任意两边之和________________第三边。

(4) 大边对________，小边对________。

(5) 正弦定理：________，变式：________。

(6) 正弦面积公式$S=$ ______ = ______ = ______。

（二）知识探究

探究1：(2010广东卷) 已知a，b，c分别是三角形ABC的内角A，B，C的对边，若$a=1$，$b=\sqrt{3}$，$\angle A+\angle C=2\angle B$，则$\sin C=$ ______。

分析：$\triangle ABC$中，$\angle A+\angle B+\angle C=\pi$，又$\angle A+\angle C=2\angle B$，故$\angle B=\frac{\pi}{3}$，由正弦定理可得$\sin A=\frac{a\sin B}{b}=\frac{1}{2}$，所以$\angle A=\frac{\pi}{6}$或者$\frac{5\pi}{6}$. 又因为$b>a$，

所以$\angle A=\frac{\pi}{6}$，即$\angle A+\angle B=\frac{\pi}{2}$，所以$\angle C=\frac{\pi}{2}$，故$\sin C=1$.

变式1：（2010北京卷）在$\triangle ABC$中，若$b=1$，$c=\sqrt{3}$，$\angle C=\frac{2\pi}{3}$，则$a=$ ______。

探究2：（2010天津卷）在$\triangle ABC$中$\frac{AC}{AB}=\frac{\cos B}{\cos C}$.

（1）求证：$\angle B=\angle C$；

（2）若$\cos A=\frac{1}{3}$，求$\sin\left(4B+\frac{\pi}{3}\right)$的值。

分析：

（1）由正弦定理得$\frac{\sin B}{\sin C}=\frac{\cos B}{\cos C}\Rightarrow\sin B\cos C=\cos B\sin C\Rightarrow\sin（B-C）=0$，又$-\pi<\angle B-\angle C<\pi$，所以$\angle B-\angle C=0$，即$\angle B=\angle C$.

（2）由三角形内角和与（1）得$\angle A=\pi-2\angle B$，所以$\cos 2B=\cos（\pi-A）=-\cos A=\frac{1}{3}$. 又因为$0<2\angle B<\pi$，于是$\sin 2B=\sqrt{1-（\cos 2B）2}=\frac{2\sqrt{2}}{3}$，故$\sin 4B=\frac{4\sqrt{2}}{9}\cos 4B=-\frac{7}{9}$，所以$\sin\left(4B+\frac{\pi}{3}\right)=\frac{4\sqrt{2}-7\sqrt{3}}{18}$.

变式2：在$\triangle ABC$中，内角A、B、C所对的边分别是a、b、c，已知$b\sin A=a\cos\left(B-\frac{\pi}{6}\right)$.

（1）求$\angle B$的值；

（2）设$a=2$，$c=3$，求b及$\sin（2A-B）$的值。

探究3：在$\triangle ABC$中如果$\lg a-\lg c=\lg\sin B=-\lg\sqrt{2}$，且$\angle B$为锐角，试判断$\triangle ABC$的形状。

分析：因为$\lg\sin B=-\lg\sqrt{2}$，即$\sin B=\frac{\sqrt{2}}{2}$，所以$\angle B=\frac{\pi}{4}$（$\angle B$为锐角）。

再由$\lg a-\lg c=-\lg\sqrt{2}$，得$\frac{c}{a}=\frac{\sqrt{2}}{2}$，由正弦定理得$\frac{\sin C}{\sin A}=\frac{\sqrt{2}}{2}$. 又$\angle A+\angle C=\frac{3\pi}{4}$，所以$\angle A=\frac{3\pi}{4}-\angle C$，所以$\frac{\sin C}{\sin\left(\frac{3\pi}{4}-C\right)}=\frac{\sqrt{2}}{2}\Rightarrow\sin C=0\Rightarrow C=\frac{\pi}{2}$，所以三角形为等腰直角三角形。

变式3：在△ABC中，若$\frac{a}{\cos A}=\frac{b}{\cos B}=\frac{c}{\cos C}$，则△$ABC$的形状是______。

探究4：在△ABC中，已知三角形b，c两边及$\angle B$，$\angle C$，则$BD=$ ____，$DC=$ __________，$BC=$ __________。

变式4：（2017全国Ⅱ）在△ABC中，a，b，c分别是内角A，B，C的对边，若$2b\cos B=a\cos C+c\cos A$，则$\angle B=$ ________。

分析：由探究4可知，依题意得$2b\cos B=b$，所以$\cos B=\frac{1}{2}$，故$\angle B=\frac{\pi}{3}$.

变式5：在△ABC中，a，b，c分别是内角A，B，C的对边。若$\sin B+\sin A(\sin C-\cos C)=0$，$a=2$，$c=\sqrt{2}$，则$\angle C=$ ______。

八、教学反思

本节课借助课件，让学生参与探究活动，将学生难以理解的抽象的解三角形问题形象化、生动化，充分运用多媒体辅助教学，节约了板书时间，展示更多题型解法。选择适当探究变式题主要是满足教学目标设计；要使学生学会从一个问题的求解到掌握一类问题的解法。这一节课的教学容量较大，学生的思维量也不小，主要目的是提高学生的数学思维能力和解题能力。

第二篇

谈学论教

《普通高中数学课程标准（2017年版）》提到，体现数学学科核心素养的四个方面是情境与问题、知识与技能、思维与表达、交流与反思。因此，课堂教学时，如何从这四个方面创设使用数学语言的情境和机会，合理化数学知识的产生发展过程，充分体现学生的思维过程，处理好预设与生成的关系，通过合作交流的学习方式达到更好的教学效果，是基于深度学习，打造素养课堂的要求。

基于深度学习，打造素养课堂要求教师关注学生学会了什么，有没有学会，怎么学会。因此，深度学习的发生，就教师而言，首先应设计有价值的学习支架。这里的“价值”是指既能体现学科品质，又能对学生后续学习和发展具有促进作用。实践证明，当学习支架更符合学生的学情、路径更优化、驱动任务更明确时，往往有助于深度学习的发生。

基于深度学习理念的高中数学教学

——以“正弦函数、余弦函数的图像”教学为例

广州市玉岩中学 吴和贵

根据学校开展“基于深度学习理念的课堂教学变革”的要求，笔者在2020年上半年上了一节题为“正弦函数、余弦函数的图像”的公开课。在准备这节课时，笔者围绕学校要求的“为什么要变？变什么？怎么变？变成什么样?”的主题引导，深刻分析了这节授课内容的特点，确定“以问题串为支架，通过体验与对话教学”为本节课的主要教学思路来践行深度学习，教学取得了较为令人满意的效果。现将这节课的教学简录如下，并针对主要环节的设计谈谈笔者的思考。

一、课例呈现

教学环节1：链接旧知，课题导入

师：同学们，通过前面的学习，我们知道，当角的概念推广之后，在弧度制下，实数集与角的集合之间就形成了一一对应的关系。而当角确定之后，正弦值随之确定，余弦值也随之确定。这样，任意给定的一个实数 x，都有唯一确定的值 $\sin x$（或 $\cos x$）与之对应。由这个法则所确定的函数 $y=\sin x$（或 $y=\cos x$）叫作正弦函数（或余弦函数）。

师：正弦函数和余弦函数的定义域是什么？

生：定义域为 $\mathbf{R}$.

问题1：在遇到一个新的函数时，接下来我们要干什么？

生：我们通常会先画出它的图像，然后通过图像来研究它的性质。

师：这节课我们首先来研究正弦函数和余弦函数的图像。

（教师板书，引出课题：正弦函数、余弦函数的图像。）

设计意图：从函数研究的路径、方法等方面引导学生从旧知出发，引入课题。

教学环节2：创设情境，形成表象

师：在研究正弦函数和余弦函数图像之前，我们先来看一个用几何画板演示的物理实验——弹簧振子的简谐运动。

（通过演示"弹簧振子的简谐运动的位移和时间关系"图像，学生专心观察纸板上形成的曲线形状。）

师：我们刚才所做的曲线就是弹簧振子简谐运动的图像，物理中把简谐运动的图像叫作"正弦曲线"或"余弦曲线"，它表示弹簧振子对平衡位置的位移 s 随时间 t 变化的情况。

通过刚才的物理实验，我们对正弦函数图像和余弦函数图像已经有了一个直观的认识，但这是从物理实验中得到的。穿越知识时空，我们再回到数学中来，在数学中，我们如何利用所学过的数学知识作出正弦函数和余弦函数的图像呢？

下面，我们首先来研究正弦函数 $y=\sin x$ 的图像（板书：正弦函数的图像）。

设计意图：让学生从生活世界到科学世界，感受三角函数变化的特定规律，并从直观上认识正弦函数和余弦函数的图像。

教学环节3：课堂活动，探求新知

1. 利用单位圆中的正弦线作函数的图像

问题2：作函数图像的方法有哪些？

生：描点法。

师：还有其他的方法吗？

生：……

师：如何由 $f(x)$ 的图像作出 $f(x+1)$ 的图像等。

生：向左平移1个单位。

师：这是一个……

生：平移变换法。

师：很好，除此以外，还有对称变换、伸缩变换等。

设计意图：对作函数图像方法的复习，一是接下来作正弦函数图像（描点法）的需要，二是为作余弦函数图像（平移变换法）做铺垫。

追问1：用描点法作函数图像，一般分哪几个步骤？

生：列表、描点、连线。

师：在列表的时候，我们一般在定义域内任意取一些自变量的值，然后计算出相对应的函数值。但是，对于正弦函数来说，它具有“周而复始”的变化规律，根据诱导公式——终边相同的角的同名三角函数的值相等，我们总可以把任意角的三角函数化成 $[0, 2\pi]$ 内的三角函数来研究，因此，我们先来研究 $y=\sin x$ 在 $[0, 2\pi]$ 上的图像。

（让学生清楚为什么先研究 $y=\sin x$ 在 $[0, 2\pi]$ 上的图像，而不像研究其他函数的图像那样，直接在整个定义域上研究。）

教师引导学生列表，师生共同讨论总结描点法的弊端：当 x 取值时，y 的值大都是近似值，加之作图上的误差，不易描出对应点的精确位置。

追问2：如何作出比较精确的正弦函数的图像？

教师引导学生进行分析：要作出比较精确的正弦函数的图像，关键是要把列表中的点的纵坐标精确地标出来，注意到点的纵坐标其实都是正弦值，因此，问题转化成如何在坐标系中表示正弦值。因为在前面已经学习过三角函数线——三角函数线从形的角度刻画了三角函数值的大小，这样学生很自然地想到利用单位圆中的三角函数线来表示点的纵坐标——正弦值。

设计意图：依据学生的认知特点，新知都应生长在旧知之上。对作函数图像方法的复习，一是为接下来作正弦函数图像（描点法）、余弦函数图像（平移变换法）做铺垫；二是为使接下来的两个追问更自然合理，这样设计符合学生认知的基本规律。

问题3：在单位圆中，如何作出一个角的正弦线和余弦线？

生：建立坐标系，以原点为圆心作单位圆，与角 α 终边交于点 P，过点 P 作 PM 垂直于 x 轴交于点 M，则有向线段 MP 叫正弦线。

追问3：如何利用正弦线作出点$\left(\frac{\pi}{3}, \sin\frac{\pi}{3}\right)$？

（学生回答，教师用多媒体演示。）

生：我认为可以先在单位圆上画出 $\alpha=\frac{\pi}{3}$，然后有向线段 MP 的长度就等于 $\sin\frac{\pi}{3}$，在横轴上找出$\frac{\pi}{3}$，作一条长度等于 MP 的线段，它的终点就是点

$\left(\frac{\pi}{3},\ \sin\frac{\pi}{3}\right)$.

请一学生上黑板作图。待学生完成作图之后，教师给予评析。

师：从这名同学作图的过程来看，好像没有什么问题。首先我们来看，我们要求准确地作出正弦函数 $y=\sin x$ 在 $[0,\ 2\pi]$ 上的图像，那么，首先要保证所作的点 $\left(\frac{\pi}{3},\ \sin\frac{\pi}{3}\right)$ 是准确的，因此，必须先保证 $\frac{\pi}{3}$ 这个角是准确的，那么，如何准确地作出 $\frac{\pi}{3}$ 的角呢？

生：就是要将直角三等分。

师：如何将直角三等分呢？

生：……

师：我们不妨来看［教师用刚才学生所作的图形（图 1）］，假设这个角就是 $\frac{\pi}{3}$ 的角，在这个直角三角形中，$\angle PO_1M=\frac{\pi}{3}$，那么另一个锐角就是……

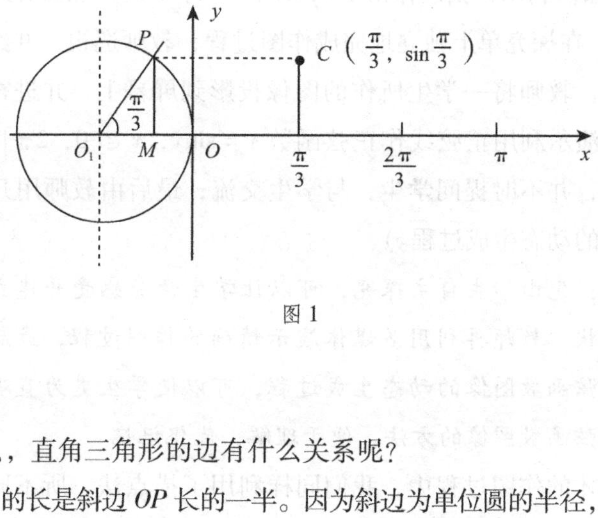

图 1

生：$\frac{\pi}{6}$.

师：那么，直角三角形的边有什么关系呢？

生：O_1M 的长是斜边 OP 长的一半。因为斜边为单位圆的半径，所以，$O_1P=\frac{1}{2}$，因此，只需作出 O_1M 所在半径的中垂线与单位圆的交点 P，再连接 O_1P，$\angle PO_1M$ 即为所作的准确的 $\frac{\pi}{3}$，有向线段 MP 即为所求作的 $\frac{\pi}{3}$ 角所对的正弦函数线，亦即 $\sin\frac{\pi}{3}$ 的值。再进行平移，即可将点 $\left(\frac{\pi}{3},\ \sin\frac{\pi}{3}\right)$ 准确地描绘出来。

师：非常好，说到“三等分角”，该问题是 2400 年前古希腊人提出的几何三大作图问题之一，即用圆规与直尺把一任意角三等分。问题的困难在于作图使用工具的限制（要求几何作图只使用没有刻度，只能作直线的直尺和圆规）。它与“倍立方”和“化圆为方”并列为古希腊人的几何三大作图问题。经过2000多年的艰苦探索，数学家们终于弄清楚了这三个难题是“不可能用尺规完成的作图题”。认识到有些事情确实是不可能的，这是数学思想的一大飞跃。如果大家有兴趣的话，下课后可以去查阅一下这方面的资料。

设计意图：由在单位圆中如何作一个角的正弦线和余弦线，到如何利用正弦线作出点$\left(\frac{\pi}{3}, \sin\frac{\pi}{3}\right)$，体现了从一般到特殊的思想。此外，结合内容，简要介绍古希腊人提出的几何三大作图问题，一来向学生进行数学史和数学文化的教育；二来激发学生学习数学的兴趣和探究精神。

师：下面我们就一同来探究如何借助单位圆中的正弦线准确地描出正弦函数$y=\sin x$在$[0, 2\pi]$上的图像。

（板书：1. 函数$y=\sin x$，$x\in[0, 2\pi]$的图像。）

问题4：如何利用正弦线作出$y=\sin x$在$[0, 2\pi]$上的图像？

（先由学生在探究单上独立地完成作图过程，教师巡视，并给予指导；在学生完成之后，教师将一学生所作的图像投影到屏幕上，并进行点评；再由教师用多媒体演示利用正弦线作正弦函数$y=\sin x$，$x\in[0, 2\pi]$的图像，边演示，边讲解，并不时提问学生，与学生交流；最后由教师用几何画板演示正弦函数图像的动态生成过程。）

设计意图：先由学生自主探究，可以让学生亲身感受并建立起正弦函数图像的大致现状，教师再利用多媒体演示精确的作图过程，最后由教师用几何画板演示正弦函数图像的动态生成过程，可以使学生更为直观地理解利用正弦线画出正弦函数图像的方法，便于理解，优化记忆。

师：在刚才的作图过程中，我们同样利用了描点法，所不同的是，在描点的时候，我们利用了三角函数线，使得描出来的点比较精确。我们把这种作图方法称为“正弦函数线法”，亦称为“几何描点法”。

（板书：①几何描点法。）

设计意图：对作图过程进行小结，让学生进一步体会用正弦线描点的精确性。

2. **由函数 $y=\sin x$，$x\in[0, 2\pi]$ 的图像得到函数 $y=\sin x$，$x\in\mathbf{R}$ 的图像**

师：我们知道正弦函数的定义域是 **R**，但是刚才得到的仅仅是 $[0, 2\pi]$ 上的图像。

问题5：如何由 $y=\sin x$，$x\in[0, 2\pi]$ 的图像得到 $y=\sin x$，$x\in\mathbf{R}$ 的图像？

（板书：2. 函数 $y=\sin x$，$x\in\mathbf{R}$ 的图像。）

教师结合图形，引导学生继续研究 $[2\pi, 4\pi]$ 上的图像，让学生观察，发现：$[2\pi, 4\pi]$ 上的图像和 $[0, 2\pi]$ 上的图像都是由相同的正弦线通过平移得到的，因此，$[2\pi, 4\pi]$ 上的图像和 $[0, 2\pi]$ 上的图像在形状上是完全一样的，只是位置不同，即要得到 $[2\pi, 4\pi]$ 上的图像只需把 $[0, 2\pi]$ 上的图像向右平移 2π 个单位，其他区间上的图像也可以用类似的方法得到。

师生形成共识：把函数 $y=\sin x$，$x\in[0, 2\pi]$ 的图像沿 x 轴左右平移，每次平移 2π 个单位，就可以得到 $y=\sin x$，$x\in\mathbf{R}$ 的图像。

师：多媒体演示由 $y=\sin x$，$x\in[0, 2\pi]$ 的图像得到 $y=\sin x$，$x\in\mathbf{R}$ 的图像的过程，提出正弦曲线的概念。

师（小结）：由 $y=\sin x$，$x\in[0, 2\pi]$ 的图像得到 $y=\sin x$，$x\in\mathbf{R}$ 的图像的过程中，我们实际上根据的是诱导公式一：$\sin(x+2k\pi)=\sin x$，$k\in\mathbf{Z}$.

追问4：要作正弦函数的图像，关键先作出哪个区间上的图像？

生：先作 $[0, 2\pi]$ 的图像，然后沿 x 轴左右平移，每次平移 2π 个单位，就可以得到 $y=\sin x$，$x\in\mathbf{R}$ 的图像。

设计意图：先让学生从直观上感知 $[2\pi, 4\pi]$ 上的图像，再用诱导公式一从理论的高度上解释、认识，学生较容易接受。如果一开始就利用诱导公式一来解释由 $y=\sin x$，$x\in[0, 2\pi]$ 的图像得到 $y=\sin x$，$x\in\mathbf{R}$ 的图像的过程，比较抽象，学生不易理解。

3. **用“五点法”作正弦函数的简图**

师：在以后的学习中，我们经常要作出正弦函数的图像，但是如果每次作正弦函数的图像都用这种方法显然很麻烦。

问题6：在精确度要求不太高时，如何作正弦函数的图像呢？

教师引导学生观察用单位圆中的正弦线作出的函数 $y=\sin x$，$x\in[0, 2\pi]$ 的图像。

追问5：函数 $y=\sin x$，$x\in[0, 2\pi]$ 的图像，你发现有哪几个点对确定图像的形状起着关键作用？

学生观察、思考、发现：对确定图像的形状起着关键作用的五个点：(0，0)，$\left(\frac{\pi}{2},\ 1\right)$，(π，0)，$\left(\frac{3\pi}{2},\ -1\right)$，(2π，0)．（这五个关键的点分别是最高点、最低点以及与 x 轴的交点，每个点的横坐标的取值是有规律的——每隔$\frac{\pi}{2}$取一个值。）

师（小结）：讲解“五点法”，在精确度要求不太高时，要作 $y=\sin x$，$x\in[0,\ 2\pi]$的图像，只需先描出五个关键的点，再根据图像的形状特征用光滑的曲线把它们连接起来。这种作图的方法称为五点画图法，简称“五点法”。（板书：②五点法）

设计意图：在学生感知 $y=\sin x$，$x\in\mathbf{R}$ 的周期性之后，适时地提出在精确度要求不太高的情况下，如何快速地作出 $y=\sin x$，$x\in\mathbf{R}$ 的图像的问题，让学生仔细观察，从而引入“五点法”作图。

4. 探究由正弦函数 $y=\sin x$，$x\in\mathbf{R}$ 的图像得到余弦函数 $y=\cos x$，$x\in\mathbf{R}$ 的图像

师：我们可以通过正弦线的水平移动得到 $y=\sin x$，$x\in\mathbf{R}$ 的精确的图像，也可以应用“五点法”作出 $y=\sin x$，$x\in\mathbf{R}$ 的图像。那么，我们能否应用类似的方法做出余弦函数 $y=\cos x$，$x\in\mathbf{R}$ 的精确的图像以及大致的图像？

生：既然能把正弦线平移得到 $y=\sin x$，$x\in\mathbf{R}$ 的精确的图像，那么也可以用余弦线平移得到 $y=\cos x$，$x\in\mathbf{R}$ 的精确的图像。

师：是吗？请同学们试一试。

教师巡视，发现学生陷入了苦恼和无解之中。

师：同学们，你们的困惑在哪里？

生：正弦线是水平的线段，平移过来没法表示纵坐标。

师：那能不能想办法把余弦线在对应的点（x，$\cos x$）的横坐标 x 处立起来呢？也就是让余弦线垂直于 x 轴，这样能否表示点的纵坐标呢？

学生恍然大悟，但是又陷入新的苦恼：为什么非要立起来，又如何立起来呢？

师：由于作图过程较烦琐，用余弦线作出余弦函数 $y=\cos x$，$x\in\mathbf{R}$ 的图像就作为今天的探究作业，请同学们课后解决，下节课我们一块来分享你的探究成果。

然后教师继续提出问题。

问题7：能不能直接应用正弦函数 $y=\sin x$，$x\in\mathbf{R}$ 的图像作出余弦函数 $y=\cos x$，$x\in\mathbf{R}$ 的图像呢？

教师继续引导学生思考：正弦 $\sin x$ 与余弦 $\cos x$ 可以利用什么公式建立起联系？

生：$\sin\left(\frac{\pi}{2}-x\right)=\cos x$，$\sin\left(\frac{\pi}{2}+x\right)=\cos x$.

师：那么我们可否选择上述公式，利用正弦函数 $y=\sin x$，$x\in\mathbf{R}$ 的图像作出余弦函数 $y=\cos x$，$x\in\mathbf{R}$ 的图像？应用哪一个公式呢？

学生经过思考发现：公式 $\sin\left(\frac{\pi}{2}+x\right)=\cos x$，把 $y=\sin x$，$x\in\mathbf{R}$ 的图像水平移动就可以得到 $y=\cos x$，$x\in\mathbf{R}$ 的图像。

师：怎么平移？向哪个方向水平移动？

生：向左水平移动$\frac{\pi}{2}$个单位！

师：请同学们动手操作验证你的猜想。

学生通过操作，发现自己的猜想非常正确。

师：请同学们进一步思考，我们选择 $\sin\left(\frac{\pi}{2}-x\right)=\cos x$ 行不行？如果选择这个公式，$y=\sin x$，$x\in\mathbf{R}$ 的图像怎么变化才能得到 $y=\cos x$，$x\in\mathbf{R}$ 的图像？

学生讨论探究，发现：应用 $\sin\left(\frac{N}{2}-x\right)=\cos x$ 这个公式也可以，不过需要把 $y=\sin x$，$x\in\mathbf{R}$ 的图像先做一个关于 x 轴的变换再进行水平移动才行，操作非常麻烦。所以，还是应用 $\sin\left(\frac{\pi}{2}+x\right)=\cos x$，把 $y=\sin x$，$x\in\mathbf{R}$ 的图像水平移动就得到 $y=\cos x$，$x\in\mathbf{R}$ 的图像的方法最好。

设计意图：通过探究，让学生根据函数解析式之间的隐含关系思考函数图像之间的关系，运用联系的观点，得到通过图像变换作余弦函数图像的方法，向学生渗透化归转化的数学思想。

5. 探究用"五点法"作余弦函数的简图

问题8：观察正弦曲线和余弦曲线，你能找到它们的异同点吗？

生：正弦曲线和余弦曲线的形状一样，但是位置不同。

师：很好，正弦曲线和余弦曲线的形状一样，但是位置不同，提出问题。

追问6：类比于正弦函数图像的五个关键点，你能找出余弦函数图像在$[0, 2\pi]$的五个关键点吗？

学生通过观察类比，确定余弦函数图像的五个关键点$(0, 1)$，$\left(\frac{\pi}{2}, 0\right)$，$(\pi, -1)$，$\left(\frac{3\pi}{2}, 0\right)$，$(2\pi, 1)$．

追问7：对比正、余弦函数图像的五个关键点，你能找出它们的共同特征吗？

生：所取的点都是与x轴的交点或是最值点。

师：很好，我们看到这五个点是图像与x轴的交点或是最值点。同样，以后我们要作余弦函数的图像，也是先作出$[0, 2\pi]$上的图像，然后左右平移得到$y = \cos x$，$x \in \mathbf{R}$的图像。

师（总结方法）：在精确度要求不太高时，先作出函数$y = \sin x$和$y = \cos x$的五个关键点，再用光滑的曲线将它们顺次连接起来，就得到函数的简图。这种作图法叫作“五点法”。它是我们今后作正弦函数图像和余弦函数图像常用的方法。

（教师用多媒体演示用“五点法”所作的正弦函数和余弦函数的图像，以及正弦函数图像和余弦函数图像的相互关系。）

设计意图：通过观察与探究，让学生根据余弦函数图像的特点，运用类比的思想，找出关键的点，从而运用“五点法”作图。

教学环节4：例题练习，巩固新知

例：用“五点法”作函数$y = 1 + \sin x$，$x \in [0, 2\pi]$的简图。

师生共同作图，教师重点、详细讲解，并用多媒体演示过程。

教师进一步提出思考。

追问8：你能从函数图像变换的角度出发，利用函数$y = \sin x$，$x \in [0, 2\pi]$的图像，得到函数$y = 1 + \sin x$，$x \in [0, 2\pi]$的图像吗？

追问9：你能从函数图像变换的角度出发，利用函数$y = 1 + \sin x$，$x \in [0, 2\pi]$的图像，得到函数$y = 1 + \cos x$，$x \in [0, 2\pi]$的图像吗？

设计意图：引导学生从“五点法”和图像变换两种角度作函数的图像。

教学环节5：小结提升，形成结构

问题9：回顾本课内容，请大家从知识、思想方法等方面互相交流一下本节课的收获。

在学生思考并做适当交流之后，师生共同总结，得出：

（1）知识方面：四种作图法中，代数描点法作图误差大，几何描点法作图精确但步骤烦琐，“五点法”作图重点掌握，平移变换法体现了联系的观点；初步掌握了正弦函数、余弦函数图像的形状特征，清楚图像间的关系。

（2）思想方法：体会到数形结合思想、抽象到具体思想、类比思想以及转化化归思想在解决问题中的应用。

特别提醒注意：

（1）三角函数图像直观地反映了三角函数的性质，所以画好三角函数的图像是研究三角函数性质的关键，因此一定要掌握正弦函数的图像特征，特别是会灵活运用“五点法”作出函数的图像。

（2）五点法作图中的关键点指的是图像的最高点、最低点及与 x 轴的交点。

（3）在作函数图像时，自变量要采用弧度制，确保图像规范。

设计意图：要求学生针对本节课的数学知识、数学思想方法，谈自己的认识、见解和感受，使学生深切体会本节课的主要内容和思想方法，从而实现对本节课内容认识的再次深化，教师则通过引导使学生的表达更加规范、准确与完整，使学生对本节课所学的知识有更深入的了解和掌握。

教学环节 6：目标检测，效果评价

（1）作出函数 $y=1+3\cos x$，$x\in[0,2\pi]$ 的简图。

（2）作出函数 $y=2\sin x-1$，$x\in[0,2\pi]$ 的简图。

（学生练习，教师个别指导，投影学生的作图过程，教师指出作图中存在的问题。）

设计意图：检测学生运用本节课所学的知识解决问题的能力，从而实现效果评价。

教学环节 7：布置作业，应用迁移

1. 书面作业

教材习题 1.4A 组第 1 题，课本第 46 页习题 A 组第 1 题。

2. 探究作业

用几何描点法画出余弦函数 $y=\cos x$，$x\in\mathbf{R}$ 的图像，并思考为什么能把余弦线立起来。

设计意图：作业分层布置，体现了差异教学。

二、教学思考

为体现学校提出的“在推动课堂变革时不搞吹毛求疵、责备求全，着力寻找亮点、着力推介亮点”的要求，各位听课教师对本节课给予了充分的肯定和较高的评价，主要体现在以下几个方面。

（一）听课评价

（1）教师采用“以问题串为渐次递增的支架，通过对话互动交流的教学模式”来组织教学，通过教师指导下的主动探究，让学生经历知识的发现、发生、发展过程，引导学生“以现有认知起点为生长点”去构建新知识的意义。

（2）以层层递进的“问题串”搭建支架来组织教学，探究活动的方向和意义很明确，提高了知识建构的效率，也便于学生理解，从而实现深度学习，打造素养课堂。

（3）教师主导作用发挥得好，所有结论都不是教师直接告诉学生，而是在教师引导下由学生自己思考得出。整节课教师对知识发展和学生的思维状况比较了解，课堂探究的秩序和效果比较好。

（4）以问题驱动学生的思维，以对话教学来暴露学生的思维，尤其是那些模糊不确定的思维，师生共同讨论把知识理解落实到位，有力地支持了学生的有意义学习。

（5）课堂教学中，教师高效的提问与追问，尤其是多次出现的富有高质量的元认知提问，使教师不仅成为问题的提出者，而且是学生思维的启发者。通过对话，使对话双方建立了一种民主、平等的关系，真正实现了心与心的碰撞；通过对话，暴露了学生的数学思维，融合了学生所思所想，及时发现与挖掘学生原生态的思维灵性，有助于捕捉学生思维的生长点。通过提问，学生不仅仅会回答问题和提出问题，更重要的是学会对答案进行反思，提出疑问，这其实就是深度学习，从而构建了素养课堂。

（6）结合内容，适时地介绍古希腊人三大作图问题，既对学生进行数学史和数学文化的熏陶，又激发了学生学习数学的兴趣和探究精神。

（7）多元技术手段的应用（PPT、几何画板、电脑平台、投影仪等）使课堂变得更加广阔，易于学生对知识内在规律的把握和数学本质的揭示，从而化解了学生的认知困难，较好地实现了现代教育技术与学科教学的深度融合。

（8）教学效果整体较好，实现了知识、能力、方法的综合培养，学生探究的热情较高，“生动”体现得较好，探究能力得到了很好的锻炼，充分体现和贯彻了学校“基于深度学习理念的课堂教学变革”的要求，提升了学生的数学核心素养。

（二）教学启示

深度学习是指在教师引领下，学生围绕具有挑战性的学习主题，全身心积极参与、体验成功、获得发展的有意义的学习过程。而核心素养形成的主要载体是学科知识，主要路径是学科活动，主要条件是学科教师，主要保障是学科评价。深度学习是学科教学走向核心素养的一个突出表现，唯有深度学习真正发生，核心素养才能形成。这是因为它重在凸显学科本质，展示学科魅力，聚焦核心知识，推进“通透”教学，发挥问题导向作用，鼓励批判性思维。

结合各位听课教师的点评和笔者自己的感悟，以及学校提出的“为什么要变，变什么，怎么变，变成什么样”之间，这节课至少给我们带来如下启示。

1. 深度学习需要找准认知起点

奥苏贝尔说过，“影响学习的唯一最重要的因素，就是学生已经知道了什么，要探明这一点，并应据此进行教学”，并认为：“学生的认知起点是学生学习是否成功的前提。”在进行新课教学时，教师应先准确定位学生的认知起点，以及这个起点与所要学习的内容的逻辑起点是否吻合，然后在学生的最近发展区内搭建学习支架，既激活学生原有的思维，又可以激发学生的问题意识和求知欲，引发学生的学习兴趣。本节课之前，由于学生已具备初等函数、三角函数线的知识，为研究课题提供了知识上的积累，因此，本节课从三角函数线这个基础知识点入手，为教学的有效性找到恰当的起点。

2. 深度学习需要倾听与对话

深度学习的课堂，教师首先要做的是学会倾听。叶澜教授说：“要学会倾听孩子们的每一个问题，每一句话语，善于捕捉每一个孩子身上的思维火花。”作为一名教师，在课堂上只有善于倾听学生，才能适时调整自己的教学方式；只有善于倾听学生，才能明白学生在想什么，需要什么；只有善于倾听学生，才能知道学生掌握了多少，然后对症下药，因材施教。倾听是一种等待，在倾听中交流，在倾听中沟通，才能实现教学相长。

其次，深度学习的教学方式还应有教学对话。数学学习本身就是一个情感交流的过程，即对话的过程。在课堂上，教师要放下师者权威，以满腔热情激发学生积极的心理状态，创设触及其心灵的对话情境，使其入情入境，也使对话本身不仅具有高情趣性，而且真正触及并震撼学生心灵，形成情感上的共鸣，才能激发学生强烈的对话欲望，实现思想的碰撞、灵感的引发和火花的绽放，也才能使数学课堂在对话与共鸣中充满活力。因此，在数学教学中，教师一要给学生足够的自由、温暖和信任，有了这些，学生才会想说、敢说、能说；有了这些，数学课堂才能成为学生成长的心灵家园。

案例中，教师在课堂上做得最多的是真诚地倾听，所说的寥寥数语，也只是在帮助学生思维以及在需承上启下的时候才说的，由此，在和谐而开放的对话氛围中，顺学而导，让学生站到前台，让每个学生在激励和信任的氛围中尽情表演，带着知识和能力而归。

因此，高效课堂应是让课堂有机会进入一种和谐的“倾听—对话”状态，让学生获得正确结论的“速度”来得慢一些，让课堂能够提供给学生更多“讨价还价”的机会，让课堂充满探究，让学生在悟道和乐学中获得知识，让课堂真正成为师生共同成长的课堂。

3. 深度学习需要支架的推动和引领

知识的生成离不开学生积极主动、勇于探索的学习方式。亚里士多德说过，“思维是从对问题的惊讶开始的”。如果把学生的大脑比作一泓平静的湖水，那么问题就像投入池水中的一粒石子，可以激起思维的浪花。

为使学生的学习具有探究性、主动性、创新性和有效性，教师需要在教学过程中加强对学生学习的引导和启发，而要使思路铺得平整和顺畅，教师就必须在学生的最近发展区内搭建支架。研究表明，学生在教师创设的教学对话的环境下，通过支架的搭建与攀爬，最终实现对所学知识的有意义的建构是有效的教学之一。因此，在“对话教学”中，教师通过构建情感、认知、元认知、问题等众多支架，利用情境、协作、会话等学习环境要素充分发挥学生的主动性、积极性和首创精神，最终使学生有效地对当前所学知识进行意义建构。支架的构建就是帮助学生快速有效地进入最近发展区，从而获得潜在的发展水平。为此，教师首先要做的是准确定位学生现有的知识水平、认知水平和学习能力，注重教学起点的把握，找准学生的最近发展区，并将最近发展区不断地向前推移，从而实现课堂教学的有效性。

4. 深度学习需要给学生的思维留有足够的时间和空间

很多教师在教学时，经常会出现下列两种不顾学生思维质量的现象：一是教师只顾自己讲；二是教师在提出问题后没给学生思考的时间和参与空间，直接自己回答，形成了自问自答的形式，抑或是在学生稍有停顿时，教师立即提示，讲多问少，学生没有足够的反应时间，被动接受，跟不上教师的节奏。

因此，教师要善于突出学生的主体性，注重学生探究能力的培养，避免“告诉教学”，把规则的探究权、发现权交给学生，为学生创设行为上的“空白”情境，留给学生足够的空间、时间，使他们有主动参与学习、探究的机会，养成创造的倾向和意识；同时，更要为他们创设思维上的“空白”情境，让他们静下心来，进行深邃的思考，以发挥其内在的创造力，因为有深度的思维需要充分的时间。因此，课堂教学中，我们应让每一个学生都有足够的思维空间和时间对知识进行观察、发现、探索、实践、评价与反思。这样才能在有限的课堂教学时间取得最大的有效性。

总之，本节课教学，笔者通过“以问题串为支架，通过体验与对话教学”组织教学来践行深度学习理念，引导学生对所学内容积极而有效地探究，让学生既掌握了所学的知识，又理解了其中所蕴含的数学思想和方法，既激发了学生学习的欲望和探究的兴趣，又发展了学生的数学能力和创新意识，从而提升数学学科核心素养。

参考文献：

[1] 吴和贵．支架式教学：有效教学的生长点［M］．广州：中山大学出版社，2013.

[2] 余文森．核心素养导向的课堂教学［M］．上海：上海教育出版社，2017.

[3] 余继光．数学问题串的结构与设计策略［J］．中国数学教育（高中版），2012（1）．

[4] 赵绪昌．教师应听出学生之所想［J］．中学数学（上半月·高中），2011（11）．

[5] 邵明志．让我们的课堂充满探索与交流［J］．数学通报，2008（12）．

[6] 吴和贵，朱维宗，陈静安．新课标下的数学课堂教学过程的优化［J］．数学通报，2007（3）．

新课程视角下初中数学复习课的设计策略

——以“‘全等三角形’的复习”教学设计为例

广州市玉岩中学 吴光潮

新课程视角下，数学课堂教学更强调学生的学习是一个自主学习、合作探究，主动构建知识、发展能力，形成正确的情感态度与价值观的过程。笔者以人教版《义务教育教科书·数学》八年级上册第十二章“‘全等三角形’的复习”的教学设计为例，探寻新课程视角下初中数学有效性复习课堂构建的基本策略。

一、教学设计

第一部分 课前预习学案

（一）知识梳理

请写出图1“树形图”框图中数字处的内容。

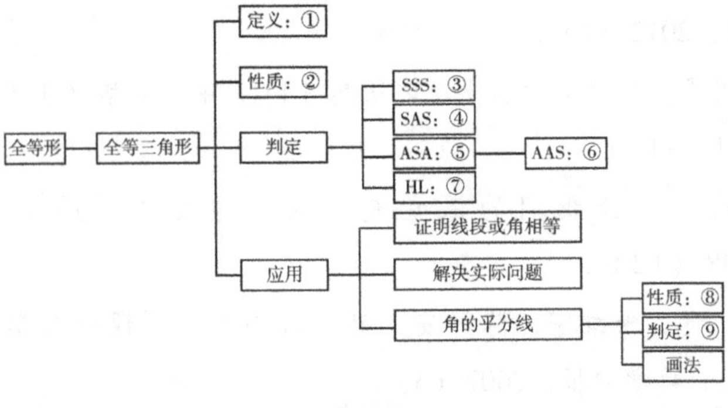

图1

温馨提示如下。

1. 对应角的寻找方法

（1）对应边所对的角是对应角。

（2）两条对应边所夹的角是对应角。

（3）有公共角，一定是对应角。

（4）有对顶角，一定是对应角。

（5）最大（小）的角是对应角。

2. 对应边的寻找方法

（1）对应角所对的边是对应边。

（2）两个对应角所夹的边是对应边。

（3）有公共边，一定是对应边。

（4）最长（短）的边是对应边。

3. 三个角分别相等的两个三角形不一定全等

两边和其中一边的对角分别相等的两个三角形不一定全等。

（二）误区点拨

请分析下列各题中“错解”的原因，并写出“正解”。

误区一：对“对应”二字理解不深

例1：在$\triangle ABC$中，$\angle A = 30°$，$\angle B = 70°$，$AC = 17\text{cm}$. 在$\triangle DEF$中，$\angle D = 70°$，$\angle E = 80°$，$DE = 17\text{cm}$. 那么，$\triangle ABC$与$\triangle DEF$全等吗？为什么？

错解：$\triangle ABC$与$\triangle DEF$全等。

证明如下：在$\triangle DEF$中，$\angle D = 70°$，$\angle E = 80°$，

所以$\angle F = 180° - \angle D - \angle E = 180° - 70° - 80° = 30°$.

在$\triangle ABC$与$\triangle DEF$中，$\angle A = \angle F$，$\angle B = \angle D$，$AC = DE$，所以$\triangle ABC \cong \triangle DEF$.

正解：____________________________________。

误区二：误用“SSA”来证题

例2：如图2所示，D是$\triangle ABC$中BC边上一点，E是AD上一点，$EB = EC$，$\angle ABE = \angle ACE$，求证：$\angle BAE = \angle CAE$.

错解：在$\triangle AEB$和$\triangle AEC$中，$EB = EC$，$\angle ABE = \angle ACE$，$AE = AE$，所以$\triangle AEB \cong \triangle AEC$.

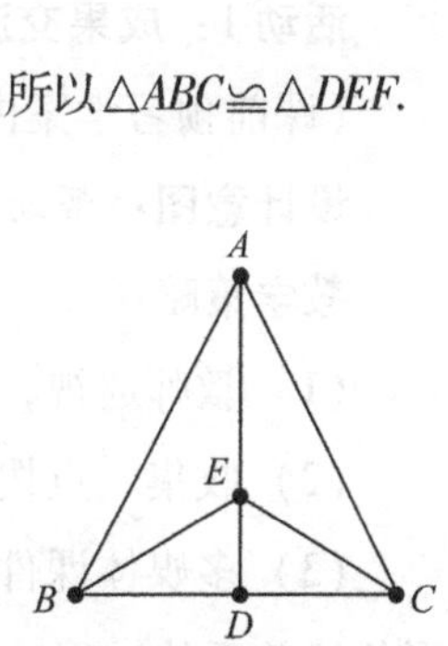

图2

所以$\angle BAE=\angle CAE$.

正解：____。

误区三：对“角的平分线的性质”理解不够准确

例3：如图3所示，P为OC上一点，$PD=PE$，$\angle ODP+\angle OEP=180°$，求证：$OP$平分$\angle AOB$.

错解：因为$PD=PE$，所以OP平分$\angle AOB$.

正解：______________________________

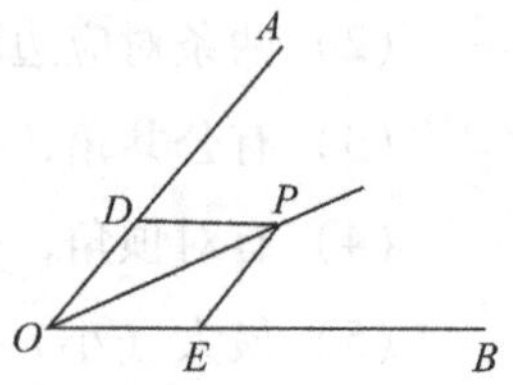

图3

设计意图：引导学生自主梳理、总结、反思。突出知识脉络结构和全章易错易混知识点。

教学策略：本学案提前一天发放给学生预习。教师提前抽查或者全批，收集预习学案中的典型问题，视具体情况在复习课上给予误区点拨和正解强化。

第二部分　课堂探究学案

（一）学习目标

（1）掌握全等三角形、角平分线的判定及性质，并运用其解决具体问题。

（2）经历复习小结探究过程，体会研究几何图形的基本思路和方法。

（二）学习重难点

掌握全等三角形的性质和三角形全等的判定定理；在复杂图形中，能辨别全等三角形，能用全等三角形的知识解决问题。

（三）学习过程

活动1：成果交流——课前预习学案疑点、难点互动交流

（课前预习学案内容略。）

设计意图：帮助学生自主构建、完善知识框架，使知识系统化。

教学策略：

（1）教师巡视，引导小组或者同桌生生互动。

（2）收集、点拨课前预习学案中存在的典型问题，讲在关键处。

（3）多媒体课件动画演示用平移、翻折、旋转等方式改变两个全等三角形位置关系的过程，提高学生对全等三角形对应元素的辨认能力（图4）。

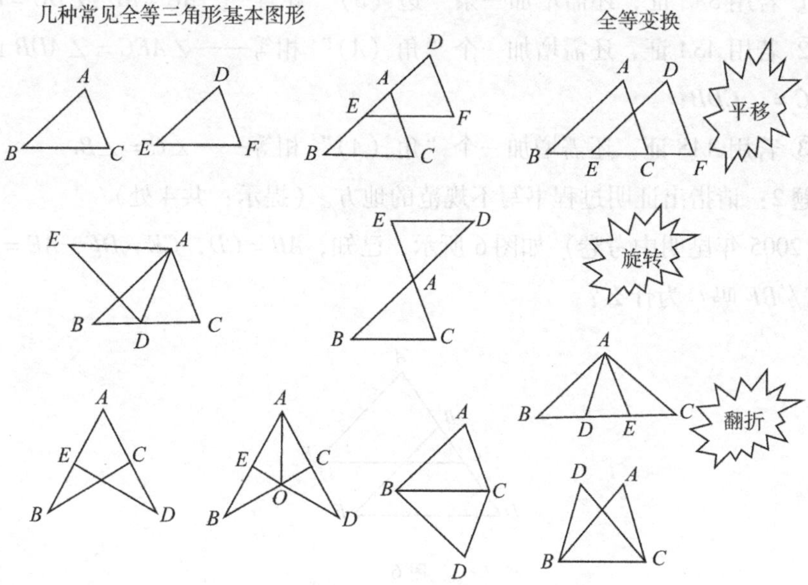

图 4

活动 2：知识抢答——知识技能强化，思路误区点拨

题 1：（2006 湖南省株洲市中考卷）如图 5 所示，$AE=AD$，要使$\triangle ABD\cong\triangle ACE$，请你增加一个条件：________。

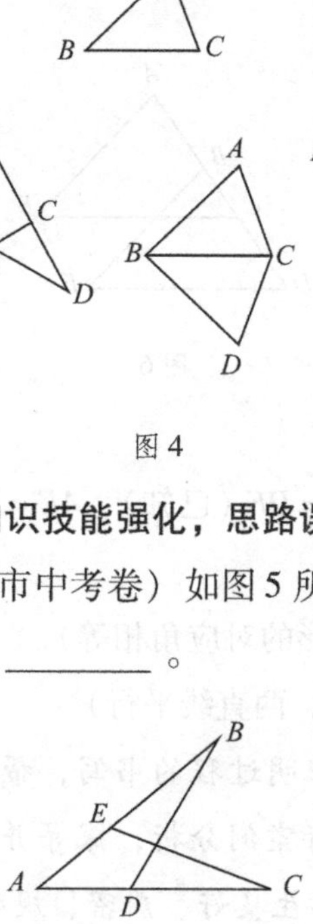

图 5

设计意图：结合具体的开放性问题，帮助学生熟悉、强化“全等三角形判定”的知识系统；训练、提高学生对全等三角形判定条件的寻找方法和思维能力。

教学策略：

（1）教师设问引导：可用哪些方法证全等三角形？已知什么条件？隐含什么条件？还缺什么条件？

（2）一题多解，幻灯片动画同步演示思维、思路过程。

已知一个“边（S）”——$AE=AD$；隐含“角（A）”——公共角$\angle A=\angle A$，只能够用 SAS 或者 ASA 或者 AAS 证明：

① 若用 SAS 证，还需增加一条“边（S）”相等——$AC=AB$ 或 $DC=EB$；

② 若用 ASA 证，还需增加一个“角（A）”相等——$\angle AEC=\angle ADB$ 或者 $\angle BEC=\angle CDB$；

③ 若用 AAS 证，还需增加一个“角（A）”相等——$\angle C=\angle B$.

题 2：请指出证明过程书写不规范的地方。（提示：共 4 处）

（2005 年昆明中考卷）如图 6 所示，已知，$AB=CD$，$CE=DF$，$AE=BF$，则 $AE/\!/BF$ 吗？为什么？

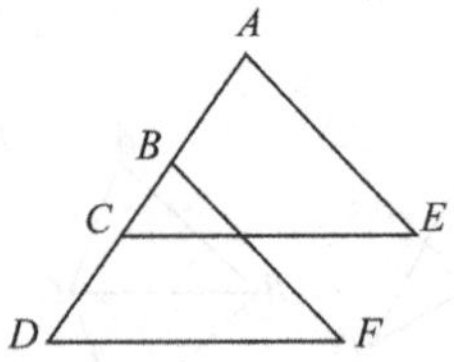

图 6

证明：

$\because AC=BD$（已知），$CE=DF$（已知），$AE=BF$（已知）

$\therefore \triangle ACE\cong\triangle BFD$（SSS）

$\therefore \angle A=\angle B$（全等三角形的对应角相等）

$\therefore AE/\!/BF$（同位角相等，两直线平行）

设计意图：结合具体的证明过程的书写，帮助学生熟悉全等三角形性质的应用；师生共同研究，进行案例分析，探寻并纠正学生在证明题书写中存在的典型问题；训练、提高学生良好、严密、规范的思维习惯和表达习惯。

教学策略：教师引导学生探寻、强化正解；幻灯片动画同步演示正确、规范的表述过程。

（1）“$AC=BD$（已知）”不是“已知”，需要证明——$\because AB=CD$，$BC=BC$ $\therefore AC=BD$.

（2）要在证明全等之前，在过程里面增加“在 $\triangle ACE$ 和 $\triangle BFD$ 中”。

（3）“$\triangle ACE\cong\triangle BFD$（SSS）”表述错误，字母不对应，用 $\cong$ 表示时字母必须对应，应该为“$\triangle ACE\cong\triangle BDF$”.

（4）“$\angle A=\angle B$”中“$\angle B$”不能用一个字母表示，字母 B 处有多个角，应该表示为“$\angle DBF$”.

活动3：自主探究——知识整合，综合应用

题型1：利用全等三角形的性质证明有关结论

例1：如图7所示，在有公共顶点的$\triangle ABC$和$\triangle ADE$中，$AB=AC$，$AD=AE$，且$\angle CAB=\angle EAD$.

（1）求证：$CE=BD$.

（2）若将$\triangle ADE$绕点A沿逆时针方向旋转，当旋转到点C，E，D在一条直线上时，如图8所示，（1）问中的结论是否仍然成立？如果成立，请证明；如果不成立，请说明理由。

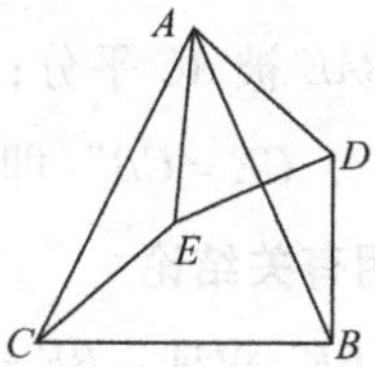

图7

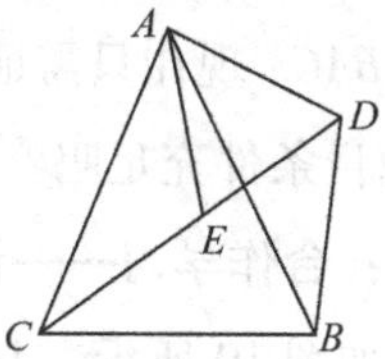

图8

设计意图：知识综合运用，知识方法题型化。整合、训练、落实所得成果。例1中问题（1）用一次全等解决证明“线段相等”的问题，训练学生在较复杂的几何图形中找全等三角形，训练学生的过程书写。例1中问题（2）拓展创新，探究性学习，训练学生“动态”的思维视角。

教学策略：教师引导学生分析，传授“执果索因”的分析法、强化过程规范性表达；投影展示或者学生黑板板演过程；学生自主探究完成。

题型2：利用角平分线的性质（或判定）证明有关结论

例2：如图9所示，已知$\angle B=\angle E=90°$，$CE=CB$，$AB\parallel CD$. 求证：$AD=CD$.

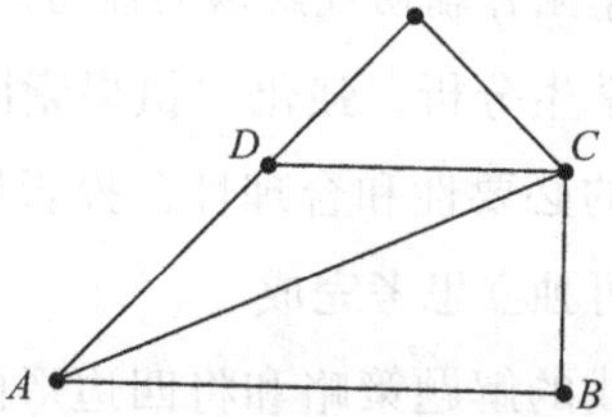

图9

设计意图： 知识综合运用，知识方法题型化。整合、训练、落实所得成果；用角平分线的知识或者全等解决证明“线段相等”的问题；训练学生解决较复杂的几何问题的思维方法以及灵活选择解题方案，并熟练运用相关知识点解题；训练学生的证明过程书写。

教学策略： 教师引导学生分析，强化“执果索因”的分析法和过程规范性表达，一题多解，投影展示或者学生黑板板演过程，学生自主探究完成。（设置问题串引导学生分析：欲证 $AD=CD$，可以“证三角形全等”，也可以证“角相等——等角对等边”。本题该选择哪种解题思路？如证“角相等——$\angle DAC=\angle DCA$”，题目有证角相等的条件吗？——由条件 $AB/\!/CD$，可知 $\angle DCA=\angle BAC$. 现在只需证 $\angle DAC=\angle BAC$，即 $\angle BAE$ 被 AC 平分；角平分线的判定，题目条件充足吗？——由“$\angle B=\angle E=90°$，$CE=CB$”即可证明。）

活动 4：合作学习——证多次三角形全等，证明有关结论

例 3： 如图 10 所示，$AB=DC$，$AD=BC$，$DE=BF$. 求证：$BE=DF$.

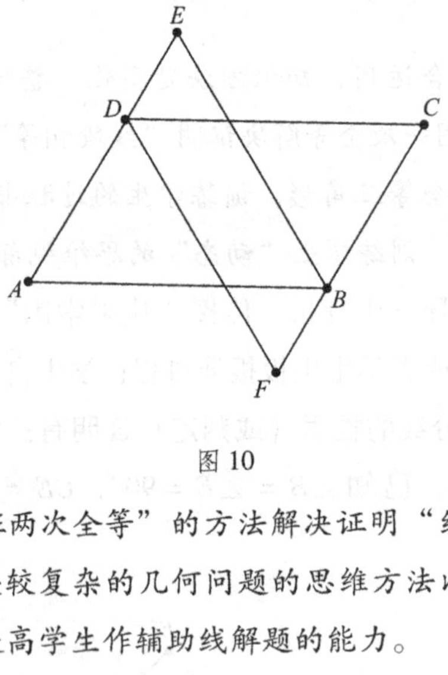

图 10

设计意图： 用“证两次全等”的方法解决证明“线段相等”的问题，思维拓展，训练学生解决较复杂的几何问题的思维方法以及从较复杂图形中辨别全等图形的能力；提高学生作辅助线解题的能力。

教学策略： 教师引导学生分析，强化“执果索因”的分析法和过程规范性表达，讲透辅助线添加的必要性和合理性，投影展示或者学生黑板板演过程，学生可合作探究，亦可独立思考完成。

教师总结： 添加辅助线的解题策略和将四边形问题转化三角形问题处理的解题策略。

分析： 欲证 $BE=DF$，则要证 $\triangle ABE\cong\triangle CDF$. 欲证 $\triangle ABE\cong\triangle CDF$，则需

要知道（要证）三个条件。已知 $AB = DC$，还需要证 $\angle A = \angle C$ 和 $AE = CF$：由 $AD = BC$，$DE = BF$ 即可证得 $AE = CF$；欲证 $\angle A = \angle C$，可以利用证 $\triangle ABD \cong \triangle CDB$（作辅助线，连接 BD）——$AB = DC$（已知），$AD = BC$（已知），$DB = BD$（公共边），即可证 $\triangle ABD \cong \triangle CDB$.

活动5：巩固练习

略。

设计意图：知识、方法成果巩固、内化。

活动6：课堂小结——自我总结，提炼深化

本节课，我们复习了全等三角形的相关知识及其典型应用：

（1）全等三角形有哪些应用？

（2）证明线段或角相等时，有哪些方法？应该如何探寻思路？

（3）全等三角形证明时，正确地书写证明格式需要注意什么？

设计意图：知识、方法成果内化。

教学策略：教师引导学生总结，强化“执果索因”的分析法和过程规范性表达，尤其是总结“用什么解题方法”“已知什么条件”“隐含什么条件”“还缺什么条件”“如何去寻找”等解题策略。

二、教学立意的进一步阐述

1. 关于教学目标的定位

教学设计要符合所教班级的实际情况。在本节课之前，所教班级学生对全等三角形的认知有一定的生活基础和理论基础；对于全等三角形、角平分线的判定和性质的运用比较熟练；但是，对于较复杂的图形，较难辨认全等三角形，如寻找全等三角形的判定条件等不够熟练；解决相关综合性问题，思维方法不熟，思维能力较低；学生在书写证明过程中经常“跳步解答”，表述不准、不规范等问题较突出。

因此，本节课的设计目标定位主要是以下几个：①梳理知识——帮助学生梳理本章知识，使之系统化；②规范解题——纠正学生在证明书写过程中的一些常见问题，使之形成严谨、良好的思维习惯和表述习惯，如用符号“≌”连接全等三角形时，强调表示对应顶点的字母写在对应位置上的问题，避免证明过程出现“跳步解答”问题等；③温故与拓展——通过本节课让学生经历复习、小结、探究过程，使学生进一步熟悉全等三角形、角平分线的判定及性质，并提升学生运用其解决具体问题的能力；④提升思维水平——让学生参与复习过程，传授学生解几何题的基本思维方法、训练，提高学生的思维水平。

2. 关于教学模式的定位

传统的数学复习课教学模式通常是：①知识回顾梳理——教师对所学的内容进行系统归纳，给学生板演全面详细的知识结构；②知识讲解运用——教师辅助典型例题讲解，学生先听讲解再进行各类题型的训练。这种传统的复习课教学模式的最大弊端就是无法凸显学生的主体地位，学生只是被动地接受知识，不利于培养学生的创造性。

新课程背景下的教学设计，正是要通过教师设计的教学活动，引导学生自主学习、合作交流探究、自我构建完善。

为了从传统的课堂教学模式中解脱出来，激发学生的复习兴趣，提高复习效果，本节课的设计定位为：通过设计课前预习学案与课堂探究学案两个导学案，力求最大限度地凸显学生的自主性、探究性与合作性学习。其中，课前预习学案主要帮学生搭建知识梳理、知识辨析、误区点拨的平台，难度适中，学生自主学习，以达到“先学后教、先练后讲”的目的；课堂探究学案涉及上述6个教学活动，由浅入深、层层推进，方法多样（成果交流、知识抢答、错误探寻、自主探究、合作学习），激发学生的复习兴趣。

三、关于构建有效的数学复习课堂的几点思考

复习课是一种特殊的课型，是对已学知识进行梳理、系统化，甚至再一次研究的数学学习活动。此外，复习还应使知识的“宽度”和“高度”向外拓展延伸，使学生数学知识形成、发展和创造能力得到进一步培养和提高。

新课程视角下，如何提高初中数学复习课的效率？如何设计初中数学复习课？

1. 构建有效的数学复习课堂，必须准确定位教学目标和教学模式

教学设计之初要进行全面准确的学情分析。教师要根据自己所带班级的生源情况、本章节内容学生掌握情况等，对本节课承载的任务功能以及师生行为活动展开的模式等做一个准确定位，如本课例上述教学目标及教学模式的定位。

2. 构建有效的数学复习课堂，必须科学合理地设计教学模式和教学活动

新课标背景下的教学观，必须抛弃传统复习课教学以教师讲解为主、“题海战术”“爆炒冷饭”等现象，教学模式和教学活动必须体现以学生为主体、自主探究与合作学习，调动学生情绪，使学生进入学习角色的兴奋点，要利于学生学习兴趣的激发和求知欲望的形成。

（1）整理知识——课前预习学案、活动1、活动2。通过彼此交流课前预习学案内容与知识抢答等引导学生回顾有关知识，并进行整理，使学生有条理、系统、深刻地理解所复习的内容，形成基本技能。这种合作交流、师生互动的教学模式能够使学生有效参与学习，有利于调动学生的学习热情。

（2）知识运用——活动2、活动3、活动4。共计5道题（中考题），由教师精心编制挑选，按难易程度分为三层：第一层为基本练习题（活动2两题），以唤起学生回忆学过的有关知识，是对知识的有效整理（活动1）和过程规范、误区规避（活动2）的进一步熟悉和演练；第二层为综合性的练习题（活动3的例1和例2），属于知识常规应用中档题型，用以检查学生掌握基本知识和技能的情况；第三层为发展性的习题（活动3的例3），难度稍大——通常此类练习后又可拓宽与引申——能多解和多变的习题，以提高学生知识技能、应变能力和训练思维。此外，此环节将知识、功能题型化，使学生对知识运用更加有条理；同时，教师注意引导、传授学生几何问题的分析方法、思维方法，为后续阶段的合作探究提供思维方法的技能铺垫。

（3）讨论交流——活动4。学生经过上述三个层次练习的前两个层次后，在第三层次中，题目的内涵丰富，多解与多结果必然会引起学生的交流与讨论，此时教师积极引导。在讨论中，让学生先发表自己在练习中的做法，然后教师出示讨论的问题，引导学生先观察再讨论，从而发现新的结论或者思路。前两个层次学生独立、自主学习，第三个层次学生合作探究，整个过程学生“分合”得当、合理，层层推进，符合学生的心理认知和教学要求。

（4）重点讲评。在活动2、活动3、活动4中，教师只提示学生怎样思考问题，让学生大胆去练，然后讲评练习结果，提示解题的规律，以获得最佳的心理效应。

（5）针对训练。活动5、活动6，通过整理、练习、讨论、讲评之后，让学生对复习的知识进行自我小结，并针对学生在练习中存在的问题进行强化训练，以期达到复习目标。

从上述模式中可看到，本节课通过6个教学活动构建了上述（1）~（5）“五步结构”+“互动式”的混合式的有效数学复习课教学模式。

3. 构建有效的数学复习课堂需注意的几个问题

（1）教学活动必须保证学生复习的主动权。在复习过程中，教师应当充分保证学生的主体地位，让学生积极、主动地参与复习的全过程；要体现知识让学生梳理，规律让学生发现，错误让学生判断；要让学生在参与过程中体验成功，培养、发展、提高他们的能力。

（2）复习题的设计必须典型、有针对性和开放性。复习课中的例题、习题的选择对数学知识的升华、学习方法的归纳、解题能力和基本素质的提高起着十分重要的作用。典型、极具针对性的例题既可弥补学生所学知识的不足，又可帮助学生提高对知识内容的掌握，培养学生综合分析问题、解决问题的能力，提高复习的效率。运用一些开放性的问题进行教学，不仅可使学生兴趣大增，而且还可以巩固学生的基础知识，培养学生的发散思维能力、创新能力、探究能力和合作学习能力。

（3）复习过程中应深刻剖析典型错误案例，使学生完善知识结构。复习过程中，教师要呈现学生解题中的错误，分析学生掌握知识情况，找准重点、难点，找准各知识点容易出错的地方，设计“误区点拨”“错误案例分析”，增强复习的针对性；通过设疑、提示、针对性练习、重复强调等手段，透析错因（心理、审题、算理、运算、习惯等因素），消除学生出现的错误，增强学生自控能力，使其改进学习方法，完善自己的思维品质，提升数学素养。

总之，构建有效的数学复习课堂，上好初中数学复习课，关键在于教师的教学设计一定要有新意，能激发学生对复习课的兴趣；以学生为主体，让学生参与其中，主动完善、提高自我。教师应具有创新的理念，准确定位、设计科学合理的教学活动，将知识、技能、情感渗透其中，以生动活泼的设计艺术吸引学生。

参考文献：

吴俐俐．提高初中数学总复习课有效性的思考与建议［J］．广西教育学院学报，2019（4）：153－156.

基于核心素养的初中数学课堂提问有效策略探究

广州市玉岩实验学校　邱蓝青

初中数学核心素养的培养是一个循序渐进、开拓创新的过程，课堂教学有效提问是培养学生数学核心素养的主要手段。课堂提问是指围绕教学活动的问题来问。它是教师发挥主导作用，引导学生理解运用知识的重要途径；也是体现学生自主学习、培养学习能力、促进学生探索真理的动力。因此，如何让初中数学课堂提问更加有效，是一个值得探讨的问题。

一、课堂提问的重要性

1. 增进师生交流，活跃课堂气氛

课堂提问是教师和学生共同参与的双边活动。在活动进程中，师生不仅存在知识的传递，而且还存在着感情交流。实现师生互动、双向交流的方法很多，其中常用且有效的就是恰当地进行课堂提问。一个好的问题犹如一条纽带，将师生间的认识和感情紧密联系起来，架起师生双向交流的桥梁；激发学生回答问题的积极性，启发学生思维，增进师生间的感情；在传授基本知识时，保持着活跃、轻松、和谐的良好课堂氛围。

2. 获得信息反馈，检验教学效果

在课堂教学中，通过提问，教师和学生可分别从中获得有益的反馈信息，作为进一步调整教与学活动的重要参考。例如，教师可以通过提问了解学生掌握知识的情况，探明学生知识链条上的漏洞和产生错误的原因，从而针对每个学生和自己教学中存在的问题，对症下药，因材施教，切实改进和提高教学质量。同时，学生也可以通过答问，从老师那里获取评价自己学习状况的反馈信息，在学习中不断审视自己，改进自己的学习态度、方式等，使自

己后续的学习活动更富有成效。

二、当前课堂提问存在的问题

随着新一轮课程改革的推广与深入，广大初中数学教师越来越重视课堂提问的有效性。围绕教学目标精心设计了一些富有启发性的问题，既充分调动了学生的学习积极性，活跃了课堂气氛；又使学生牢固地掌握了知识，收到了很好的效果。但是，课堂提问仍存在不少问题，亟待解决。

1. 课堂提问未进行精心设计

课堂提问的问题需要教师在备课时进行精心设计，问题设计要巧妙合理。构思巧妙的问题能够激活学生的思维，启发学生去探索、去发现，从而获得知识。有的教师课前没有精心钻研教材，设计提问，而是上课时随意性非常强，想到什么就问什么，经常使用“是不是”“好不好”的口头禅，课堂无法形成紧凑有效的问题链，一整节课收效甚微。

2. 课堂提问未能营造和谐气氛

一个人如果总是处于一种兴奋的、愉快的状态，他的思维就会有超常的发挥，他接受外面信号的速度就会非常快。作为一名教师，课堂上不注意营造一种和谐愉快的气氛，没法让学生时刻处于一种轻松自如的情绪中，学生无论是记忆还是思维，都会无法得到最好的发挥。例如，当学生在课堂上对教师所提的某一个问题疑惑不解时，教师没有适时点拨、解惑，课堂气氛就有可能变得较为沉闷。

3. 课堂提问未能延伸疏导

有效的教学在于先形成一种使学生似懂非懂、一知半解、不确定的问题情境，从而促使学生在矛盾、疑惑、惊讶中产生求知欲和学习兴趣，产生学习的愿望和意向。为使学生顺利地回答问题，教师应该提供给学生必要的智力背景，亦即情境，给学生创造一定的作答条件。但有些课堂提问未能做知识铺垫，启迪学生根据已知去开拓未知，从而使学生无法让知识延伸疏导，实现学习的迁移。

4. 课堂回答未能积极评价

教师要适当选取一些多思维指向、多思维途径、多思维结果的问题，引导学生纵横联想所学知识，寻找多种解题途径，从而深入地理解知识，准确地掌握和灵活地运用知识。对于学生的回答，教师必须严格把关，既要保护学生回答问题的积极性，又不要使学生的发言漫无边际、正误不分。但课堂上有些教师没有审时度势，及时积极地评价学生的回答，无法优化学生原有的认知结构。

三、提高课堂提问有效性的策略

1. 以“趣问”为课堂提问的形式

初中学生的心理特点是好奇、好强、好玩。教师设计提问时，要充分考虑这些特点，以引起他们的兴趣，不要用突然发问来惩罚他们的错误，不要故意用偏、难、怪题使他们感到难堪，以致挫伤了他们的积极性和自尊心。课堂提问，教师要从教材中选择能引起学生兴趣的热点，构建问题序列，力求提问新颖别致，富有新意，使学生喜闻乐答，使学生心理各方面得到和谐发展，使学生产生一种学习需要，形成学习的内驱力，促进学生课堂的互动、生成。

【案例 1】

问题 1：用多媒体展示小丽主持节目时在舞台上的效果，小丽在舞台上的位置哪种设计效果更佳？

问题 2：五星红旗上的五角星怎样画效果最佳？

问题 3：在美术、摄影方面，为什么画家和摄影师都不把画的主体形象放在正中？

问题 4：为何成年女性喜欢穿高跟鞋？

点评：在引入黄金分割点时，连续提问激起学生的好奇心，他们迫切想知道这种熟悉而有趣的生活现象，激发了学生的求知欲望，凸现出学生在课堂教学中的主体地位。同时，这种形式的提问还能把枯燥无味的数学内容变得妙趣横生。

2. 以“巧问”为课堂提问的切入点

“浅”是提问设计的大忌，“有疑而问”本来是天经地义之事，但浅显的提问，往往问而无疑，课堂上学生对答如流，表面上“互动”得轰轰烈烈，教师不仅不以为忧，反以为喜，实在不应该。当然，太深的问题学生根本无从下手，望而却步，即使是学生想与教师“互动”，但因为太难，学生也“动”不了。只有找到适当的切入点，打开学生思维的大门，才能收到良好的效果。因此，我们要做到“巧问”，只有“巧”的问题才能真正拓宽学生的思路，引起学生丰富的联想，让学生在不知不觉中参与到课堂教学中。既实现了教学目的，又实现了师生良好的互动。

【案例2】

（师展示题目1）

如图1所示，$\triangle ABC$是一块锐角三角形材料，边$BC=120\text{mm}$，高$AD=80\text{mm}$，要把它加工成正方形零件，使正方形的一边在BC上，其余两个顶点分别在AB，AC上，这个正方形零件的边长是多少？

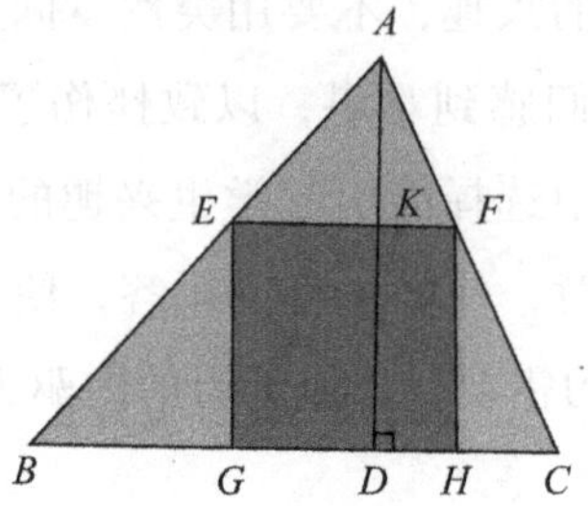

图1

（生认真思考，演算）

师：结果是多少？

生：48mm.

师：谁来说说你的思路？

生1：由$\triangle AEK\backsim\triangle ABD$得$\frac{AE}{AB}=\frac{AK}{AD}$和由$\triangle AEF\backsim\triangle ABC$得$\frac{EF}{BC}=\frac{AE}{AB}$，进而两个比例之间转化，得到$\frac{EF}{BC}=\frac{AK}{AD}$. 将数据代入，求出结果为48mm.

师：说得太好了，能够用相似比的转化来解决问题，综合性思维非常好。

（这里教师故意准备讲下一道题，而没有将更方便的解法说出来，让个别已经有更好方法的学生抢说其他解法。）

生2：老师，不用这么麻烦的，这里根本不用相似比的转换，直接就可以得到$\frac{EF}{BC}=\frac{AK}{AD}$了。

师：啊？这么厉害！什么好办法？

生2：相似三角形中对应高的比等于相似比。

由$\triangle AEF\backsim\triangle ABC$得$\frac{EF}{BC}=\frac{AK}{AD}$.

师：相似三角形中对应高的比等于相似比？咱们学过吗？

生：学过！

师：那你们刚才为何不用这个方法!?

（生愣然……）

师：其实啊，我们学习相似三角形的性质时已经学习了相似三角形中对应高的比等于相似比的结论，但是我们很少用它而不熟悉，导致我们走了弯路。同学们，下次遇到相似三角形对应高的比时，能否想起我们曾经忽略的它？

分析：以上案例，教师没有直接说出“相似三角形中对应高的比等于相似比”的解法，而是大力表扬生1，进而巧妙地引发了其他学生说出更方便的方法。一个看似浅显但是容易忽略的问题，教师通过巧妙的课堂设计，让学生找到了思维的切入点，拓宽了学生的思维，让课堂显得更加有效。

3. 以“曲问”为课堂提问的主要方式

“直”是直问，直截了当，单刀直入。由于“直问”是按照常规思路正面直接发问，往往难以真正调动学生的积极性，难以真正启动学生思维。“曲问”是指问题答案不能浅显直露，而应让学生通过仔细思考后才能发现。特级教师钱梦龙说得好：“所谓曲问，是运用迂回战术变换提问的角度，让思路拐一个弯，从问题侧翼寻找思维的切入口；所谓直问，就是一味正面硬攻，不会迂回包抄。曲问多见巧思，易于激发学生求知的欲望；直问则难免显得笨拙，往往造成启而不发的僵局。”

【案例3】

（师展示题目2）

如果关于x的方程$k^2x^2-(2k-1)x+1=0$有两个不相等的实数根，那么k的取值范围是____________。

生（认真计算，得出结论）：由$\Delta\geqslant 0$得$k\leqslant\frac{1}{4}$.

师：同学们同意不？不错吧！

生：嗯！

（这里教师没有指出错误，依然表扬学生已经熟悉判别式的应用。）

师：我们继续解决以下问题。

关于 x 的方程 $ax^2-(a+2)x+2=0$ 只有一个解（相同解算一解），则 a 的值为（ ）。

A. 0　　B. 2　　C. 1　　D. 0 或 2

生认真计算，得出结论。

生 1：选 B. 因为 $\Delta=0$，所以 $a=2$.

生 2：选 D. 我验算过了，$a=0$ 也是可以的。

师：啊？$a=0$ 也可以？同学们说一说，$a=0$ 真的可以吗？

生 3：$a=0$ 不可以啊，一元二次方程要求二次项系数不为 0 的。

生 4：$a=0$ 是可以的，因为这里没有说明是一元二次方程，它有可能是一元一次方程。

师：大家都听明白了吗？他们谁的说法更加准确？

生（顿时彻悟）：$a=0$ 是可以的。

师：由这个题目，我们得到什么教训呢？

生：要考虑它是不是一元二次方程。也就是说用判别式之前要考虑前提条件，二次项系数是否为 0。

师：哦，原来是这样！那么换一种说法就是 $a\neq0$ 与判别式一起来用。

师：哎……那么我们回头看一看前面的问题（见展示题目 1），答案真的是 $k\leqslant\frac{1}{4}$ 吗？

生（认真思考讨论后得出结论）：还要写 $k\neq0$ 才对。

师：同学们，吃一堑，长一智啊。

点评：以上案例，教师没有直截了当地告诉学生，一元二次方程一定要牢记二次项系数不为零，而是通过两题的训练让学生自己找到错误，寻找出错误的原因。这样的“曲问”会让学生记忆深刻，避免下次犯同样的错误，真正提高了课堂的实效性。

4. 课堂提问力求“精”

教师设计的提问太多、太杂将导致课堂教学的“外紧内松”，表面上热热闹闹，实际上松松垮垮。“满堂问”其实就是“满堂灌”的另一种翻版，这是表面上的“互动”，形式上的“互动”，会成为学生学习的另一种负担。“精”是指课堂提问要有明确的出发点和针对性，问题精要恰当，避免繁杂琐碎，做到精益求精。教师提出的每一个问题不仅本身应该经得起推敲，同时还得强调组合的最优化，问题与问题之间有联系，有层次，力争使教师设计的各个问题组成一个有机的严密的整体，让学生在解答这些问题时，既理解和掌握知识，又得到严格的思维训练。课堂教学中，教师提问并非问题越多越好，应根据学生的认知水平，做到适当、适度。

【案例4】

如图2所示，$\angle C=90°$，图中有阴影的三个半圆的面积有什么关系？

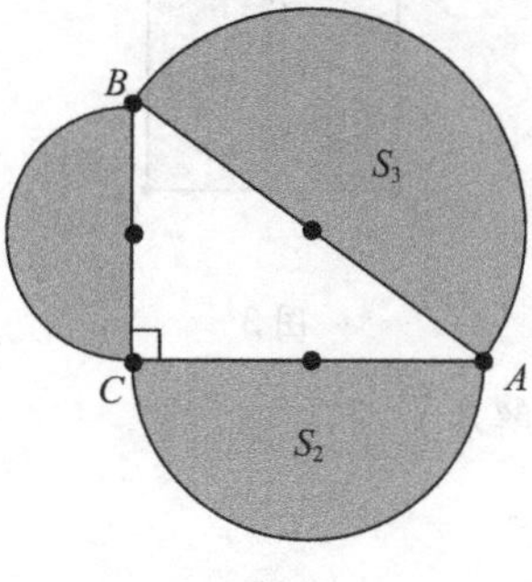

图2

（教师巡堂，学生思考解决）

师：这道题我们应该先求什么呢？

生：求出三个半圆的表达式。

师：那你求出来了吗？看来结论已经出来了。

生：根据圆的面积和勾股定理，大半圆的面积等于两个小半圆面积的和。

师：那最后的表达式是——

生：$S_3=S_1+S_2$.

师：哦，原来是这样的，很好！其他同学同意吗？

生：同意！

师：我们这里反思一下，若将半圆换成正方形，结论还成立吗？请你探究下面的问题。

如图3所示，$\angle BCA=90°$，分别以 Rt$\triangle ABC$ 三边为边作正方形 $ABDE$、正方形 $ACFG$ 和正方形 $BCHN$，设正方形 $ABDE$ 的面积为 S_3，正方形 $ACFG$ 的面积为 S_1 和正方形 $BCHN$ 的面积为 S_2，那么 S_1，S_2，S_3 之间有什么关系？

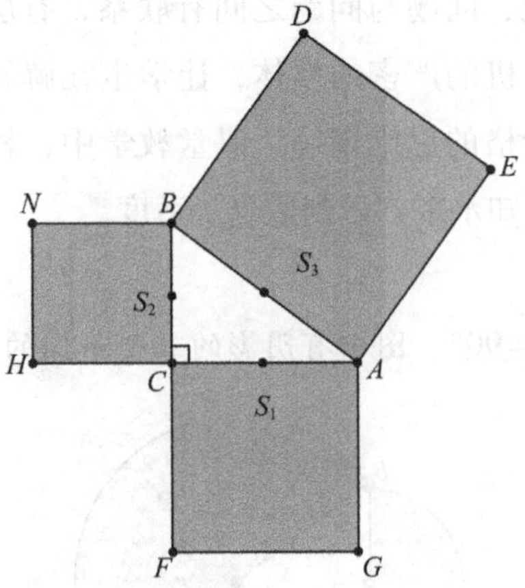

图3

（教师巡堂，学生思考解决）

师：结论出来没有？

生：$S_3 = S_1 + S_2$.

师：原来也是这样的。那么以下两种类型，看看结论是否成立。

（学生思考并很快解决，结论成立）

师：你们反思一下解题过程，你会有哪些猜想？

生：分别以直角三角形三边为边向外作形状相同的图形，上述的结论都成立！

师：真的吗？你很厉害，有归纳思想！

师：同学们，这个结论是否正确，我们怎样来验证，留到后面讲相似图形后再来解决。

点评：以上案例，教师从特殊到一般、从已知到未知，类比勾股定理的探究过程，逐步抛出一系列有联系、有层次的问题让学生思考研究，让学生深刻地理解和掌握这些知识点，训练了类比探究的思维。

5. 课堂提问力求“新”

大家知道，同样的内容，采用不同的提问方式会收到不同的教学效果。这往往体现教师间的个体差异，也正是教师艺术的魅力所在。“新”问还有一层含义是脱离已有问题，创造新问题，启发学生思考。

【案例5】

师：同学们，天下竟有这样的奇事，大家信不信？

生：……？

师：蚂蚁和大象的重量相等！

生：啊?！

师：大家肯定和我想的一样，即使是最大的蚂蚁与最小的大象，它们的重量也明显不是一个数量级。但是，下面的“推导”确实让你感到蚂蚁和大象一样重！

（教师推导，学生关注）

设蚂蚁的重量为 x，大象的重量为 y，且 $x+y=2a$.

两边同时乘以 $(x-y)$ 得

$(x+y)(x-y)=2a(x-y)$

$x^2-y^2=2ax-2ay$

$x^2-2ax=y^2-2ay$，两边同时加上 a^2 得

$(x-a)^2=(y-a)^2$ 于是 $\sqrt{(x-a)^2}=\sqrt{(y-a)^2}$

可得 $x-a=y-a$

所以 $x=y$，即蚂蚁和大象一样重。

师：这里竟然得到蚂蚁和大象一样重，岂不荒唐！那么毛病究竟出在哪里呢？你能找出来吗？

点评：二次根式 $\sqrt{a^2}=|a|$ 的计算是学生学习中的困惑点，也是章节的重点、难点。以上案例使用了“新”的课堂提问方式，用一个荒唐的故事，使学生愕然、困惑、好奇、质疑、思考……学生涣散的注意力即刻得到集中，产生了认知冲突，产生了主动学习的心向。

6. 课堂提问力求“活”

设计课堂提问不可机械呆板，应灵活多样。教师设计问题时一定要确保提问的有效性。若要求学生对事实或其他事项做回忆性的复述，可以选择认知性问题；若要求学生对所接受或所回忆的资料进行分析及整合，可以选择推理性问题；若要求学生将要素、概念、已知知识等重新组合或采用新奇、独特的观点做出异乎寻常的反应，可以选择创造性的问题。总之，教师要灵活地提出一些针对性强的问题，才能让课堂提问“活”而有效。

【案例6】

师：同学们到过天河公园吗？你知道天河公园到玉岩有多远吗？如果你

不知道，那么解答下面一道简单的数学题就知道了！老师从天河公园来玉岩，用了40分钟，老师的车速平均为60km/h，请大家说说，天河公园到玉岩有多少千米？

生：$s=vt=60\times\frac{40}{60}=40$（km）

师：现在提出一个假设，由上题可知，天河公园到玉岩约为40km.

（1）如果老师必须在30分钟赶到，车速是多少？

（2）如果老师必须在50分钟赶到，车速又是多少？40分钟、60分钟……

s，v，t三个量中，s相对不变，而v，t相对可变，并存在依赖关系，即速度v随时间t的变化而变化。大千世界处于不停地运动变化之中，数学上如何来进一步研究这些运动变化并寻找规律呢？这就是我们这节课研究的问题——“变量与函数”。

点评：该案例中，教师利用学生熟悉的生活环境、与生活密切相关的路程、时间、速度三个量及它们之间的关系，灵活巧妙地渗透函数思想，诱导学生产生积极学习的强烈愿望。

课堂提问是一种教学手段，更是一种教学艺术。巧妙的激疑设问能充分调动学生学习的内动力，加强教与学的和谐互动，发挥提问的有效价值，从而极大地提高课堂的有效性。

参考文献：

[1] 何小亚．数学学与教的心理学［M］．广州：华南理工大学出版社，2003.

[2] 盛志军．数学导入课环节诱发学生学习心向的探究［J］．数学教学，2010（10）．

[3] 李国芝．浅析教师课堂提问的新误差［J］．教学与管理，2006（6）．

[4] 夏小刚．学生提出数学问题能力的评价再探［J］．数学教育学报，2008（2）．

善待“质疑” 促进精彩生成

——由一则数学试卷讲评片段引发的思考

广州市白云中学 郭根文

一、研究背景

《普通高中数学课程标准（实验）》指出，数学课程的基本出发点是促进学生全面、持续、和谐的发展，课堂教学特别要基于学生经验，要注重改善学习方式。课程标准还要求在师生关系、教与学的方法等方面都要有重大变革，强调教师要引导学生质疑、调查、探究，在实践中学习，将学习素材通过学生个人的经验激活而得以彰显，从而形成解决问题技能与方法。对于学生来说，最重要的不再是接受和存储知识，而是学会探究，以便为终身继续学习奠定基础。而要将课堂还给学生，教师要创设机会给学生介绍解题思路、解题时需注意的地方和解题体会。正如新课标明确指出的，“要重视学生的数学交流能力的培养”，所以创设尽可能多的机会让学生大胆发表自己对数学问题的不同见解，有时还叫学生上讲台边板书边讲解自己对数学问题的不同看法，同时教师对学生的“说”给予及时的激励性评价等，才能真正做到让学生参与课堂，成为课堂的主体。本文拟从一个高中数学教学案例出发，基于教学生成及新课程理念对其展开反思，以期对数学教学策略有所启发。

二、案例描述

在一次单元测试题讲评课中，有一道这样的题：在四边形 $ABCD$ 中，$\overrightarrow{AC}=(1,2)$，$\overrightarrow{BD}=(-4,2)$，则四边形的面积为（　　）。

A. $\sqrt{5}$　　B. $2\sqrt{5}$　　C. 5　　D. 10

笔者刚看到这道题时，发现题目比较新颖，与我们平时的训练有点不同，虽然该班正确率为0.74，但为了解学生对题目的理解，对知识的运用情况，笔者随机提问了学生。学生C："仔细验算后，发现$\overrightarrow{AC}\cdot\overrightarrow{BD}=0$，即$AC\perp BD$，四边形$ABCD$对角线互相垂直，所以类比菱形面积计算公式，$S_{ABCD}=\frac{1}{2}|\overrightarrow{AC}|\cdot|\overrightarrow{BD}|$."讲完后，坐在前排的学生Y窃窃私语："有没有这么巧啊，万一$\overrightarrow{AC}\cdot\overrightarrow{BD}\neq0$，那岂不是没法做？"如果仅解决此题，学生C的确提供了一种比较好的解法，但学生Y也的确提出了一个很好的问题，这时笔者如果装作没有听见，继续按照"预设"进行下去，势必会影响该生的积极性，所以笔者还是鼓励学生Y大胆提出自己的质疑："此题$AC\perp BD$确实比较特殊，但如果AC不与BD垂直，如$\overrightarrow{AC}=(1,3)$，$\overrightarrow{BD}=(-4,2)$，有没有更一般的解法呢？"几分钟过后，学生O说出了他的见解：

如图1所示，设向量$\overrightarrow{AC}$，$\overrightarrow{BD}$夹角为θ.

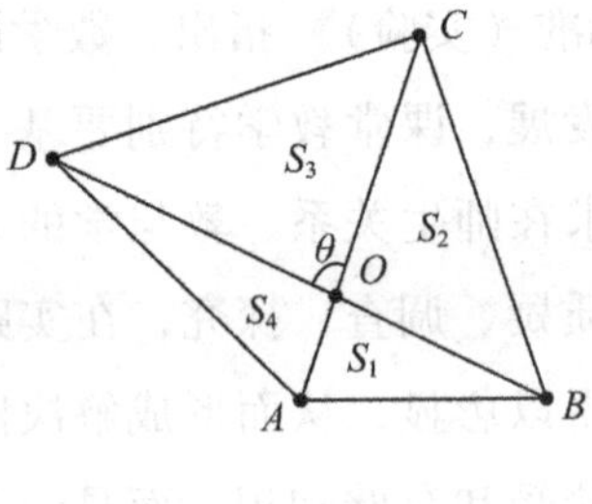

图1

$$\because \cos\theta=\frac{\overrightarrow{AC}\cdot\overrightarrow{BD}}{|\overrightarrow{AC}|\cdot|\overrightarrow{BD}|}=\frac{2}{\sqrt{10}\times\sqrt{20}}=\frac{\sqrt{2}}{10},\ (0<\theta<\pi)$$

$$\therefore \sin\theta=\sqrt{1-\cos^2\theta}=\frac{7\sqrt{2}}{10}$$

$$\therefore S_1=\frac{1}{2}|OA|\cdot|OB|\sin\theta$$

$$S_2=\frac{1}{2}|OB|\cdot|OC|\sin(\pi-\theta)=\frac{1}{2}|OB|\cdot|OC|\sin\theta$$

$$S_3=\frac{1}{2}|OC|\cdot|OD|\sin\theta$$

$$S_4=\frac{1}{2}|OA|\cdot|OD|\sin(\pi-\theta)=\frac{1}{2}|OA|\cdot|OD|\sin\theta$$

$$\therefore S_{ABCD}=S_1+S_2+S_3+S_4=\frac{1}{2}|OA|\cdot|OB|\sin\theta+\frac{1}{2}|OB|\cdot|OC|\sin\theta$$

$$+\frac{1}{2}|OC|\cdot|OD|\sin\theta+\frac{1}{2}|OA|\cdot|OD|\sin\theta$$

$$=\frac{1}{2}(|OA|+|OC|)\cdot|OB|\sin\theta+\frac{1}{2}(|OA|+|OC|)\cdot|OD|\sin\theta$$

$$=\frac{1}{2}(|OA|+|OC|)\cdot(|OB|+|OD|)\sin\theta$$

$$=\frac{1}{2}|\overrightarrow{AC}|\cdot|\overrightarrow{BD}|\sin\theta$$

学生 O 讲完后，学生都向他投来了赞许的眼光，因为他解出了此题，并且提供了一种解决此题的通法。

笔者还来不及点评小结，学生 X 马上举手："老师，我有另一种解法，既然 O 同学的结果是 $S_{ABCD}=\frac{1}{2}|\overrightarrow{AC}|\cdot|\overrightarrow{BD}|\sin\theta$，我想到构建以 AC、BD 为邻边的平行四边形，结果也一样。"学生 X 提出了一种新的思路，但是如何构建，笔者让学生 X 上讲台板演：

如图 2 所示，过 A 作 $AF\parallel BD$，且 $AF=BD$，以 AF，AC 为邻边作平行四边形 $ACEF$，只要得出 $S_{ACEF}=2S_{ABCD}$ 就行了，因为 $S_{ACEF}=|AC|\cdot|BD|\sin\theta$.

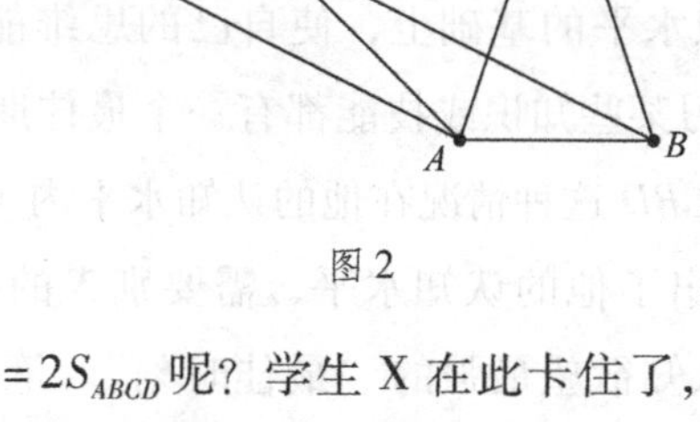

图 2

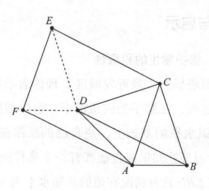

但是，为何 $S_{ACEF}=2S_{ABCD}$ 呢？学生 X 在此卡住了，全班也陷入沉思。笔者鼓励引导："可以考虑将图形拆分，得出面积的关系。"过了几分钟，提出问题的学生 Y 提出能否连接 DE，DF. 看着 Y 兴致勃勃，笔者让学生 Y 也上讲台与学生 X 共同完成：

$\because AF\parallel BD\parallel CE$，$AF=BD=CE$，$EF\parallel AC$，$EF=AC$

第二篇 谈学论教

$$\therefore \begin{cases} S_{ADF}=S_{DAB} \\ S_{CDE}=S_{DCB} \\ S_{DEF}=S_{BCA} \\ S_{ACD}=S_{ACD} \end{cases} \Rightarrow S_{ADF}+S_{CDE}+S_{DEF}+S_{ACD}=S_{DAB}+S_{DCB}+S_{BCA}+S_{ACD}$$

$$\Rightarrow S_{ACEF}=S_{ABCD}+S_{ABCD}=2S_{ABCD}$$

$$\Rightarrow S_{ABCD}=\frac{1}{2}S_{ACEF}=\frac{1}{2}|AC|\cdot|BD|\sin\theta$$

写完之后，整个课室顿时很安静，学生认真地思考学生 X 与 Y 所写的内容，接着教室里响起了阵阵掌声，等待笔者即时点评。这道题除了知识值得我们学习外，同学们在思考问题的方法与态度上更有几点值得我们学习：第一，同学 Y 敢于提出疑问，善于变式，真正做到复习时会一道题懂一类题，也为我们学习提供了素材；第二，虽然变式后 *AC* 不与 *BD* 垂直，但同学 O 能够快捷地利用向量求夹角，善于类比学习，触类旁通；第三，同学 X 敢于执果索因，开辟新思路，逆向思维好，同时平面几何知识掌握比较扎实；第四，同学 Y 提出疑问后，同学们共同探讨，最后更是同学 X 与 Y 合作完成，将问题解决。说完，其他同学为他们送来了掌声。笔者也发现，学生 X 与 Y 脸上更是露出成功的喜悦。

三、教学反思与启示

1. 善待“质疑”，保护学生的积极性

苏联心理学家维果茨基的“最近发展区”理论启示我们，教学实际上就是一个搭建脚手架的过程，在脚手架的帮助下，学生能够跨越新旧发展水平间的距离，在原有知识水平的基础上，使自己的思维能力得到发展。同时，维果茨基还强调，“学习某些知识或技能都有一个最佳期限”。学生 Y 能够产生这个质疑，说明 $AC\perp BD$ 这种情况在他的认知水平内可以解决，但 *AC* 不与 *BD* 垂直的情况已经超出了他的认知水平，需要别人的指点，此时到了他的“最近发展区”，也是认知欲望最强的“最佳时刻”。笔者也正是发现学生 Y 的疑惑，及时让他讲出来，避开了教学上的“滑过现象”。所以，在一周后的学生访谈中，学生 Y 有如下感想：很感谢老师给我机会提出疑问，促使我去思考问题，最后能够想到连接 *DE*，*DF*，协同 X 同学将问题解决，很有成就感，使我更喜欢学数学。

课堂上教师要善待学生的“质疑”，不能只顾自己的“预设”，也正如苏霍姆林斯基所说：“教育的技巧并不在于能预见到课堂的所有细节，而在于根据当时的具体情况，巧妙地在学生不知不觉之中做出相应的变动。”所以，教师发现学生的质疑，要适当给机会让学生提出，保护学生的积极性。因为困惑的产生常常是一瞬间，如果教师能适时地帮学生解决，就能加强他们的求知欲，学生也会形成良好的提问习惯，培养了学生的创新思维。

2. 给予“空间”，增强学生自我效能感

班杜拉的自我效能指个人根据以往经验，对某一些特定工作或事物，经过多次成败的历练后，确认自己对处理该项工作具有高度的信心。自我效能有下面几个作用：影响人们对任务的选择以及从事该任务的持续性，影响完成任务的情绪，对困难的态度，以及新行为的习得。班杜拉等人的研究还指出，影响自我效能感形成的主要因素是直接经验。凡自己亲身体验对效能感的影响都是最大的。成功的体验会提高人的自我效能感，不断地成功会使人建立起稳固的自我效能感，而且还会泛化到类似的情境中去。多次失败的经验会降低人的自我效能感。给予学生“空间”，就是让学生去获取直接经验。假如笔者不让学生Y提出疑问，不让学生思考，而是迫不及待地将答案告诉学生，那学生将无法直接体验此题的解答过程。再者，虽然学生X的解法不一定是最好的，但如果不让他讲解，必将打击其思考问题的积极性。同时，当学生X在被$S_{ACEF}=2S_{ABCD}$卡住，即将面临失败的经历时，更是需要教师给予必要的引导及足够的空间让他去思索，所以才有后边成功的喜悦。

3. 践行“回顾”，提高学生数学解题能力

波利亚说：“掌握数学意味着什么？这就是说善于解题，不仅善于解一些标准的题，而且善于解一些要求独立思考、思路合理、见解独到和有发现创造的题。”他认为中学数学教学的首要任务就是“加强解题的训练”。“解题”是培养学生的数学才能和教会他们思考的一种手段和途径。而“回顾反思”作为波利亚在《怎样解题：教学思维的新方法》中指出解题四个步骤中的最后一个环节，是提升学生解题能力的重要环节。学生Y也正是测试后，对此题有进一步回顾，才会提出质疑。课堂上对此题进行探讨，也属于进一步回顾，促使学生O与Y触类旁通、举一反三，从而有上述教学片段的精彩生成，同时也促使学生X发散思维、创新思维的形成，将向量知识转化为用已掌握的平面解析几何知识来解决问题。回顾反思使学生学会解决数学问题该从哪些角度去思考，并更易抓住问题的本质、关键与规律，从而有更简捷的解法，会对问题进行推广，提高学生的反思能力、自我监控能力与元认知水平。

4. 注重“通法”，提升学生数学思维水平

数学基础知识是基石，思想方法是灵魂。教学大纲指出，加强对解题的正确指导，应注意引导学生从解题的思想方法上做必要的概括。注意及时总结出某一具体知识、具体解题方法所包含的具有普遍意义的一般数学思想和方法，就可以使具体的解题技巧上升为一般的行之有效的解题方法，一个问题发展成为一类问题。题目变式后对角线 AC 与 BD 不垂直，学生 O 正是明白了“通性”，懂得垂直的本质，才能从夹角的角度来解决问题；学生 X 能利用逆向思维，从答案寻找解决问题的方法，有赖于平时注重“通性通法”的掌握，打下扎实的平面几何基本功，同时也有赖于思想方法的总结。

5. 转变“角色”，提高学生数学素养

新课程标准提出：教学活动是师生积极参与、交往互动、共同发展的过程。有效的教学活动是学生学与教师教的统一。学生是学习的主体，教师是学习的组织者、引导者与合作者，教师要发挥主导作用，处理好讲授与学生自主学习的关系，引导学生独立思考、主动探索、合作交流，使学生理解和掌握基本的数学知识与技能、数学思想和方法，获得基本的数学活动经验。笔者也正是践行新课标这一要求，在学生 Y 发现问题、提出问题时，适时引导；在学生“攀爬”答案高峰遇到障碍时，合理搭建“支架”；在学生经历整个数学基本活动体验时，给予中肯评价。这个学习过程基本是学生自主发现问题、提出问题、分析问题和解决问题，教师只是扮演了“旁观者”“引路者”的角色，摒弃了过去以教师为中心的讲和学生的练，换来的是学生思维碰撞的火花。角色的转变也能彰显数学学科“培养学生学会思考，特别是学会‘有逻辑地思考’，使其成为善于认识问题、善于解决问题的人”的独特育人功能。

四、结束语

数学课堂是学生数学知识与思想方法形成的重要载体。在案例中，如果笔者没有善待学生的“质疑”，没有搭建“说数学”的平台，没有给予学生足够的“空间”进行回顾反思，将不会出现如此精彩的生成，我们也无法欣赏到学生的数学学习情感、能力及水平。数学课堂教学应落实以学生为主体、以教师为主导的理念，让学生民主参与探究、反思，提高学生的课堂参与度，促进学生形成积极的情感态度，养成良好的创新人格，提高数学素养。

参考文献：

[1] 孔凡哲，曾峥．数学学习心理学［M］．北京：北京大学出版社，2009.

[2] 吴和贵．支架式教学：有效教学的生长点［M］．广州：中山大学出版社，2013.

[3] 仲崇连．让数学课堂在意外中生成精彩——一节试卷讲评课引发的思考［J］．中学数学月刊，2013（6）：34－36.

[4] 林生，邱美艳．善为道者 微妙玄通——以《数学归纳法》为例［J］．中学数学（高中版），2014（1）：7－10.

[5] 周健明．重视数学思想方法教学 提高学生数学素养［J］．吉林教育科学·科普研究，2001（2）：39－41.

[6] 郭根文，钟进均．教师无意的设问带来了惊喜——对高中数学课堂教学片断的反思［J］．中学数学月刊，2013（9）：31－33.

开展小组合作 提高高三学生数学纠错能力

广州市第一中学 张玉清

南京大学郑毓信教授提出："数学核心素养就是帮助学生通过数学学会思维，并能逐步学会想得更清楚、更全面、更深、更合理。"学生的学习过程其实是在和错误做斗争的过程，教师引导学生纠错的过程就是帮助学生学会思维，想得更清楚、更全面、更深、更合理的过程。如果解错了题不订正、不改错，就只能原地踏步。纠错不仅可以帮助学生找出错误的根源，发现自己知识上的漏洞，进行查漏补缺，避免再犯相同的错误，还可以帮助学生积累学习经验和资料，从中不断充实自己，提升学习能力。因此，一直以来，我们一线教师都在努力培养学生纠错的习惯，提高学生纠错的能力，如要求学生建立纠错本等。

一、问题的提出

在高三复习中不难发现，一些学生对一些题目虽然曾经纠错，甚至已经写在纠错本上，但不久，错误又死灰复燃，究其原因是学生自主纠错能力弱，纠错效果差。这主要体现在以下三个方面：

1. 纠错等同于抄正确答案

部分学生认为纠错的过程就是抄正确答案的过程，自己不愿动脑筋查找错因，对纠错倦怠。

2. 错因分析不明确，以错代错

学生有时在纠错过程中，自以为分析了错因，纠正了错误，但实际上是自圆其说，对错因分析不明确，更正的解法仍然是错的，以新的错误代替了原来的错误。

3. 错因明确，纠错不彻底

还有部分学生在纠错过程中对错因分析得非常正确，但纠错不彻底、不深入，纠错停留在表面，题目变式后，仍然出错。广东省从2016年开始，高考实行全国卷，对学生的能力要求提高，题目难度加大，学生出现的错误更多，如何帮助学生找出错误根源？选择什么样的纠错方式提高学生纠错能力？经过几年实践摸索，我开展的小组合作环境下的纠错教学模式取得了较好的效果，提高了学生的纠错能力，实现了高三复习的有效性。

二、小组合作的意义

数学新课程标准强调："数学教学是数学活动的教学，是师生之间、学生之间交往互动与共同发展的过程。动手实践、自主探索、合作交流是学生学习数学的重要方式，合作交流的学习形式是培养学生积极参与、自主学习的有效途径。""小组合作学习"已经成为新课标理念下的一项重要教学组织形式。美国著名教育评论家埃利斯说："合作学习如果不是当代教育最大的教育改革的话，那么它至少是其中的较大的之一。"

1. 小组合作，增强了学生参与和合作的意识

建构主义理论的主要代表人物维果茨基提出"最近发展区"理论，它的核心可以简单概括为：以学生为中心，强调学生对知识的主动探索、主动发现和对所学知识意义的主动建构。以学生为中心，强调的是"学"；以教师为中心，强调的是"教"。而学生通过小组合作，互相讨论，互相启发，增强了参与意识和合作意识，促进了学生对知识的主动探索和发现。

2. 小组合作，关注了学生的数学学习情感

课程理念要求教师关注学生的发展，尤其是关注学生的情感体验，学生学习中出现困难、出现错误，要求教师用正确的态度去对待，正视学生的错误。学生通过合作，认识错误，纠正错误，提高了纠错能力，他们在以后的学习中减少数学学习中不必要的错误，提高了学习效率，减轻了压力、增强了自信心，学生体会到了成功的乐趣。

3. 小组合作，提高了学生的数学思维能力

小组合作中，学生畅所欲言，提出疑问，深刻反思和提炼，对数学问题的认识由浅入深、由表及里、由特殊到一般、由感性认识上升到理性认识，达到质的飞跃。同时，学生在小组合作学习的过程中提高数学语言表达能力，

促进了思维的发展。

三、小组合作是提高学生纠错能力的有效途径

小组合作下的集体纠错是新课程倡导的一种学习方式。它是以集体的智慧和力量共同巩固知识，矫正错误。这有利于发挥学生的合作精神，充分发挥学生群策群力的智力潜能，从而提高学生的纠错能力。

1. 小组合作有利于提高学生纠错的积极性

社会心理学的经典实验——明茨实验揭示了不同的目标结构对任务完成的重大影响。其中，合作型目标结构是该目标结构中的一种类型。研究表明，它能够最大限度地激发团体成员的集体荣誉感，促使团体成员更为积极主动地去完成任务，从而不断增强每个团体成员的学习动机。因此，开展小组合作，形成纠错氛围，让学生在合作中学会纠错，明白真正的纠错并不是简单地抄答案，而是发现错误，辨析错误，深入纠错，在以后的学习中防止错误的过程。小组合作不仅能提高学生纠错的积极性，还能够起到督促和监督的作用。

2. 小组合作有利于学生寻找错因

学生在纠错的过程中，经常不知道自己错在哪里，或者以为自己找到了错因，实际上找到的错因也是错误的。这种情况在“概率统计”中经常遇到（图1）。

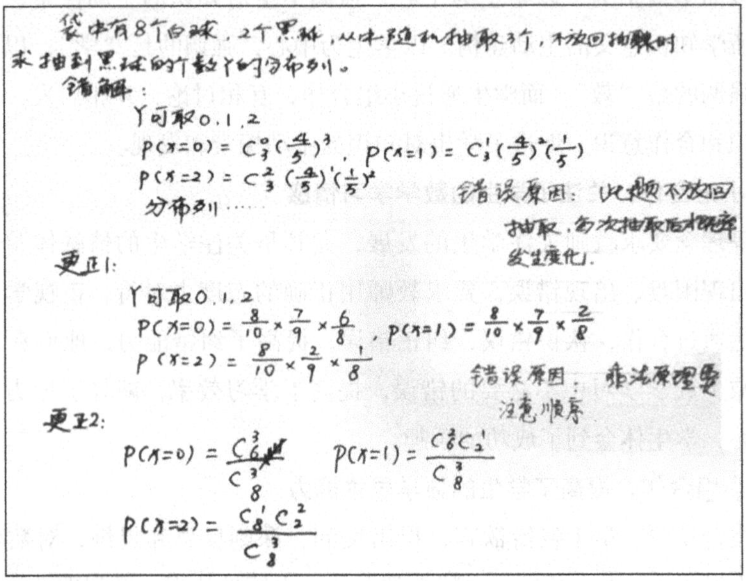
袋中有8个白球，2个黑球，从中随机抽取3个，不放回抽取时，求抽到黑球的个数Y的分布列。

错解：

Y可取0，1，2

$P(X=0)=C_3^0(\frac{4}{5})^3$，$P(X=1)=C_3^1(\frac{4}{5})^2(\frac{1}{5})$

$P(X=2)=C_3^2(\frac{4}{5})(\frac{1}{5})^2$

分布列……

错误原因：此题不放回抽取，每次抽取后概率发生变化。

更正1：

Y可取0，1，2

$P(X=0)=\frac{8}{10}\times\frac{7}{9}\times\frac{6}{8}$，$P(X=1)=\frac{8}{10}\times\frac{7}{9}\times\frac{2}{8}$

$P(X=2)=\frac{8}{10}\times\frac{2}{9}\times\frac{1}{8}$

错误原因：乘法原理要注意顺序

更正2：

$P(X=0)=\frac{C_6^3}{C_8^3}$　$P(X=1)=\frac{C_8^2C_2^1}{C_8^3}$

$P(X=2)=\frac{C_8^1C_2^2}{C_8^3}$

图1

这是一道课堂测试题，学生第一次自主纠错时，自以为发现了真正的错因，然后进行了更正，但实际上仍然存在错误。在经过小组讨论后，学生明白了错因，进行了第二次更正。通过小组讨论，学生深刻地理解了二项分布和超几何分布的区别，乘法原理要注意顺序等知识点，真正让学生知其然也知其所以然。学生共同发现错误、辨析错误、纠正错误，从学生的“错解”中发现“闪光点”，激活合理成分，让学生在探究交流中学习，提高纠错能力，达到了有效学习的目的。

3. 小组合作有利于学生深入纠错

心理学家盖耶认为，“谁不考虑尝试错误，不允许学生犯错误，就将错过最富成效的学习时刻。”错误是通向成功的阶梯，学生答题错误的过程可以看成一种尝试和创新的过程。学生解题出错，很多情况是审题出错，或知识结构不完善导致的。通过小组合作，学生之间取长补短，相互帮助，各自发挥优势，深入纠错，共同归纳错误的各种原因，深刻理解概念、定理，审视与修正自己原有的知识结构，激发想象力和创造力，关注自己的思维活动，自觉地调整学习方法与策略，提高学习效率。

合作理论认为，合作的价值就在于通过合作实现学生间的优势互补。教师要合理选择合作的契机，因为不是什么内容都需要合作，否则合作学习就失去了意义。小组合作纠错在数量上不宜过多，时间也不宜过长。只有真正理解和把握小组合作纠错所内含的各种理念，把它作为一种先进的教学思想在实践中灵活运用，才能取得丰硕的成果。以下为笔者在教学中开展小组合作，提高学生纠错能力的具体措施。

四、小组合作提高学生纠错能力的具体措施

班级里有着不同层次的学生，如何分组关系到合作的成败。结构合理的分组是合作学习的前提。笔者将学生按组间同质、组内异质的原则，将前后4人编成一个学习小组。这4人中有男同学也有女同学，有两个成绩相对较好的，有一个成绩中等的，还有一个基础相对较差的学生。组和组之间学习成绩较均衡，利于组间开展一些比赛性的学习活动。每组选一名组长，负责本组计划和程序，积极组织本组活动，成为小组和老师间的纽带与桥梁，而且在没有老师的情况下也能开展活动。

1. **小组竞争，提高学生纠错的积极性**

很多错误都是审题不仔细或运算能力较差引起的，这些错误学生完全可以自主纠正，但学生缺乏纠错的积极性，导致纠错能力差，以至于以后的学习中屡犯此类错误。因此，笔者以小组为单位，专门设计了一个情况统计表（表1）。这份表格是根据高三6次大型考试设置的，每次考试完，由组长统计本小组同学因哪些客观原因失的分，然后教师给予失分最少的同学奖励。

表1

姓名	8月区统考	10月月考	11月区统考	1月市调研	3月市一模	4月市二模

经过这样的统计对比，学生看到很多时候得高分的同学并不是知识掌握得比自己好，而是比自己更严谨细致，学生纠错的积极性增加，对自己的要求越来越高。审题能力和运算能力提高了，学生的纠错能力也提高了。

2. **小组合作，互批作业，提高学生发现错误的能力**

苏霍姆林斯基说："在人的心灵深处，都有一种根深蒂固的需要，就是希望自己是一个发现者、研究者、探索者。"解三角形、立体几何中的平行、垂直、求角等问题是高考的热门考点，纠错难度比较小，但学生总会存在各种各样的错误。因此，在复习这些热门考点的双基问题时，笔者安排小组内基础最差的1名学生批改本组内其他同学的作业。令其通过批改他人的作业，发现自己解题过程中存在的错误和不足，同时也能发现其他同学可能存在的错误。这一方面可以加深对本题方法的理解，另一方面也可以提高学生发现错误的能力。

3. **小组合作，展示错解，提高学生辨析错误的能力**

在每个模块复习完后，笔者都会安排每组小组长将本组同学的一些双基的典型错因归纳，以组为单位交科代表，科代表汇总所有的错解，然后张贴在教室后面的数学学习园地，以便给其他学习小组的同学借鉴。例如复习完线性规划后，学生张贴在学习园地的错题如图 2 所示。

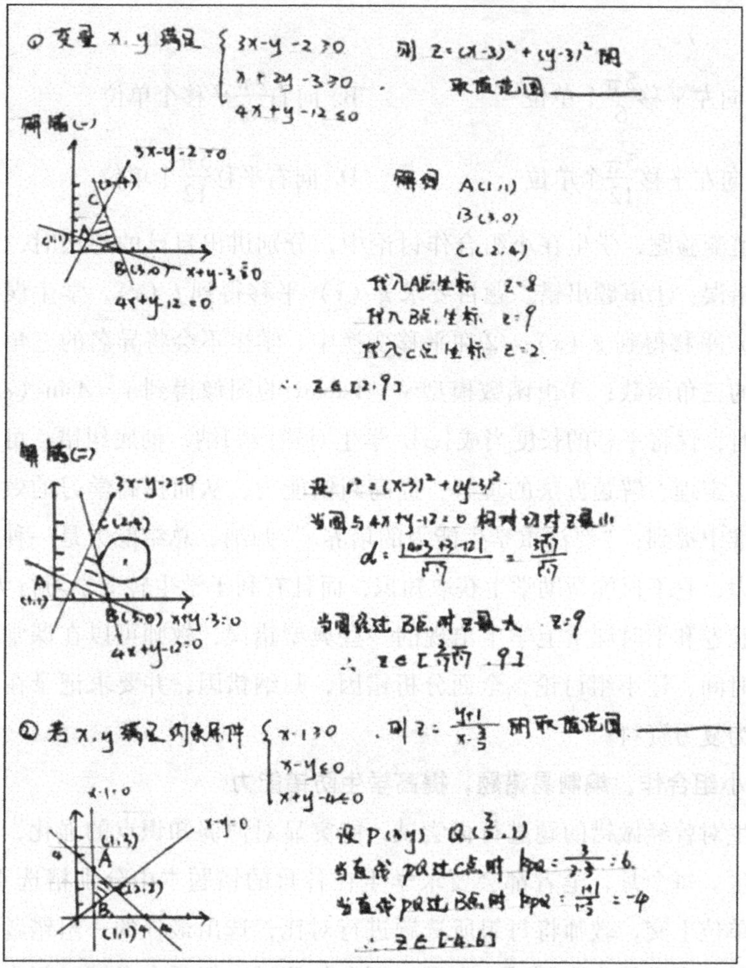

图 2

通过看这些错误的解法，学生能够透过“错误”看“本质”，增强了辨析能力，实现了错误思维的纠正和转化，构建了正确的知识系统，提高了纠错能力。

4. 小组合作，归纳错因，提高学生深入纠错的能力

试卷讲评课是高三复习的重要课型。田慧生、李如密在《教学论》一书中指出：“学生是学习活动的主体，是教学过程能动的参与者。”试卷讲评课上学生的参与活动很大程度上决定了课堂效果。试卷讲评课，笔者会给出 8

分钟学生自主纠错，给出15分钟小组合作纠错。

例如，要得到函数$f(x)=\cos\left(2x+\frac{\pi}{3}\right)$的图像，需将$g(x)=\sin 2x$的图像（　　）。

A. 向左平移$\frac{5\pi}{6}$个单位　　B. 向右$\frac{5\pi}{6}$平移个单位

C. 向左平移$\frac{5\pi}{12}$个单位　　D. 向右平移$\frac{5\pi}{12}$个单位

这道测验题，学生在小组合作讨论中，分别讲出自己的想法时，发现存在三种错误：①审题出错。题目要求$g(x)$平移得到$f(x)$，学生误认为要求$f(x)$平移得到$g(x)$；②在平移变换中，学生不会将异名的三角函数化为同名的三角函数；③由函数模型$y=A\sin\omega x$的图像得到$y=A\sin(\omega x+\phi)$的图像时，误将平移的长度当成$|\varphi|$. 学生对错因归纳，彻底纠错，可以加深对概念、定理、解题方法的理解，提高纠错能力，从而提高学习的效率。新课程标准中提到："要注重学生能力的培养。"归纳、总结能力是一种重要的学习能力，它不仅能帮助学生获取知识，而且有利于学生转变学习行为方式。对于测验卷和平时课堂上学生出现的一些典型错误，教师可以在课堂上给出一定的时间，让小组讨论，全面分析错因，归纳错因，并要求记录在纠错本上，作为复习资料。

5. 小组合作，编制易错题，提高学生防错能力

学生对曾经做错的题进行再尝试，能突显对薄弱知识点的强化，防止错误再发生。每个月，笔者都会要求学生在各自的错题本中分别精选4道题，以组为单位上交，教师将每组所选题进行对比，选出最佳的一组错题集编印成卷，以此卷进行全班测试。出卷组不参加测试，但要在考试时间内完成全卷的评讲准备，出卷组分工进行评讲。为了精选出有质量、有代表性的纠错试卷并被老师选用，从而让本组感到无上光荣还不用考试，组员往往使出浑身解数，对错题认真论证、一挑再挑，保证了纠错卷的质量。编制易错题的过程，是让学生认识到错误的种类和原因的过程，也是错题解法重构的过程，让学生加深了对所学知识的理解和掌握，提高了学生的防错能力。下面这份是根据各组提交的易错题编制出的早练卷（教师版）：

1. 在$\triangle ABC$中，$a=5$，$b=8$，$\angle C=60°$，则$\overrightarrow{BC}\cdot\overrightarrow{CA}$的值为（　　）。

A. 20　　B. -20　　C. $20\sqrt{3}$　　D. $-20\sqrt{3}$

易错原因：错误地认为 $\langle \overrightarrow{BC} \cdot \overrightarrow{CA} \rangle = \angle C = 60°$

2. 若向量 $\vec{a} = (x, 2x)$，$\vec{b} = (-3x, 2)$，且 $\vec{a}$，$\vec{b}$ 的夹角为钝角，则 x 的取值范围是____________。

错误分析：只由 $\vec{a}$，$\vec{b}$ 的夹角为钝角得到 $\vec{a} \cdot \vec{b} < 0$，而忽视了 $\vec{a} \cdot \vec{b} < 0$ 不是 $\vec{a}$，$\vec{b}$ 夹角为钝角的充要条件，因为 $\vec{a}$，$\vec{b}$ 的夹角为 180°时也有 $\vec{a} \cdot \vec{b} < 0$，从而扩大 x 的范围，导致错误。

3. 设双曲线 $\frac{x^2}{a^2} - \frac{y^2}{b^2} = 1$ $(a > b > 0)$ 的半焦距为 C，直线 L 过 $(a, 0)$，$(0, b)$ 两点，已知原点到直线 L 的距离为 $\frac{\sqrt{3}}{4}C$，则双曲线的离心率为（　　）。

A. 2　　B. 2 或 $\frac{2\sqrt{3}}{3}$　　C. $\sqrt{2}$　　D. $\frac{2}{3}\sqrt{3}$

易错原因：忽略条件 $a > b > 0$ 对离心率范围的限制。

4. 已知数列 -1，a_1，a_2，-4 成等差数列，-1，b_1，b_2，b_3，-4 成等比数列，则 $\frac{a_2 - a_1}{b_2}$ 的值为____________。

A. $\frac{1}{2}$　　B. $-\frac{1}{2}$　　C. $\frac{1}{2}$ 或 $-\frac{1}{2}$　　D. $\frac{1}{4}$

易错原因：忽略 b_2 为等比数列的第三项，b_2 符号与 -1、-4 同号相反。

5. 数列 $\{a_n\}$ 的前 n 项和为 $s_n = n^2 + 2n - 1$，则 $a_1 + a_3 + a_5 + \cdots + a_{25} =$（　　）。

A. 350　　B. 351　　C. 337　　D. 338

易错原因：该数列从第二项起向后成等差数列。

6. 已知 $\{a_n\}$ 的前 n 项之和 $s_n = n^2 - 4n + 1$，则 $|a_1| + |a_2| + \cdots + |a_n|$ 的值为（　　）。

A. 67　　B. 65　　C. 61　　D. 55

易错原因：认为 $\{a_n\}$ 从第一项起为等差数列，实质为 $a_n = \begin{cases} -2 & (n=1) \\ 2n-5 & (n \geqslant 2) \end{cases}$.

7. 设等差数列 $\{a_n\}$ 中，$a_1 = -3$，且从第 5 项开始是正数，则公差的范围是$\left(\frac{3}{4}, 1\right]$.

错解：$\left(\frac{3}{4}, +\infty\right)$.

易错原因：忽视$a_4 \leqslant 0$.

8. 设$A=\{x \mid x^2-8x+15=0\}$，$B=\{x \mid ax-1=0\}$，若$A \cap B=B$，则实数a组成的集合的子集有__________个。

易错原因：此题由条件$A \cap B=B$易知$B \subseteq A$，由于空集是任何非空集合的子集，但在解题中学生极易忽略这种特殊情况而造成求解满足条件的a值产生漏解现象。

9. 已知$\left(\sqrt{x}-\frac{2}{x^2}\right)^n$（$n \in \mathbf{N}^*$）的展开式中，第五项的系数与第三项的系数之比为10∶1，则二项式系数最大项数__________。

易错原因：二项式展开式的二项式系数可由其二项式系数的性质求得，即当n为偶数时，中间一项的二项式系数最大；当n为偶数时，中间两项的二项式系数相等，同时取得最大值。求系数的最大值项的位置不一定在中间，需要利用通项公式，根据系数值的增减性具体讨论而定。

10. 设$\left(5x-\frac{1}{3\sqrt{x}}\right)^n$的展开式的各项系数之和为$M$，二项式系数之和为$N$，若$M-N=240$，则展开式中的常数项是__________。

易错原因：二项式系数之和、系数之和概念不清。

11. 已知正项等比数列$\{a_n\}$满足（$a_3=a_2+2a_1$），若存在两项a_m，a_n，使得$\sqrt{a_m a_n}=4a_1$，则$\frac{1}{m}+\frac{4}{n}$的最小值为（　　）。

A. $\frac{3}{2}$　　B. $\frac{5}{3}$　　C. $\frac{25}{6}$　　D. 不存在

易错原因：使用两次基本不等式，等号成立的条件不统一。

12. 对于平面α，β，γ和直线a，b，m，n，下列命题中真命题是（　　）。

A. 若$a \perp m$，$a \perp n$，$m \subset \alpha$，$n \subset \alpha$，则$a \perp \alpha$

B. 若$\alpha /\!/ \beta$，$\alpha \cap \gamma=a$，$\beta \cap \gamma=b$，则$a /\!/ b$

C. 若$a /\!/ b$，$b \subset \alpha$，则$a /\!/ \alpha$

D. 若$a \subset \beta$，$b \subset \beta$，$a /\!/ \alpha$，$b /\!/ \alpha$，则$\beta /\!/ \alpha$

易错原因：C、D 选项没考虑线在面内，线平行相交的情况。

学生纠错的目的最终都是防止错误的再发生。通过整合后的素材，编制出易错易误题，加大以错攻错的力度，防止学生错误的再发生，形成更牢固的知识体系。

五、实践感悟

在连续四年的高三数学教学实践中，笔者认为通过上述小组合作，提高学生纠错能力的措施是有效的，大部分学生都有错题订正本，能够主动和老师、同学探究错题，关注解题方法的选择、解题思想的运用。学生的学习成绩进步也很大，2016 届的高三（2）班高二下学期末广州市黄埔区名次第 34 名，高考时进步到广州市黄埔区第 15 名，2017 届的高三（9）班高二下学期末广州市黄埔区名次第 34 名，高考时进步到广州市黄埔区第 17 名。开展小组合作纠错时，教师也要注意以下几个方面：

1. 组建合理的学习小组

小组合作的重要形式是分组。其主要是为了克服传统教学存在的弊端，将社会心理学的合作原理纳入教学，强调人际交往对于认知发展的促进功能。小组合作的目的是让每个小组成员都能有所收获。因为每个班级都会有着不同层次的学生，而对这些不同层次的学生如何进行分组，直接关系到小组合作的成败。因此，在划分小组前，教师应对学生的基础知识、兴趣爱好、学习能力、心理素质等各方面进行综合评定，才能进行合理的分组。结构合理的分组是合作学习取得成功的前提。

2. 处理好自主纠错与合作纠错的关系

小组合作纠错离开了自主纠错这个前提，就如水上浮萍，落不到实处，也就达不到合作纠错的目的。如果只有小组合作纠错，长此以往，学生的自主纠错能力将会丧失，学生的个性就难以形成，学生走向社会以后将难以独当一面。所以，教师一定要选择好合作纠错的时间、内容，引导学生处理好自主纠错与合作纠错的关系。

3. 设置纠错后的反馈环节

教师要通过巡视或小组记录，或查看学生的纠错本，及时了解小组合作的情况，掌握学生的动态信息，并在课堂上及时展示学生的纠错情况，给予表扬。一旦发现纠错过程中存在知识的缺漏，要及时弥补，形成有效的师生反馈机制。

在教学中，笔者根据小组反馈的情况，收集了学生的错题，进行了归纳。如何使这些成果真正落实到日常具体教学中，指导我们的教学，是笔者继续研究的问题，还需不断加深，向更深的层次延伸，以期能对高三数学教学起到大的作用。

参考文献：

[1] 中华人民共和国教育部．普通高中数学课程标准（实验）[M]．北京：人民教育出版社，2003.

[2] 肖成全．有效教学[M]．大连：辽宁师范大学出版社，2006.

[3] 郭志龙．浅谈新课程理念下的高三数学小组合作学习[J]．新课程学习（学术教育），2010（10）．

[4] 周亮．高中数学解题纠错教学中存在的问题及有效教学方法[J]．新课程（教育学术），2012（5）．

[5] 陆全新．提高数学纠错有效性的实践策略[J]现代教育科学·中学教师，2010（6）：80－81.

直观想象核心素养下的高中教学实践研究

广州彭加木纪念中学 王 旺

一、问题提出的背景

2014 年 3 月教育部印发《关于全面深化课程改革落实立德树人根本任务的意见》，提出了核心素养体系。核心素养体系的提出是时代赋予每位教育工作者的使命。我们对数学教育、教学的研究应顺应时代的发展，站在未来教育改革的前沿。2017 年教育部颁布的《普通高中数学课程标准》（以下简称“新课标”）将直观想象视为学生必须具备的六大数学核心素养之一，并对其内涵、学科价值、表现形式及水平划分等做了明确阐述，充分肯定了直观想象的重要性。直观想象即几何直观和空间想象，是以往中学数学课程标准提出的数学学习的两大基本能力。虽然数学是一门抽象性较强的学科，但运用直观想象可以将抽象的数学知识变得形象直观，因此，直观想象是解读数学内容、解决数学问题的重要素养。

但是，在实际教学过程中学生的直观想象素养并不高，主要表现为缺乏利用图形来刻画和描述问题的意识；难以从图形的分析上寻求解决问题的思路；不会利用图形理解、记忆和认识数学的结果及其意义等。究其原因，是在日常教学中大部分教师缺乏将直观想象融入实际教学的意识，没有考虑如何通过教材内容、学生学情，围绕直观想象确定教学目标，以直观的感知、丰富的想象、深刻的体验和优化的方法，让学生体会到凭借直观想象学习数学的乐趣和信心。

在教学中，培养学生各方面的数学素养是数学教师应尽的职责，而且新课标的修订非常重视在数学课堂教学中落实直观想象素养。因此，笔者为了把培养学生的直观想象素养落到实处，探索了如何将直观想象恰当地运用到高中数学的教学实践中，最重要的是突显直观想象的思维过程，从而丰富这方面的研究。

对“函数 $y=A\sin(\omega x+\varphi)$ 的图像”教学案例的分析，旨在针对将要实施的高考制度改革的教学，特别是核心素养直观想象的培养，探索一些具体和可借鉴的方法与途径。教学内容是人教版数学（必修4）第一章“三角函数”中的1.5节“函数 $y=A\sin(\omega x+\varphi)$ 的图像”。下面就“函数 $y=A\sin(\omega x+\varphi)$ 的图像”一节的课堂教学，谈谈培养学生直观形象核心素养的教学。

二、教材内容的呈现

普通高中课程标准实验教科书人教版《数学》（必修4）第一章“三角函数”中的1.5节“函数 $y=A\sin(\omega x+\varphi)$ 的图像”的教材安排内容是：从某次实验测得的交流电的电流 y 随时间 x 变化的图像，再放大图像，可以看出它与正弦曲线很相似，从而引入课题；再从函数 $y=\sin x$ 是函数 $y=A\sin(\omega x+\varphi)$ 的特殊情况出发，研究 A，ω，φ 对 $y=A\sin(\omega x+\varphi)$ 的图像的影响：①探索 φ 对 $y=\sin(x+\varphi)$，$x\in\mathbf{R}$ 的图像的影响；②探索 ω（$\omega>0$）对 $y=\sin(\omega x+\varphi)$ 的图像的影响；③探索 A（$A>0$）对函数 $y=A\sin(\omega x+\varphi)$ 的图像的影响；④总结从函数 $y=\sin x$ 的图像到函数 $y=A\sin(\omega x+\varphi)$ 的图像是如何进行变换的；⑤教材安排有一道例题：画出函数 $y=2\sin\left(\frac{\pi}{3}x-\frac{\pi}{6}\right)$，$x\in\mathbf{R}$ 的图像。

（一）教学设计思路

具体教学设计思路如下：

1. 课堂引入

思路1：已知交流电的电流 y 随时间 x 变化的函数关系是 $y=A\sin(\omega x+\varphi)$，某次实验测得函数的图像，再进行放大，可以看出它与正弦曲线很相似，而正弦曲线是正弦函数 $y=\sin x$ 的图像，而 $y=\sin x$ 是函数 $y=A\sin(\omega x+\varphi)$ 中的参数 $A=1$，$\omega=1$，$\varphi=0$ 时的特殊情况，那么能否从特殊的参数赋值，发现一般情况下这三个参数对图像的影响？

思路2：我们知道，函数 $y=A\sin(\omega x+\varphi)$ 中的参数 $A=1$，$\omega=1$，$\varphi=0$ 时是正弦函数 $y=\sin x$，前面又学习了函数 $y=A\sin(\omega x+\varphi)$ 是周期为 $T_1=$

$\frac{\pi}{|\omega|}$的函数，因此，函数 $y=\sin x$ 的周期为 $T=2\pi$，知道了两函数图像周期之间的变换关系 $T_1=\frac{\pi}{|\omega|}$，那么其他两个参数 A，φ 对两图像有何影响呢？下面从特殊的参数赋值出发，探究参数对图像的影响。

评析：思路 1 是依据教材的内容设计，直击直观想象核心素养；思路 2 强调教材知识的前后联系，除了直观想象核心素养，对逻辑推理和数学抽象两核心素养要求高。两种思路可以针对不同的学生，采取不同的教学方式，只要适合就是最好的。

2. 新知探究

思路 1：

（1）探索 φ 对 $y=\sin(x+\varphi)$，$x\in\mathbf{R}$ 的图像的影响。

（2）探索 ω（$\omega>0$）对 $y=\sin(\omega x+\varphi)$ 的图像的影响。

（3）探索 A（$A>0$）对函数 $y=A\sin(\omega x+\varphi)$ 的图像的影响。

（4）从函数 $y=\sin x$ 的图像到函数 $y=A\sin(\omega x+\varphi)$ 的图像是如何进行图像变换的。

思路 2：

（1）探索 φ 对 $y=\sin(x+\varphi)$，$x\in\mathbf{R}$ 的图像的影响。

（2）探索 ω（$\omega>0$）对 $y=\sin(\omega x)$ 的图像的影响。

（3）探索 A（$A>0$）对函数 $y=A\sin x$ 的图像的影响。

（4）从函数 $y=\sin x$ 的图像到函数 $y=A\sin(\omega x+\varphi)$ 的图像是如何进行图像变换的。

评析：思路 1 是从函数 $y=\sin x\rightarrow$函数 $y=\sin(x+\varphi)\rightarrow$函数 $y=\sin(\omega x+\varphi)\rightarrow$函数 $y=A\sin(\omega x+\varphi)$ 的图像，循序渐进地进行探究，直至最一般的情形。思路 2 是从函数 $y=\sin x$ 的图像→函数 $y=\sin(x+\varphi)$ 的图像，函数 $y=\sin x$ 的图像→函数 $y=\sin(\omega x)$ 的图像，函数 $y=\sin x$ 的图像→函数 $y=A\sin x$ 的图像，三次探究是平行的关系，都是与正弦曲线的比较，并且探究顺序可以改变，但探究难度不变，最后归纳从函数 $y=\sin x$ 的图像到一般函数 $y=A\sin(\omega x+\varphi)$ 图像的变换路径和方法。两种思路相比较，思路 1 对探究的难点进行了有序分解，最后一般式的结论很容易得出，但改变图像变换路径，学生较难理解；思路 2 前三次探究学生容易进行，但得出一般式结论，学生的学习有一定难度，此时图像变换的路径学生易于理解。

3. 例题、练习

例题：画出函数 $y=2\sin\left(\frac{x}{3}-\frac{\pi}{6}\right)$的简图。

练习：如何将函数 $y=2\sin\left(3x-\frac{\pi}{6}\right)$的图像变换为 $y=\sin x$ 的图像？

评析：例题有两种画简图的方法，“五点法”和“图像变换”两种方法；例题和练习主要熟悉这节课图像变换的方法，且可以采取不同的路径。

4. 课堂小结

学生总结自己亲历的探究过程，总结图像变换的方法，明确图像变换的本质是对应动点坐标之间的数量关系。

评析：学生总结学习过程，对直观想象素养培养有整体支配作用，通过数学抽象提炼图像变换的本质，构建学生新的认知结构，此结构具有很高的开放性，便于迁移和创新。

（二）画图感悟，理解性质

新课标直观想象核心素养的要求：借助空间认识事物的位置关系、形态变化与运动规律。

教师可以根据自己学校的硬件条件和学生的实际情况，选择动手描点法（“五点法”）或利用计算机或其他画图工具作图，首先画出正弦曲线，再让学生画出函数 $y=\sin\left(x+\frac{\pi}{3}\right)$的图像。如果用描点法，教师提示：两函数的周期都是$2\pi$，因而，只需要作一个周期，再进行左、右扩展即可。

学生通过描点作图可以深刻感悟两图像之间形态和运动规律相同，只是位置不同而已。如果是通过其他方式作图，特别是教师演示作图，教师要引导学生从形态和运动规律上观察，再从位置上发现有什么不同。可以特别“放大”两图像中“最靠近”的一个周期图像，这样学生可以发现两图像位置的差别。接着，教师可以用同样的方法，让学生发现函数其他两参数 ω，A 对图像的影响。

（三）感受联系，探究本质

新课标中直观想象核心素养的要求：利用图形描述、分析数学问题；建立形与数的联系。也就是说，利用图形感悟两图形位置的关系，发现图形之间的本质联系。

数学知识的经验形态和科学形态之间存在着本质的区别，教学中不应该混为一谈。一方面，教师要善于从学生的生活世界里寻找贴切的素材组织数学学习活动；另一方面，教师要有意识地引导学生开展数学思考以进行必要的数学抽象，建构起形式化的数学知识。

（四）总结变换，构建模型

新课标中直观想象核心素养的要求体现在：构建数学问题的直观模型，探索解决问题的思路。学生通过前面的学习，先总结三种图像变换，那么怎么由函数 $y=\sin x$ 的图像（正弦曲线）通过三种图像变换得到函数 $y=A\sin(\omega x+\varphi)$ 的图像（其中 $A>0$，$\omega>0$）？让学生讨论并思考多种变换路径。方法 1：画正弦曲线，把正弦曲线向左（右）平移 $|\varphi|$ 个单位长度（平移方向：$\varphi>0$，左移；$\varphi<0$，右移），得到函数 $y=\sin(x+\varphi)$ 的图像；使曲线上各点横坐标变为原来的 1ω 倍，得到函数 $y=\sin(\omega x+\varphi)$ 的图像；把曲线上各点纵坐标变为原来的 A 倍，得到函数 $y=A\sin(\omega x+\varphi)$ 的图像。方法 2：画正弦曲线，使曲线上各点横坐标变为原来的 1ω 倍，得到函数 $y=\sin(\omega x)$ 的图像；把正弦曲线向左（右）平移 φ 个单位长度（平移方向：$\varphi>0$，左移；$\varphi<0$，右移），得到函数 $y=\sin(\omega x+\varphi)$ 的图像；把曲线上各点纵坐标变为原来的 A 倍，得到函数 $y=A\sin(\omega x+\varphi)$ 的图像。

通过这一过程，学生提高归纳总结的能力，提炼出初相、周期和振幅三种图像变换模型。学生从简单到复杂、从特殊到一般解决问题的过程，深刻体会思考与解决一般问题的方法和途径，为终身发展打下良好的基础。以上是笔者对直观想象核心素养在一节课中如何培养的一点思考，期盼同人对核心素养培养在课堂教学中如何实施，有全面和深刻的实践与研究。

三、研究的理论基础

1. 形象思维理论

形象思维又被称为直观形象思维，主要是指人们在认识世界的过程中，对事物表象进行取舍时形成的，是用直观形象的表象解决问题的思维方法，即形象思维是凭借头脑中储有的表象进行的思维。这种思维活动是由右脑完成的，因为右脑主要负责直观的、综合的、几何的思考认识和行为。形象思维是教育教学中重要的思维形式，是抽象逻辑思维的基础。数学形象思维的基本特征是以物象为思维材料，在整个思维过程中都不脱离形象，始终具有具体可感性。

因此，形象思维具有生动性、直观性和整体性的优点。在数学教学中，形象思维所表达的思维形式是意象、直观感知、想象等形象性的观念。

数学形象思维还具有想象性。想象是思维主体运用已有的形象形成新形象的过程，即产生“二次直观想象思维”。形象思维不仅是已有形象的再现，还有助于对已有形象进行加工获得新形象。所以，想象性使形象思维具有创造性的优点。可以说，富有创造力的人通常都具有极强的想象力。

2. 多元表征理论

多元表征理论认为，从不同的角度对同一数学对象进行多元表征，可以使数学学习对象多角度地具体化，能够使数学对象被全面透彻地感知。如果是单一表征或过分地强调某一表征，那么数学对象在学生脑中的结构就可能会产生偏差。莱旭（Lesh，1979）将数学表征分为五种：书面符号、口语符号、操作性模型、图像、实际情境。它们之间不一定存在先后的发展顺序，主要应重视它们之间的转换与相互影响。在整个教学活动中，五种表征同等重要，只是思维水平层次不同。只有让学生经历多元表征，才有助于学生深刻理解数学对象的数学结构。教师可以引导学生通过图形、生活情境或联想较为直观、形象的表象帮助学生形成对知识的认识，然后通过交流反馈，让学生经历不同表征之间的转换和转译，建立不同表征之间的认知联结。

学生意识到应用直观想象可以简化问题的难度，学生凭借直观想象，利用图形探索和解决数学问题、构建数学问题的直观模型等都属于元认知知识。直观想象可以使数学知识变得简明形象，恰当地利用能使学生体验到成功的喜悦，这个属于元认知体验。元认知监控是指主体在进行认知活动的过程中，将自己正在进行的认知活动作为意识对象，不断地对其进行积极而自觉的监视、控制和调节的过程。教师可以利用图形的直观性对问题的解决过程时时进行元认知监控，避免往错误的方向思考。

直观想象是学生认知能力的重要组成部分，对于学生数学思维和数学思想的发展具有重要的意义。在教学中所用到的直观可能是理性的直观，看到的是图形的形状、结构或各部分之间的关系；也可能是加入了想象的直观，即挖掘知识背后深层的东西，没有图的地方看出图，没有联系的地方看出联系。直观想象除了包括几何直观和空间想象，还与合情推理、数形结合密切相关。

在数学教学中，直观想象是教师向学生传授的感知事物，发现、思考及解决问题的一种方法，而直观想象素养是学生通过学习直观想象的方法后自身形成的一种能力，并且直观想象素养是随着数学知识的学习而发展的。

四、在教学中落实直观想象素养的研究

直观想象在数学新知识的认知上起着不可估量的重要作用。无论是数学结论（概念、公式、定理、公理等）的获得还是数学相关问题的解决，都需要利用直观图形，依靠想象去思考和获得。在这个过程中，学生不断积累自己的直观想象经验，提升自身的直观想象素养。由此可见，学生直观想象素养的形成和发展离不开教学的推动。学生直观想象活动的有效落实需要教师的引领，最为关键的是教师利用直观启发学生去想象或设定想象的路径引导学生理性思考。因此，如果教师能够在课堂教学中有效地落实直观想象，那么对学生直观想象素养的培养无疑会起到事半功倍的效果。

1. 加强数学结论几何意义的理解

数学中几乎所有的概念、公式和定理等都有数与形两种特征，教材对这方面也越来越重视。但是，教材有部分重点知识没有直观分析其几何意义，如果教师不讲解，学生就不会挖掘知识的几何意义，更体会不到知识的本质。凭借几何直观往往能简化数学问题的解题思路，但是部分学生由于对数学结论几何意义的理解不够透彻，导致解题过程中难以找到解决问题的突破口。因此，教师在教学中要重视数学结论“图形化”在知识理解、记忆及问题解决中的重要作用，强化学生通过几何图形实现对数学结论的本质认识，这对学生的数学学习起着关键作用。

2. 直观展示数学结论的本质特征

“越是抽象的数学对象，其数学本质越有可能用简洁而直观的图形来表达。”为了帮助学生把握数学结论的本质特征，列举直观实例是非常有用的。一方面，教师可以联系生活实际进行直观表征，并将其转化为数学语言进行描述，引导学生发现新知识，更好地理解新知识，从而真正领悟数学结论的本质特征。例如，在学习空间立体几何时，我们可以把学生熟悉的教室看作长方体，既可以在教室内观察，也可以在教室外观察，如让学生观察教室内的墙面、天花板、日光灯、墙线、书桌等物品，或用笔做线、书做面比画，得到一些命题。

另一方面，对于抽象的数学结论，要想让学生对其本质特征有正确的认

识，教师不妨让学生举出直观实例。例如，教师给出集合的三要素，让学生结合生活实际，列举集合的例子。又如，在学习概率时，为了区分“有序”和“无序”，让学生结合日常生活举例。因此，要求学生举出相关的直观化的实例，可以考查学生对数学结论本质特征的把握情况。列举直观实例不仅是帮助学生理解抽象化数学结论的有效措施，而且是培养学生直观想象素养的重要手段。

3. 运用多媒体技术挖掘概念本质

在教学中，教师应该正确使用多媒体技术辅助教学。随着多媒体技术在课堂教学中的优点日益显现，不论是教学信息呈现还是教学活动的组织，现在教师大多使用得比较频繁。但如果教师将教学内容像放电影似的强加到学生的头脑里，反而会扼杀学生的思考力和想象力。因此，合理利用现代教育信息技术，充分挖掘其在数学直观化教学中的作用，对学生直观想象素养的培养意义重大。如果教师多媒体的展示运用得好，可以最大限度地促进学生主动思考和动态想象。

4. 注重数学结论直观背景的分析

教材中的背景材料是数学知识的来源和出发点，借助教材中的直观背景材料培养学生的直观想象能力是一个行之有效的措施。我们不要将其作为知识引入的辅助材料，而是要凸显其重要价值。这里直观背景材料包括两种形式：一是对整章内容起导入作用的章头图；二是在具体的某节课中，教师为了更好地引入新知识，创造性地引用的直观材料。

5. 善用思维导图、程序框图

思维导图、程序框图简洁直观，便于交流，优化问题表达。在解决数学问题时，直观想象的应用和交流应与数学语言有机结合。简捷直观的图形易于描述和表达数学问题，启发学生的解题思路，成为学生阐述问题的良好载体。教学中，教师要注重用简洁准确的语言及时给予纠正，并肯定学生独创的思考方式，提升学生表达想法的积极性。同时，教师良好的示范性表达是优化学生思维表达的关键。

直观想象作为重要的数学素养之一，在数学学习中起着非常重要的作用。实际教学中，教师要引导学生在学习过程中做到“脑中有图”，将图形放在“首要位置”；教师要把直观想象与教学目标、教学方法和知识点有机结合，注重直观图形对学生的启发和引导作用，为学生搭建直观想象的平台，更好地实现直观想象素养的有效落实；学生直观想象素养水平的达成需要一个过程，教师要给学生留有足够的时间和空间去探究问题，并注重教与学的策略，使学生在经验积累的过程中形成能力。

参考文献：

[1] 中国心理卫生协会，中国就业培训技术指导中心．心理咨询师（基础知识）[M]．北京：民族出版社，2015.

[2] 周春荔．数学思维概论 [M]．北京：北京师范大学出版社，2012.

[3] 中国大百科全书出版社编辑部．中国大百科全书·心理学 [M]．北京：中国大百科全书出版社，1991.

[4] 郑毓信．多元表征理论与概念教学 [J]．小学数学教育，2011 (10)：3-7.

[5] 陈英和．认知发展心理学 [M]．杭州：浙江人民出版社，1996.

[6] 孔凡哲，史宁中．关于几何直观的含义与表现形式 [J]．课程·教材·教法，2012 (7)：92-97.

实验探究下的初中数学核心概念教学研究

广州市玉岩中学 连明瑞

在现代科技蓬勃发展的今天，教育也在不断发展。在初中教学中，采用核心概念教学，以使学生增长数学知识。数学教学主要包括符号意识、空间观念、几何直观、数据分析观念、运算能力、推理能力、模型思想、应用意识等，多种教育方式不仅能提升学生的自主学习的能力，还有利于培养学生应用和创新意识。

一、核心概念教学

数学核心概念有数感、符号意识、空间观念、几何直观、数据分析观念、运算能力、推理能力、模型思想、应用意识和创新意识。

1. 数感

数感指数学中数与数量之间的关系，还指数感的功能。数学的特点是抽象。对数抽象的认识是对运算结果的估计和感悟。数感是数的抽象，与数的应用相连，培养学生的数感观念，需要很长时间。

2. 符号意识

符号意识指对数的理解和运用，也表示数、数量关系和数的变化规律。在数学教学中，数学符号在数学语言中有着重要的作用，通过符号的运算和推理，得出核心概念。

3. 空间观念

数学中的空间观念是指根据物体的特征抽象出几何图形。根据图形的运动和变化，用语言描绘出所描写的实物，并画出图形和实物的关系；通过标准的刻画描绘出几何的方向感；通过三视图的学习，描绘出空间观念实物的主视图、左视图和俯视图。

4. **几何直观**

几何直观主要是指借助几何直观，对图形和问题进行描述和分析，简化数学问题和思路，对图形进行变换，让学生在头脑中留住图形。在平时的教学中加强基本图形的认识，有助于提高学生的几何直观，这样才能培养学生画图的好习惯，还可以帮助学生对定理的理解和掌握。

5. **数据分析观念**

数据分析观念是指对现实生活的问题进行研究和调查，搜集数据，做出判断和分析，根据数据所蕴含的信息，了解搜集数据的方法，以此分析数据的随机性。每次收到数据后，要对数据进行分析，从中发现规律。这是数学统计的核心。在数学教学中，对数据的分析，可以培养学生的分析能力，让学生学习和研究数学的内容。

6. **运算能力**

数学教材中有一定的运算法则和运算规律，初中数学教学中，简化数学的数值、求解方程、实数运算尤其注重学生的运算能力，将数与代数作为一个基础，以此培养学生理解和解决问题的能力。

7. **推理能力**

数学推理能力包括合情推理和演绎推理。演绎推理从事实出发，按照数学推理的规则，进行逻辑推理，再进行证明和计算；合情推理以事实为依据，根据经验和直觉归纳和类比新的定理，以新的思维方式得出可能的结论。

8. **模型思想**

模型思想可以培养学生数学和外界之间的联系，建立模型思想包括现实生活和具体的情境，从抽象的数学问题中，建立方程，求出结果，找出模型中的规律。

9. **应用意识**

应用意识强调数学与现实之间的联系，利用所学的数学知识解决数学问题，如方程应用题、函数应用题、解直角三角形应用题等，这样可以培养学生独立思考和学会思考的创新能力。

10. **创新意识**

创新意识指学生通过类比、分析、归纳，渐渐形成自己的数学知识，在教师指导下，分工合作进行观察、操作过程、讨论和整理，最后得出类同的结果和结论。这样有利于培养学生团结协作的态度和良好的人际关系。

二、实验探究下的初中数学核心概念教学

（一）数学核心概念构建的逻辑性

在初中数学教学中，构建数学核心概念，培养学生对数学结构的认知，就要合乎数学的逻辑。数学教学本身具备一定的逻辑性，这是学习数学的意义。数学所代表的新知识和构建这些认知结构在学生观念中，需要建立非人为和实质性的联系，数学教材的构建就具备这一逻辑性。例如，数学人教版七年级上册教材，第一章的“正数与负数”和“相反意义的量”。根据数学的运算规则，数域扩展的原则、方法和必要性，这是数学有理数和自然数之间的关系；相反意义的量结合数学的自然数和分数之间的概念与性质去教学。简单介绍皮亚诺公理，根据皮亚诺公理的内容，叙述自然数和分数的特性，进而研究自然数与分数之间的运算法则和运算规律，还要回顾自然数和分数之间的关系，让学生初步认识到数域扩展的原则、必要性。数域的定义要合理，这样才能提高学生对分数与自然数的认识，为后续有理数的学习做铺垫。

（二）数学核心概念构建的自然性

数学教学要顺应自然变化，数学知识的产生和发展要符合数学的概念、定义、法则和符号，这是数学界自然形成，并合理进化的结果。每一个数学概念的产生都有一定的依据，数学本身要符合逻辑结构和发展规律，问题的产生也是自然而然的，所提出的问题要结合数学知识，在一定程度上反映事物的客观需求。在进行概念教学时，教师要了解学生的知识基础和生活经验，以自然的方式构建，以学生喜欢的方式展开。例如，相反数的意义，只有符号不同的两个数，一个数被称为另一个数的相反数。在黑板上画一条直线，用直线上的点表示校门口，A 同学对 B 同学说，他在门口的 100m 处，而 B 同学没有找到 A 同学，这是什么原因？是因为 A 同学没有说自己在学校外还是在学校内。生活中经常遇到类似的现象，要说出一个量，指出具体的数量，还要指明具体的方向。从集合的角度来说，相反数是距离原点相同的两个数，直观形象地表示两个数在数轴上的位置关系。教师要抓住数学概念的本质，强化学生数形结合的思想，这样才能培养学生数学的建模思维。

（三）数学核心概念构建的联系性

1. 概念间的联结性

数学概念要融会贯通，纵向联系，从而形成概念网络。揭示数学纵横关

系后，教师要逐渐引出数学概念之间的联结点，穿线结网，让学生了解和认识联结的概念系统，这样才能反映数学认知的结构，有效促进学生对知识和技能的掌握和迁移。例如，描述自然界中存在量关系的数学模型，对数学本身的动态和思想进行制约，从函数思想中，运用其运动关系、相互关系和相互制约的观点进行处理。例如，在讲解反比例概念时，明确反比例的函数概念和本质上所存在的量的关系；在研究函数性质时，要结合 $y=\frac{k}{x}$（$k\neq0$）这一式子进行解析，确定 x 和 y 之间的关系，启发学生根据反比例的特点和性质进行研究，充分考虑函数的条件，关注取值范围，关注其变化规律，明白数学图像从一支到两支、从直线到曲线、从连续到间断和从坐标轴相交到渐远的变化本质。在教学中，教师在反映数学内在逻辑的同时，要让学生认识到数学之间的发展规律，进而提高学生数学思维能力和数学素养。

2. 概念间的邻近性

数学教学实践中，有些数学概念和知识的迁移是不正确的，学生要正确认识数学的概念，掌握数学的本质，重视数学概念中的要素，分析概念间的相同点和不同点，以避免知识的负迁移。例如，$(\sqrt{a})^2$ 与 $\sqrt{a^2}$ 做对比时，要从三方面分析：一是运算顺序不同，$(\sqrt{a})^2$ 先开方再平方，而 $\sqrt{a^2}$ 先平方再开方；二是取值范围不同，$(\sqrt{a})^2$ 中的被开方数是 a，要求 $a\geqslant0$，而 $\sqrt{a^2}$ 被开方数是 a^2，a 可以取任何数值；三是运算结果不同，$(\sqrt{a})^2=a$，$\sqrt{a^2}=|a|$，这是两个数值的不同之处。当 $a\geqslant0$ 时，$(\sqrt{a})^2=\sqrt{a^2}=a$；当 $a<0$ 时，$(\sqrt{a})^2$ 没有意义，而 $\sqrt{a^2}=-a$，这样才能分清 $(\sqrt{a})^2$ 与 $\sqrt{a^2}$ 间的联系，让学生对 $(\sqrt{a})^2$ 与 $\sqrt{a^2}$ 认识更加深刻。

3. 概念间的相关性

根据教材知识，学生理解 $\sqrt{a^2}=|a|$ 比较困难。在数学教学中，将 $\sqrt{a^2}$ 与 $|a|$ 统一起来，解释它们都是非负数，学生接受起来比较茫然，这是学生觉得数学学习困难的原因之一。教师要抓住 $\sqrt{a^2}$ 与 $|a|$ 之间的概念本质，将它们联系在一起，帮助学生理解数学概念。例如，$(a)^2=a^2$，$(-a)^2=a^2$，a 与 $-a$ 是 a^2 的两个平方根，但是 $\sqrt{a^2}$ 要求正的平方根，对 a 没有要求，如果 $a>0$，$\sqrt{a^2}=a$，如果 $a=0$，$\sqrt{a^2}=0$，如果 $a<0$，$\sqrt{a^2}=-a$，这是正值的定义，使

绝对值和算术根得到了统一。在数学教学中，要找到一种简单的计算方法，将绝对值引入算术平方根，将绝对值的概念表示为算术平方根的概念集合，使平方根在定义中起到桥梁的作用，平方根简化了算术根和绝对值。

三、结语

综上所述，核心概念教学在初中数学教学中发挥着重要的作用。数学核心概念构建的逻辑性、数学核心概念构建的自然性、数学核心概念构建的联系性，可以培养学生的数感、符号意识、空间观念、几何直观、数据分析观念、运算能力、推理能力、模型思想、应用意识和创新意识。

参考文献：

[1] 徐德同．基于实验探究的中学数学核心概念教学初探——以“圆的概念”为例［J］．教育研究与评论：课堂观察，2017（1）：66－68.

[2] 陈国华．APOS理论下初中数学核心概念及其教学策略探究——以“函数”概念为例［J］．数学教学通讯，2017（20）：25－26.

[3] 徐晓燕．基于初中数学核心概念及其思想方法的概念教学设计研究［J］. 上海中学数学，2016（6）：43－48.

核心素养理念下的高中数学创造性思维能力培养策略

广州市增城区第一中学　陈　畅

在核心素养培养理念下，要在教学中促进学生创造性思维能力的培养，必须更新教师教学观念，培养创造性人才；激发探究热情，引导学生自主学习；鼓励发散思维，培养思维创新；创新教法，鼓励个性化思维。由于培养学生的数学创造性思维有着很大的现实意义和深远影响，所以笔者结合实例着重谈谈高中数学教学过程中学生创造性思维能力的培养策略。

一、创造性思维的内涵与特点

所谓创造性思维能力，是指思维活动的创造意识和创新精神，不墨守成规，求异求变，表现为创造性地提出问题和解决问题。培养学生创造性思维能力，就是指教师要善于引导学生独立思考和分析，培养学生不因循守旧，主动探索、积极创新的思维因素。创造性思维能力是由创新性思维形式和创新性思想品质两个方面构成的。

（一）创新性思维形式

创新性思维是集中思维和发散思维的结合，而以发散思维为先导；创新思维也是逻辑思维与非逻辑思维的结合，而以非逻辑思维为主要思维形式。我国著名数学家徐利治教授指出："数学中的新思想、新概念和新方法往往来源于发散思维。"这充分说明了发散思维在学生数学学习活动中的重要作用。

而非逻辑思维主要是指形象思维以及归纳、类比、直觉、灵感等思维形式。形象思维是依据人们大脑中丰富的表象储存进行的，它是一种表象的联结和重新构建活动，这就是联想和想象。

（二）创新性思维品质

心理学家林崇德教授指出："智力与能力的总称是智能，其核心是思维。智能的个体差异就表现在思维品质上……就是思维的敏捷性、灵活性、批判性和深刻性问题。"这正指出了创新性思维品质的深刻性、广阔性、灵活性、敏捷性和批判性等。

1. **思维的深刻性**

思维的深刻性是思维的深度，是发现和辨别事物本质的能力，表现为善于对客观事物进行细致的分析、综合和比较，善于区分事物的主要方面和次要方面，善于透过现象揭示事物的本质，从而把握事物发展的趋势和方向。

2. **思维的广阔性**

思维的广阔性是思维的广度，是一种探索事物的能力，表现为思路宽广，善于在事物涉及的范围内进行多层次、多方向的思考、联想和想象，纵观全局、兼顾细节。

例1： 设 x，$y \in \mathbf{R}$.

求证：$\sqrt{x^2+y^2}+\sqrt{(1-x)^2+(1-y)^2} \geqslant \sqrt{2}$

分析： 由已知与结论考查问题涉及的范围并预测证明方法。但考虑到这是比较复杂的证明不等式问题，可以想到用分析法探索论证起点，然后用分析法或综合法证明。看到结论中根号内具有平方和的形式，也可以推断用公式 $a^2+b^2 \geqslant \frac{1}{2}(a+b)^2$ 来证明。为了去掉不等式内的根号，可以取三角函数来代换，$x = m\sin a$，$y = m\cos a$，从而用三角法证明。上述三种方法都来自经验思维，但证明都很烦琐。

如果引导学生开阔思路，扩大探索的范围与空间，则从结论的形式上可以发现根号具有距离公式的形式，也具有复数的模的形式，结论的左边还与椭圆方程相近，于是根据这些发现的特征又得出多种解法，下面介绍一种解法。

证明：设复数 $z_1 = x + y\mathrm{i}$，$z_2 = (1-x) + (1-y)\mathrm{i}$

则 $z_1 + z_2 = 1 + \mathrm{i}$

由于 $|z_1| + |z_2| \geqslant |z_1 + z_2|$

故有 $\sqrt{x^2+y^2}+\sqrt{(1-x)^2+(1-y)^2} \geqslant \sqrt{2}$ 成立

原命题得证！

在例1中，在多角度、多方向的思考中找到解决问题的多种策略和方法，充分表现出思维广阔性的品质。

3. 思维的灵活性

思维的灵活性是思维的变通性，表现为思路灵活、举一反三和随机应变，能根据客观条件的变化及时调整思维的方向。

例2：设 $\sin\alpha+\sin\beta=1$，$\cos\alpha+\cos\beta=0$，求 $\cos(\alpha+\beta)$ 的值。

分析：由公式 $\cos(\alpha+\beta)=\cos\alpha\cdot\cos\beta-\sin\alpha\cdot\sin\beta$ 知道，只要分别求出 $\cos\alpha$，$\cos\beta$，$\sin\alpha$ 和 $\sin\beta$ 的值，那么就很容易得出 $\cos(\alpha+\beta)$ 的值。但是，这样做显然很烦琐，于是调整思维方向，注意到已知两式的特征，可以由两式的平方和求得 $\cos(\alpha-\beta)$ 的值，再由两式的平方差求出 $\cos(\alpha+\beta)$ 的值。

解：由已知两式的平方和得

$2+2\cos(\alpha-\beta)=1$

于是有 $\cos(\alpha-\beta)=-\frac{1}{2}$

由已知两式的平方差得

$\cos2\alpha+\cos2\beta+2\cos(\alpha+\beta)=-1$

于是有 $2\cos(\alpha+\beta)\cdot\cos(\alpha-\beta)+2\cos(\alpha+\beta)=-1$

所以 $\cos(\alpha+\beta)=-1$

在例2中，我们遇到了思维受阻的情况，由于及时发现新的信息并调整了思维方向，才找到了解决问题的新策略和方法，体现了思维的灵活性。

4. 思维的敏捷性

思维的敏捷性是思维的流畅性，是一种思维的速度表征，表现为思维反应迅速，思路流畅，思潮如涌，善于迅速推理，因而当机立断。

5. 思维的批判性

思维的批判性又称思维的独立性，是思维独特、标新立异、刻意求新的能力，表现为善于发现问题和提出问题，对已知结论和他人意见不轻信、不盲从并提出独立见解；还表现为超越固定的、习惯的认识模式，冲破已有结构框架和传统观念的束缚，以大胆怀疑和勇于挑战的精神提出超常的见解。

二、高中数学教学过程中学生创造性思维能力的培养策略

（一）加强数形结合教学，使学生形成数形结合的意识

华罗庚说："数离开形少直观，形离开数难入微。"数形结合的思想可沟

通代数与几何的关系，实现难题巧解。

例 3：若锐角 α，β，γ 满足 $\cos^2\alpha+\cos^2\beta+\cos^2\gamma=1$，求 $\tan\alpha\cdot\tan\beta\cdot\tan\gamma$ 的最小值。

分析：由已知等式 $\cos^2\alpha+\cos^2\beta+\cos^2\gamma=1$ 可以联想到长方体的形象，断定可以通过边角的计算解决问题。

解：构造如图 1 所示的长方体 $ABCD-A_1B_1C_1D_1$，使对角线 BD_1 与三条棱 BA，BC 和 BB_1 的夹角分别为 α，β，γ，并设三条棱的长分别为 a，b，c.

因为 $\tan\alpha\cdot\tan\beta\cdot\tan\gamma=\dfrac{\sqrt{b^2+c^2}}{a}\cdot\dfrac{\sqrt{c^2+a^2}}{b}\cdot\dfrac{\sqrt{a^2+b^2}}{c}\geqslant\dfrac{\sqrt{2bc}}{a}\cdot\dfrac{\sqrt{2ac}}{b}\cdot\dfrac{\sqrt{2ab}}{c}=2\sqrt{2}$

其中，当且仅当 $a=b=c$ 时等号成立

所以，$\tan\alpha\cdot\tan\beta\cdot\tan\gamma$ 的最小值为 $2\sqrt{2}$

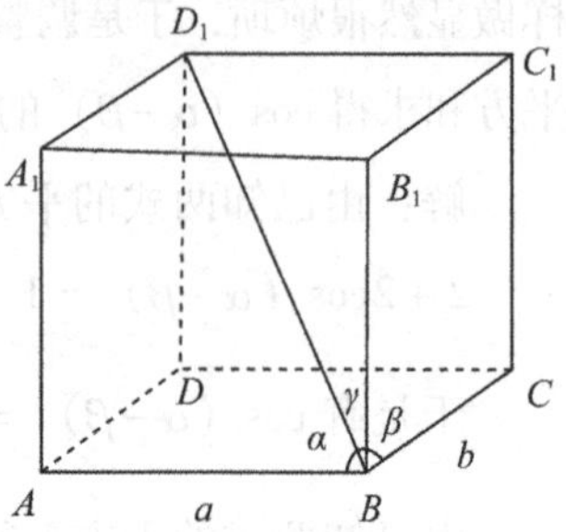

图 1

例 3 通过数形结合，再利用图形的一些性质，结合公式定理来解题就形象多了，也容易被理解。这样通过加强数形结合的教学，使学生形成数形结合的意识，从而培养学生的形象思维能力。

（二）为学生创设自由想象的空间

为了培养学生的形象思维能力，教师在教学中应该引导学生多进行观察和动手操作，安排独立思考的时间，并为学生创设自由想象的空间。

例 4：现在是 4∶05，再过多少分钟，分针和时针第一次重合？

分析：可合理地将这个问题看成行程追逐问题。把圆周想象成直路，分针和时针想象成路途上的两个动点，分针每分钟走一格，时针速度是它的$\dfrac{1}{12}$，所以时针每分钟走$\dfrac{1}{12}$格，如图 2 所示。

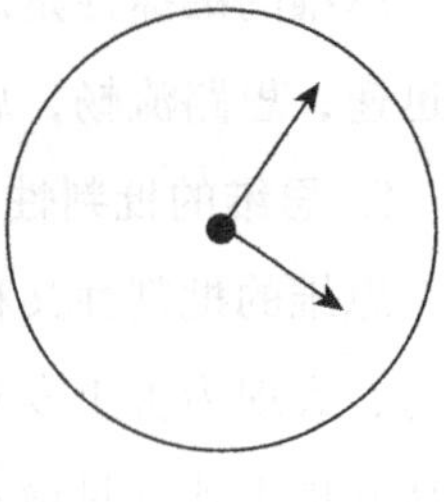
图 2

解：现在是 4∶05，分针和时针两针相距 $15+\dfrac{5}{12}=15\dfrac{5}{12}$格

所以，分针和时针第一次重合所需的时间为 $15\dfrac{5}{12}\div\left(1-\dfrac{1}{12}\right)=16\dfrac{9}{11}$（分钟）

（三）培养学生的发散思维能力

1. 发散思维的内涵与特点

发散思维又称求异思维，它是指一种不依常规、寻求变异、多方面寻求答案的思维方式，是创造性思维的核心。发散思维富于联想，思路宽阔，善于分解组合和引申推广，善于采用各种变通方法，对于培养创造型人才是极其重要的。

2. 培养学生发散思维能力的途径

在数学教学中，教师可通过典型例题的解题教学、解题训练，尤其是一题多解、一题多变、一题多用及多题归一等变式训练，达到使学生巩固与深化所学知识，提高解题技巧及分析问题、解决问题的能力，增强思维灵活性、变通性和独创性的目的。

3. 组织一题数解活动，引导学生多角度、多方向思考，促进学生思维的发散

数学问题的一题多解，可以引导学生从整体、部分、已知、未知等不同的角度运用直接法和间接法等不同的方法，调动多种范畴的知识处理同一个问题，使解决问题的过程延伸到数学的各个领域，不仅有利于沟通知识之间的联系，而且有助于活跃学生思维的灵活性和广阔性，扩宽思路，达到促进思维发散、培养创造性思维能力的目的。

例 5：在等差数列中，已知 $a_3=-3$，$a_9=21$，求 a_5 的值。

分析：这是一个很简单的问题，只要利用教材中所学的等差数列的通项公式先求出 a_1 和 d，再求 a_5 的值。现在运用一题多解开拓学生的思路，则能找到下面的解法。

解：由于函数 $a_n=a_1+(n-1)d$ 是关于 n 的一次函数，则点（3，-3），（9，21）和（5，a_5）三点共线。由斜率公式得

$$\frac{a_5+3}{5-3}=\frac{21+3}{9-3}$$

从而有 $a_5=5$

上述解法是结合了函数的概念、一次函数的图像和斜率公式等知识对问题进行求解的，其解法新颖独特，具有创新意识。显然通过一题多解，促进了学生思维的发散。

例 6：求解下列各题。

（1）当 $m>n>0$ 时，求证 $m+\frac{1}{n(m-n)}\geqslant 3$；

（2）当 $x>0$ 时，求 $x+\frac{4}{x^2}$ 的最小值；

（3）当 $a>0$ 时，求证 $a+a^2+\frac{64}{a^5}$ 不少于 8.

分析：这类题目可以灵活运用正数的算术平均数不小于它的几何平均数来求解，即若 $a_i\in\mathbf{R}$，($i=1, 2, \cdots, n, a_i>0$)，则 $\sqrt[n]{a_1a_2\cdots a_n}\leqslant\frac{a_1+a_2+\cdots+a_n}{n}$.

当且仅当 $a_1=a_2=\cdots=a_n$ 时取等号。

解：（1）因为 $m+\frac{1}{(m-n)n}=(m-n)+n+\frac{1}{(m-n)n}\geqslant 3\cdot\sqrt[3]{(m-n)\cdot n\cdot\frac{1}{(m-n)n}}=3$

所以，$m+\frac{1}{n(m-n)}\geqslant 3$ 成立

（2）因为 $x+\frac{4}{x^2}=\frac{x}{2}+\frac{x}{2}+\frac{4}{x^2}\geqslant 3\cdot\sqrt[3]{\frac{x}{2}\cdot\frac{x}{2}\cdot\frac{4}{x^2}}=3$

所以，$x+\frac{4}{x^2}$ 的最小值是 3

（3）因为 $a+a^2+\frac{64}{a^5}=a+\frac{a^2}{2}+\frac{a^2}{2}+\frac{64}{a^5}\geqslant 4\cdot\sqrt[4]{a\cdot\frac{a^2}{2}\cdot\frac{a^2}{2}\cdot\frac{64}{a^5}}=8$

所以 $a+a^2+\frac{64}{a^5}\geqslant 8$.

培养学生多题一解的能力，可以很好地训练学生分析问题的能力，让学生总结规律，调动学生的数学发散思维能力。

（四）培养学生的逆向思维能力

1. 逆向思维的内涵与特点

逆向思维就是不按习惯思维方向进行思考，而是从其反方向进行思考的一种思维方式。逆向思维反映了思维过程的间断性、突变性和反联结性，它是摆脱思维定势，突破旧有思想框架，产生新思想，解决问题的重要思维方式。

2. 加强逆向思维的训练

（1）培养学生双向运用知识的意识。数学中所有的概念、原理、法则以及思想方法都具有双向性。就数学方法而言，特殊化与一般化、具体化与抽象化、分析与综合、归纳与演绎等，其思维方向都是可逆的，存在着两个相反的方向。充分运用知识的双向性，培养学生双向运用知识的意识，是培养学生逆向思维能力的重要措施。

（2）用逆向思维作为解题策略。在顺推遇到困难时可以考虑逆推，直接证法受阻时考虑间接证法，探讨可能性失败时转向考查不可能性等，都是使思维走向相反的方向。这种逆向思维常常可以产生全新的思想和方法，因此可以成为数学解题的策略。

三、结束语

本文主要介绍了创造性思维的内涵与特点、创造性思维能力的培养策略等内容。在新课改及新高考的背景下，教师应该把培养学生的创造性思维能力纳入整个学校的创新增长体系，以构成创新教育的巨大合力，达到提高学生素质、培养创新人才的目的。

参考文献：

[1] 杨晓贤．在数学教学中培养创造性思维的实践研究［D］．石家庄：河北师范大学，2009.

[2] 林崇德．教育与发展［M］．北京：北京师范大学出版社，2004.

[3] 王忠华．例谈数学思维的品质［J］．数学大世界：高中生数学辅导版，2006（7）.

[4] 王建平．怎样培养数学思维的批判性和敏捷性［J］．青春岁月：学术版，2013（2）.

[6] 郝克．例谈数学教学中渗透数形结合思想［J］．教育实践与研究（B）．2013（2）.

[7] 陈卫平．叩问学生的空间思维——谈数学教学中学生空间想象能力的培养［J］．现代教育科学（中学校长），2008（2）.

[8] 张永湘．数学解题的逆向思维方式［J］．发明与革新．2001（2）.

从学生角度对高中数学公式教学的一点改进

广州市玉岩中学　蔡传森

自从实施新课标以来，数学更加注重学生能力的培养，数学教学中要发挥学生的主动性，这从教材中出现大量的学生自主探究活动可以体现出来。其旨在让学生通过自己的主动参与去获取知识，提升能力。在数学教学中，公式的新授课非常多，数学公式是学生解决数学问题的工具，所以公式的新授课非常重要。

在新课标下，教师都非常重视数学知识的生成过程，力求让学生更好地理解和掌握数学知识，所以在数学公式的教学中，公式的推导、证明过程是必不可少的。但是，遇到一些比较复杂的数学公式的推导和证明，中等生和学困生就显得能力不足。在这种情况下，很多教师会选择直接给出数学公式，省略推理过程，通过大量训练达到记忆数学公式的目的，或者不给学生时间，带着学生一步步去推导数学公式等，保证自己在规定时间内完成教学任务。教师觉得推导过程学生理解不了、掌握不了。然而，这些做法少了学生的主动参与，不利于学生能力的培养。数学公式的教学除了让学生熟记公式、掌握公式的应用外，还有数学思想方法的渗透和学生运算能力的培养。让学生体验数学公式的推导过程，就是教师在教学中给学生渗透数学思想方法，而大量的运算，也对学生运算能力的提升有很大的帮助。维果茨基关于学生的认知发展理论中提到，教学要从学生的实际出发，重视学生的最近发展区，考虑学生的现有水平和潜在水平，正确处理教学中的难与易。所以，教师在教学过程中使用的教学方法、选用的情境例题，应该考虑学生的最近发展区，以便学生有所收获。对于中等生和学困生来说，哪怕是一些复杂的数学公式、定理的推导，只要教师改变教学方式与例题，能力差的学生也可以主动参与，在复杂的数学问题中有所收获。为了使中等生、学困生更好地参与公式推导，下面我谈谈对复杂公式推导教学的两步改进。

第一步：将一般的情形特殊化，从实例入手，渗透数学思想方法

考虑到中等生、学困生学习的最近发展区，很多学生是能够接受和理解公式的推导方法的，对学生来说最大的障碍是运算能力，公式的推导过程难点其实在于它运算的复杂，特别是代数式运算，大部分学生都容易出错，或者看到很复杂的式子不知如何下手。如果将一般性的公式中的字母用数字代替，变成一个实际的例题或者一个问题情境，这样的问题学生就可以积极主动参与，并且能自己解决。例如“点到直线的距离公式”这节课，点到直线的距离公式 $d=\frac{|Ax_0+By_0+C|}{\sqrt{A^2+B^2}}$ 的推导对于很多学生来说是很难的，但是推导过程用到等面积法，这个方法中等生、学困生是可以接受和掌握的。如果教师给一个具体的点，一条具体的直线方程，学生可以自己实施等面积法，先过点作 x 轴和 y 轴的平行线与直线分别交于一点，构造出一个直角三角形，这两个点的坐标很容易求出来，然后求出直角边和斜边的长度，使用等面积法求高。学生自己动手实践一遍，对等面积法会有更深刻的体会，知道用等面积法可以求直角三角形斜边上的高，三角形的高是点到直线的距离，点到直线的距离是三角形的高。有些学生想不到等面积法，需要教师指导，可能还有学生会想到其他方法，这样还能顺水推舟，让学生感受哪个方法更好，在具体例子中学生更容易感受哪个方法更简便。用具体数值代替字母，在问题的解决过程中学生一样也锻炼了运算能力，特别是中等生、学困生这些运算能力稍差的学生，课堂上就能慢慢提高运算能力，同时也渗透了数学思想方法，比起学生被动接受公式推导或者直接省略公式推导，让学生有了更多收获，在一定程度上也能增强学生学数学的信心。

解析几何中有不少公式、定理推导是比较麻烦的，主要难点都是字母代数式的运算。例如椭圆的标准方程的推导，如果将焦点和定长给出具体的数值，很大程度上降低了椭圆方程的化简难度，教师能指导学生自己化简，让学生体会两个二次根式方程的化简方法，化简后还能渗透数形结合思想。其实教材中也经常用实际例子渗透数学方法，再让学生通过归纳类比，引出一般情形下的数学公式。例如人教版高中数学必修 5 第二章“数列”中，等差数列和等比数列的求和公式都是用一般的实例引入，再到一般情况的推导，只是没有让学生动手操作。对于复杂的公式，直接在一般情况下推导难度是很大的。从实例出发要让学生参与到公式的推导中，感受数学思想方法，这是要花不少时间的，也就需要教师在课堂上发挥学生主动性，舍得把时间留给学生，不要总是急着完成教学任务。

第二步：借助多媒体展示公式、定理的推导过程，淡化难点

让学生动手解决实例，理解了公式推导的数学方法后，公式的推导才开始，这是从特殊到一般的过程。由于解决实例已经花了不少时间，所以公式的推导就要借用PPT或者几何画板来展示了，这样能够节约时间，同时也是为了淡化难点。例如在点到直线的距离公式的推导中，中等生、学困生也是能够求出x轴和y轴的平行线与直线的交点坐标的，能求两条直角边的长度，难点在于两条直角边长度运算中要通分和加绝对值，斜边运算过程中要通分和开方，这些地方在多媒体展示过程中可以简单几句带过，避开难点，这是中等生和学困生目前掌握不了的。椭圆的标准方程的推导也是如此，难点在于将其中一个根式移到右边后，在两次平方中合并同类项的运算（也可淡化）。在课时宽松、条件允许的情况下，教师可以让学生课后自己去推导，进一步提升其运算能力。在展示公式、定理的推导过程中，教师要注意特殊情况的讲解，如点到直线的距离公式在直线垂直于x轴和y轴的时候也适用。特殊情况是学生经常忽略的，经常会成为学生的难点、易错点。有了一般情况下公式的推导过程，学生就能更好地理解公式、定理，印象深刻，也为后续数学公式的应用打下良好的基础。

总的来说，数学公式的推导旨在让学生提升运算能力，渗透数学思想方法。对于中等生、学困生来说，数学公式的推导也是非常重要的，对他们提升数学思维和运算能力有很大帮助，应该让他们更多地参与到数学公式的推导过程中，自己动手，主动探索；通过降低运算难度来帮助中等生和学困生理解和掌握数学公式，熟悉其中的数学方法，在他们力所能及的范围内慢慢提升运算能力，提升他们的数学思维，增强他们学好数学的信心。

参考文献：

[1] 数学课程标准研制组．普通高中数学课程标准（实验）解读［M］．南京：江苏教育出版社，2004.

[2] 人民教育出版社，课程教材研究所，中学数学课程教材研究开发中心．普通高中课程标准实验教科书《数学》必修2、5，选修2－1［M］．北京：人民教育出版社，2003.

基于核心素养的高中数学教学设计实践研究

广州市第七十一中学　陈友冬

随着我国课改的持续发展，教育部门提出了培养学生良好的学科核心素养的要求。高中数学这一学科有其独特的核心素养要求，需要教师进行合理设计，将数学核心思想有效渗透到课堂当中。

一、教学目标设计

教学目标是教学设计中的核心内容，也是教学过程中首先要考虑的因素，是教学设计的起点。进一步明确教学目标，能够促进教师有序实施教学计划，提高教学实力，促进课程教学理念的有效落实。为此，需要保证教学目标的可操作性、全面性和科学性。在高中数学学科核心素养的指导下，教师在设计教学目标的过程中应该对高中数学核心素养的相互联系、价值和内涵进行深入分析，全面关注数学核心素养。结合相应的教学任务，综合考虑数学核心概念与核心问题的孕育点，教师需要通过合适的问题引导学生实施探究式学习活动。教师要加强数学核心素养和具体知识内容之间的联系，积极思考将核心素养有效渗透到教学过程当中的有效方法，重点关注将核心素养融入教学过程的基础载体。例如在等差数列教学中，第一课时的授课前，教师可以按照以下教学目标进行设计：第一是基础知识技能，充分掌握等差数列的内涵，了解等差数列相关通项公式以及具体的推导流程，学会从特殊到普遍的思想，通过教学活动逐渐将逻辑推理、数学抽象和数据分析等核心素养渗透到学生心中；第二是学生的灵活应用能力，需要学生合理使用相关等差数列来解决各种实际问题，提高学生的创新意识和应用意识，帮助其形成良好的数学习惯，提升其数学建模素养。

此外，因为核心素养在培养过程中具有连续性、整合性和阶段性等特点，教师需要充分结合教学目标层次性的要求，除了单节课的教学目标之外，还需要重点关注单元和主题的教学目标等，明确相关目标对于培养学生核心素养的重要性，充分把握学生在各个目标阶段中的核心素养联系，科学设计教学目标。例如在指数函数和幂函数等内容中，以基本初等函数为主题，其教学目标设计如下：第一，了解函数及其性质，熟悉函数内的运算规律，同时可以结合具体规律进行灵活计算，形成良好的数学素养；第二，掌握解决问题的具体规律和有效方法，通过具体问题探索数量关系和变化规律，并充分掌握基本初等函数的数学表达方式，提高数学抽象思维；第三，能够利用函数图像对函数性质进行研究，掌握数形结合思想，培养直观想象能力。

二、教学策略设计

在进行教学策略设计的过程中，教师需要考虑到学生基础差异及其数学核心素养的问题，从而结合多种教学手段和方法，科学引导学生发展，为学生创造良好的学习条件，积极组织学生开展探究式的学习活动，促进学生主动参与到整个探究活动当中，师生共同进行学习活动。此外，教师还可以利用先进的多媒体技术，为学生营造出一种人机交互、直观形象、图文并茂的学习氛围，使学生在学习活动中能够拥有多样的活动经验，促进学生利用其自身的创造性思维去解决各种问题。例如在教授立体几何的相关内容时，教师可以利用多媒体等信息手段，为学生展示具体的实物，使其能够在大量体验实物的基础上，结合自身直观感受形成空间立体几何的认识，将空间几何体形象特征抽象概括出来，发展学生的数学抽象和直观想象能力。

三、教学过程设计

教学过程设计，教师要从整体角度入手对教学内容进行全面把握。数学拥有整体性特征，具体表现如下：统计和概率、几何与图形、数和代数之间具有一定的联系，为此需要高中数学教师坚持以核心素养为基础导向，立足于宏观层面对数学体系和内容结构进行合理把握，对学生进行适当启发，使其能够对高中数学各种知识之间的联系有一个更加清晰的了解，把数学知识从点串成线，从线变成面，最后由面变成体，帮助学生形成一种系统的知识结构，促进高中数学学科核心素养和数学知识之间的有机结合。此外，教师还需要在学生学习规律的基础上设计教学过程。例如在教授任意角三角函数相关内容时，学生在初中阶段主要是通过直角三角形边长比对锐角三角形进行判断的，但在高中，随着角逐渐扩大到任意角，教师应该积极引导学生掌握在∠A为第二象限角以及任意角的情况下，∠A并没有在直角三角形内，因此也不能继续使用初中的解题方法，需要指导学生通过直角坐标系对三角形进行重新定义。在整个教学实践过程中，主要是将知识的形成和发展作为基础线索，使学生亲自参与到知识的发生和发展当中，帮助学生形成逻辑推理和直观想象等能力。

四、结语

综上所述，数学学科的核心素养是整个数学学习过程的灵魂所在，怎样将核心素养全面融入教学设计成为当下数学教学主要的研究重点。为此在核心素养的指导下，教师需要进行合理的课堂教学设计，为数学课堂教学实践做好准备。

参考文献：

[1] 陈紫薇. 核心素养下高中数学诊断式教学设计案例研究［D］. 贵阳：贵州师范大学，2018.

[2] 王敏雪. 数学教学目标在中小学数学课堂教学中的应用研究［D］. 昆明：云南师范大学，2017.

第三篇

高考研究

对高考的研究是基于深度学习，打造素养课堂不可缺少的一项内容。它包括对高考内容的改革、高考评价体系、高考命题、数学课程标准、数学科内容改革等进行全方位的研究。只有对这些教学进行研究，才能让我们把握高考改革的方向，从而促进深度学习，构建素养课堂。

试论高考数学复习中思维导图的运用

清远市华侨中学　杨　刚

高中数学知识抽象晦涩，同时知识点牵扯复杂，是学生学习过程中比较头疼的一门学科，多数学生在高考中，容易在数学上发挥失利。而在整个高中阶段的数学学习中，高三复习十分重要，有效的复习可以帮助学生全面巩固知识、提升综合运用能力。但一直以来高考数学复习效果都并不十分理想，鉴于此，思维导图的运用是可以扭转这种局势的，有助于带动数学教学效率的提高。

一、思维导图的含义及其在高考数学复习中的意义

思维导图是英国学者托尼·博赞提出的一种学习方法，思维导图也被称为心智图。在思维导图之中主要是利用文字、连线、数字、顺序等，将知识的内在规律，通过架构图的方式清晰地展示出来，从而利用思维导图与学生大脑逻辑思维的相同放射性，将学生的思考引入深处。在高考数学复习中，思维导图的运用具有以下几个方面的意义：第一，思维导图可以增强知识联系度，帮助学生减少复习时间。思维导图是建立在知识理解基础上，绘制出的简洁、清晰的结构图。思维导图可以将知识之间的逻辑关系更加明确地展示出来，这样就可以增强学生对学科知识的联系度，从而在简单的思维导图中，增强对数学知识的认识理解，有效减少数学复习时间。第二，转变学生认知方式，提高学生学习的积极主动性。高考数学复习时间紧、压力大，很多教师习惯性地采用被动、灌输式的教学方式。这样的教学从某方面来讲扼杀了学生自主学习知识的归纳性，这是导致复习效率低下的重要原因。而思维导图可引导学生自主建立知识理解、分析、归纳的过程，更好地帮助学生转变认知方式，为学生提升学习的积极主动性提供保障。从这一角度分析，思维导图在高考数学复习中的运用也是具有重要价值的。

二、高考数学复习中思维导图的运用原则

思维导图是一种高度秩序、规律发散的图示，在高考数学复习中起着重要作用。但思维导图的运用并不是随意的，在实际运用的过程中，需要遵循以下几个方面的原则：其一，独立自主的参与原则。在教学改革不断推进的过程中，教学越发注重学生主体作用的发挥，只有学生积极主动地参与到学习活动中，才能更好地为教学效果提供保障。而在运用思维导图的过程中，也应该从新课改趋势出发，将学生的自主参与作为落脚点。其二，思维拓展的发散原则。在高考数学复习过程中，教师在引导学生做思维导图时，一定要调动学生的发散思维，要在学生原有知识结构的基础上，实现对知识目标的迁移，这样的思维导图运用才是最具价值的，可促使学生的数学知识应用能力得到更好地、更进一步地提升。其三，科学合理的原则。在高考数学复习中，教师要明确思维导图只是一个工具，要防止滥用、乱用思维导图；使用思维导图前，必须对教学内容和教学大纲做出详细的分析，这样才能更好地保证复习效率。

三、高考数学复习中思维导图的运用策略

在高考数学复习教学中，教师通过利用思维导图，能够提高高考数学复习的质量，满足学生的学习需求，推动学生数学复习效率的提高。

1. 分解知识内容，制订详细的复习计划

在高考数学复习的过程中，复习的知识比较多，而复习的时间又十分有限，因此在复习过程中，教师往往难以兼顾到每一个学生。对于高中生而言，他们从自身的情况出发，制订详细的复习计划就显得至关重要。在这个过程中，思维导图成了学生有效的助力工具。学生可以通过思维导图对复习的知识内容做出分解，从而制订更加清晰明确的复习内容和复习目标。一目了然地掌握自身的学习情况，进而有计划、有目的地进行复习。例如，针对高考所要复习的知识，教师通过引入思维导图的方式，引导学生依据思维导图思考，并找到其中的知识和内涵。同时，在模拟试卷上也可通过思维导图的方式引导学生进行解题分析。相比单纯出题目的方式，思维导图给学生带来直观的视觉冲击感，更能激起学生对试题的关注。

2. 构建知识层次，拓宽学生解题思路

在高考数学复习过程中，学生会发现很多的数学知识之间是具有关联性

的，有可能是并列关系，有可能是因果关系。而很显然思维导图的运用，将知识之间的层次关系更好地展现了出来，可以帮助学生清晰地认识到，高中数学是一门联系性很强的学科；在解题的过程中，就可以帮助学生减少“学新忘旧”的问题，可促使学生的解题思路得到更好的拓宽。例如在高三复习阶段，教师往往是依照规律进行习题讲解，引导学生按照逻辑顺序及程序、步骤进行解题，而在这个过程中，教师就可以运用思维导图，将解题方法的相关知识点串联在一起。以函数方面的知识复习为例，在整个高中阶段，函数知识系统复杂，包括指数函数、三角函数、对数函数等多个方面。若是在教学过程中，教师只是按照书本的结构对学生进行讲解，往往复习效果并不明显。但运用思维导图，教师可以将一次函数、二次函数、对数函数等解题方式系统地为学生展示出来，让学生依照逻辑顺序进行学习，并确保不同函数之间解题的异同点，可以帮助学生更好地提升解题效率。

3. 紧密联系知识，提高数学复习效率

高中数学知识烦琐复杂，而现下的教材采用的又是一种模块式的方式，知识内容以独立的模块方式出现，使得学生对于数学知识的认识相对独立，无法建立起系统联系的认识，这无疑对复习效率的提高造成了很大的影响。而思维导图在高考数学复习中的应用，可以打破教材章节模块化的复习模式，帮助学生建立对教材知识的系统认识，这无疑有助于教学效率的提高。例如，“统计”与“概率”这两个模块知识之间就存在一定的关联，教学中，教师可以将生活中的彩票引入课堂，计算彩票的中奖概率，再统计每个数字开头的不一样彩票号的数量。与生活息息相关的内容可充分调动学生的学习热情，从而激发学生的学习兴趣。教师再带领学生进行数学复习时，可以深入地对教材进行研读分析，找出两者之间的联系，然后将两章知识合并为一章，通过多媒体投影的方式，系统地为学生展示出来。若是时间允许，教师还可以引导学生之间相互交流。这样的数学复习方式，可以帮助学生建立对数学知识的系统全面的认识，因此更有助于复习效率的提高，彰显了思维导图在高考复习中的运用价值。

4. 运用思维导图引导学生有效记忆知识

将思维导图应用在高考数学复习中，最主要的目的是提高学生的复习效率，而运用思维导图进行复习就能够有效引导学生有效记忆知识。只有记忆能力真正提高了，学生对知识的掌握才更加牢固。在以往对学生进行数学教学的过程中，学生的数学学习能力出现参差不齐的状态，有的学生对数学知识掌握得很好，而有的学生出现了明显的差距。而且由于学生记忆方面的差异，学生所体现出来的创造能力也有很大差异。很多学生在复习中会遇到这样的问题：在学习中，对数学理论知识掌握得很扎实，但一旦运用数学知识来解决实际问题，却出现束手无策的状态，没有明确的思路，更没有具体操作的步骤。因此，教师要在教学中注意培养学生运用思维导图来解决问题的能力，也就是提高学生的记忆能力，这样学生才能够真正掌握运用数学知识解决实际问题的能力，真正提高数学复习的效率。例如，在集合相关知识的教学中，教师可以引导学生利用思维导图体现知识之间的内在联系，从而形成一个系统的集合知识网络，进而强化对相关知识的记忆。此外，通过构建思维导图，学生能够将相应的知识点吃透，这样能够更好地解决数学问题，从而实现最佳的复习效果，推动学生数学学习不断进步，同时也提高了高考数学复习的效果。

四、总结

思维导图是一种心智图示方法，符合人体大脑的思考方式。大量的教学实践证明，在高考数学复习中，思维导图的运用可以提高复习效率，可以更好地帮助学生巩固知识，提高学生的数学综合应用能力。在今后高考数学复习中，教师有必要将思维导图推广应用，从而帮助更多的学生在高考数学中取得佳绩。

参考文献：

[1] 程加辉．思维导图在高中数学学习中的应用研究［J］．西部素质教育，2019，5（3）：231.

[2] 赵晖．思维导图在高考数学一轮复习中的应用研究［D］．南京：南京师范大学，2017.

[3] 袁光成．试论高考数学复习中思维导图的运用［J］．当代教研论丛，2016（11）：46.

[4] 肖姝．思维导图在普通高中数学高考复习中的应用研究［D］．贵阳：贵州师范大学，2016.

2020年高考数学“函数与导数”解答题复习策略

广东省大埔县虎山中学　黄小辉

一、考情分析

函数与导数是高中数学的主干知识，是高考考查的重点内容。近几年对函数与导数的考题为“二小一大”或“三小一大”。题型分布选择、填空与解答，侧重考查利用导数研究函数图像的形态，常交汇于逻辑用语、推理证明、解不等式及不等式证明，体现对学生创新知识及探究能力和对学科能力及学科思想的综合考查。难度上分层考查：基础题考查基础知识和基本方法的掌握；中档题考查的是抽象思维能力与逻辑推理能力；难题考查综合应用能力。考查重点和难点：最值问题、恒成立问题、零点问题等是其基本常考题型，要求较高，均在压轴题出现，同时注重对于函数思想及分类讨论思想在函数与导数解答题中的理解应用。

二、考点解释及例题讲解

1. 单调性与极值、最值问题

利用导数研究函数的单调性、极值、最值问题，一般考查两类题型：①讨论函数的单调性、极值、最值；②利用单调性、极值、最值求参数的取值范围。

例1：设函数 $f(x)=[ax^2-(3a+1)x+3a+2]e^x$.

（1）若曲线 $y=f(x)$ 在点 $(2, f(2))$ 处的切线斜率为0，求 a；

（2）若 $f(x)$ 在 $x=1$ 处取得极小值，求 a 的取值范围。

解：（1）$\because f(x)=[ax^2-(3a+1)x+3a+2]e^x$，

$\therefore f'(x)=[ax^2-(a+1)x+1]e^x$

$\therefore f'(2) = (2a-1)e^2$

由题设知 $f'(2)=0$，即 $(2a-1)e^2=0$，解得 $a=\dfrac{1}{2}$

(2) 方法一：由 (1) 得 $f'(x) = [ax^2-(a+1)x+1]e^x = (ax-1)(x-1)e^x$

若 $a>1$，则当 $x\in\left(\dfrac{1}{a},\ 1\right)$ 时 $f'(x)<0$

当 $x\in(1,\ +\infty)$ 时，$f'(x)>0$. 所以 $f(x)$ 在 $x=1$ 处取得极小值

若 $a\leqslant1$，则当 $x\in(0,\ 1)$ 时，$ax-1\leqslant x-1<0$，所以 $f'(x)>0$

所以 1 不是 $f(x)$ 的极小值点。

综上可知，a 的取值范围是 $(1,\ +\infty)$

方法二：由 (1) 得 $f'(x)=(ax-1)(x-1)e^x$

当 $a=0$ 时，令 $f'(x)=0$，得 $x=1$

$f'(x)$，$f(x)$ 随 x 的变化情况见表 1。

表 1

x	$(-\infty,\ 1)$	1	$(1,\ +\infty)$
$f'(x)$	+	0	−
$f(x)$	↗	极大值	↘

$\therefore f(x)$ 在 $x=1$ 处取得极大值，不合题意

当 $a>0$ 时，令 $f'(x)=0$，得 $x_1=\dfrac{1}{a}$，$x_2=1$

① 当 $x_1=x_2$，即 $a=1$ 时，$f'(x)=(x-1)^2e^x\geqslant0$

$\therefore f(x)$ 在 $\mathbf{R}$ 上单调递增

$\therefore f(x)$ 无极值，不合题意。

② 当 $x_1>x_2$，即 $0<a<1$ 时，$f'(x)$，$f(x)$ 随 x 的变化情况见表 2。

表 2

x	$(-\infty,\ 1)$	1	$\left(1,\ \dfrac{1}{a}\right)$	$\dfrac{1}{a}$	$\left(\dfrac{1}{a},\ +\infty\right)$
$f'(x)$	+	0	−	0	+
$f(x)$	↗	极大值	↘	极小值	↗

$\therefore f(x)$ 在 $x=1$ 处取得极大值，不合题意。

③ 当 $x_1<x_2$，即 $a>1$ 时，$f'(x)$，$f(x)$ 随 x 的变化情况见表3。

表3

x	$\left(-\infty,\ \frac{1}{a}\right)$	$\frac{1}{a}$	$\left(\frac{1}{a},\ 1\right)$	1	$(1,\ +\infty)$
$f'(x)$	+	0	−	0	+
$f(x)$	↗	极大值	↘	极小值	↗

$f(x)$ 在 $x=1$ 处取得极小值，即 $a>1$ 满足题意

当 $a<0$ 时，令 $f'(x)=0$，得 $x_1=\frac{1}{a}$，$x_2=1$

$f'(x)$，$f(x)$ 随 x 的变化情况见表4。

表4

x	$\left(-\infty,\ \frac{1}{a}\right)$	$\frac{1}{a}$	$\left(\frac{1}{a},\ 1\right)$	1	$(1,\ +\infty)$
$f'(x)$	−	0	+	0	−
$f(x)$	↘	极小值	↗	极大值	↘

$\therefore f(x)$ 在 $x=1$ 处取得极大值，不合题意

综上所述，a 的取值范围为 $(1,\ +\infty)$.

策略技巧：函数的单调性和最值问题基本思想，是通过基本初等函数或者导数分析其单调性，由单调性讨论函数的最值。

变式训练1：(2017 山东高考卷）已知函数 $f(x)=x^2+2\cos x$，$g(x)=e^x(\cos x-\sin x+2x-2)$，其中 $e\approx2.71828\cdots$是自然对数的底数。

(1) 求曲线 $y=f(x)$ 在点 $(\pi,\ f(\pi))$ 处的切线方程；

(2) 令 $h(x)=g(x)-af(x)\ (a\in\mathbf{R})$，讨论 $h(x)$ 的单调性并判断有无极值，有极值时求出极值。

2. **不等式问题**

导数在不等式中的应用问题难度较大，属中高档题。归纳起来常见的命题角度有：①证明不等式；②不等式恒成立问题；③存在型不等式成立问题。

例2：(2019 年天津高考理科数学试卷）设函数 $f(x)=e^x\cos x$，$g(x)$

为$f(x)$的导函数。

（1）求$f(x)$的单调区间；

（2）当$x\in\left[\frac{\pi}{4},\frac{\pi}{2}\right]$时，证明$f(x)+g(x)\left(\frac{\pi}{2}-x\right)\geqslant 0$；

（3）设x_n为函数$u(x)=f(x)-1$在区间$\left(2n\pi+\frac{\pi}{4},2n\pi+\frac{\pi}{2}\right)$内的零点，其中$n\in\mathbf{N}$，证明：$2n\pi+\frac{\pi}{2}-x_n<\frac{e^{-2n\pi}}{\sin x_0-\cos x_0}$

答案：（1）$f(x)$的单调递增区间为$\left[2k\pi-\frac{3\pi}{4},2k\pi+\frac{\pi}{4}\right]$（$k\in\mathbf{Z}$），$f(x)$的单调递减区间为$\left[2k\pi+\frac{\pi}{4},2k\pi+\frac{5\pi}{4}\right]$（$k\in\mathbf{Z}$）；（2）见解析；（3）见解析。

解析：（1）由已知，有$f'(x)=e^x(\cos x-\sin x)$．因此，当$x\in\left(2k\pi+\frac{\pi}{4},2k\pi+\frac{5\pi}{4}\right)$（$k\in\mathbf{Z}$）时，有$\sin x>\cos x$，得$f'(x)<0$，则$f(x)$单调递减；当$x\in\left(2k\pi-\frac{3\pi}{4},2k\pi+\frac{\pi}{4}\right)$（$k\in\mathbf{Z}$）时，有$\sin x<\cos x$，得$f'(x)>0$，则$f(x)$单调递增。

所以，$f(x)$的单调递增区间为$\left[2k\pi-\frac{3\pi}{4},2k\pi+\frac{\pi}{4}\right]$（$k\in\mathbf{Z}$），$f(x)$的单调递减区间为$\left[2k\pi+\frac{\pi}{4},2k\pi+\frac{5\pi}{4}\right]$（$k\in\mathbf{Z}$）．

（2）证明：记$h(x)=f(x)+g(x)\left(\frac{\pi}{2}-x\right)$．依题意及（1），有$g(x)=e^x(\cos x-\sin x)$，从而$g'(x)=-2e^x\sin x$．当$x\in\left(\frac{\pi}{4},\frac{\pi}{2}\right)$时，$g'(x)<0$，故

$$h'(x)=f'(x)+g'(x)\left(\frac{\pi}{2}-x\right)+g(x)(-1)=g'(x)\left(\frac{\pi}{2}-x\right)<0$$

因此，$h(x)$在区间$\left[\frac{\pi}{4},\frac{\pi}{2}\right]$上单调递减，进而$h(x)\geqslant h\left(\frac{\pi}{2}\right)=f\left(\frac{\pi}{2}\right)=0$

所以，当 $x\in\left[\dfrac{\pi}{4},\dfrac{\pi}{2}\right]$ 时，$f(x)+g(x)\left(\dfrac{\pi}{2}-x\right)\geqslant 0$

(3) 证明：依题意，$u(x_n)=f(x_n)-1=0$，即 $e^{x_n}\cos x_n=1$

记 $y_n=x_n-2n\pi$，则 $y_n\in\left(\dfrac{\pi}{4},\dfrac{\pi}{2}\right)$，且 $f(y_n)=e^{y_n}\cos y_n=e^{x_n-2n\pi}\cos(x_n-2n\pi)=e^{-2n\pi}(n\in\mathbf{N})$

由 $f(y_n)=e^{-2n\pi}\leqslant 1=f(y_0)$ 及 (1)，得 $y_n\geqslant y_0$. 由 (2) 知，

当 $x\in\left(\dfrac{\pi}{4},\dfrac{\pi}{2}\right)$ 时，$g'(x)<0$，所以 $g(x)$ 在 $\left[\dfrac{\pi}{4},\dfrac{\pi}{2}\right]$ 上为减函数，因此 $g(y_n)\leqslant g(y_0)<g\left(\dfrac{\pi}{4}\right)=0$. 又由 (2) 知，$f(y_n)+g(y_n)\left(\dfrac{\pi}{2}-y_n\right)\geqslant 0$，故 $\dfrac{\pi}{2}-y_n\leqslant-\dfrac{f(y_n)}{g(y_n)}=-\dfrac{e^{-2n\pi}}{g(y_n)}\leqslant\dfrac{e^{-2n\pi}}{g(y_0)}=\dfrac{e^{-2n\pi}}{e^{y_0}(\sin y_0-\cos y_0)}<\dfrac{e^{-2n\pi}}{\sin x_0-\cos x_0}$.

所以，$2n\pi+\dfrac{\pi}{2}-x_n<\dfrac{e^{-2n\pi}}{\sin x_0-\cos x_0}$.

策略技巧：

(1) 运用导数证明不等式，常转化为求函数的最值问题。

(2) 不等式恒成立通常可以利用函数的单调性求出最值，解决问题。解答相应的参数不等式，如果易分离变量，可先分离变量，构造函数，直接转化为函数的最值问题，避免参数的讨论。

(3) “恒成立”与“存在性”问题的求解是“互补”关系，即 $f(x)\geqslant g(a)$ 对于 $x\in D$ 恒成立，应求 $f(x)$ 的最小值；若存在 $x\in D$，使得 $f(x)\geqslant g(a)$ 成立，应求 $f(x)$ 的最大值。应特别关注等号是否成立。

变式训练2：已知函数 $f(x)=x+\dfrac{\lambda}{e^x}$

(1) 当 $\lambda>0$ 时，求证 $f(x)\geqslant(1-\lambda)x+\lambda$，并指出等号成立的条件；

(2) 求证：对任意实数 λ，总存在实数 $x\in[-3,3]$，有 $f(x)>\lambda$.

3. 函数的零点问题

研究函数零点的本质就是研究函数的极值的正负，为此，我们可以通过讨论函数的单调性来解决。求解时应注重等价转化与数形结合思想的应用，其主要考查方式有：①确定函数的零点、图像与 x 轴交点的个数；②由函数

的零点、图像与 x 轴交点的情况求参数的取值范围。

例3：（2017新课标Ⅰ高考）已知函数 $f(x)=ae^{2x}+(a-2)e^{x}-x$.

（1）讨论 $f(x)$ 的单调性；

（2）若 $f(x)$ 有两个零点，求 a 的取值范围。

解析：（1）$f(x)$ 的定义域为 $(-\infty,+\infty)$

$f'(x)=2ae^{2x}+(a-2)e^{x}-1=(ae^{x}-1)(2e^{x}+1)$

① 若 $a\leqslant 0$，则 $f'(x)<0$，所以 $f(x)$ 在 $(-\infty,+\infty)$ 内单调递减。

② 若 $a>0$，则由 $f'(x)=0$ 得 $x=-\ln a$.

当 $x\in(-\infty,-\ln a)$ 时，$f'(x)<0$；当 $x\in(-\ln a,+\infty)$ 时，$f'(x)>0$，所以 $f(x)$ 在 $(-\infty,-\ln a)$ 内单调递减，在 $(-\ln a,+\infty)$ 内单调递增。

（2）①若 $a\leqslant 0$，由（1）知，$f(x)$ 最多有一个零点。

② 若 $a>0$，由（1）知，当 $x=-\ln a$ 时，$f(x)$ 取得最小值，最小值为 $f(-\ln a)=1-\dfrac{1}{a}+\ln a$.

a. 当 $a=1$ 时，由于 $f(-\ln a)=0$，故 $f(x)$ 只有一个零点；

b. 当 $a\in(1,+\infty)$ 时，由于 $1-\dfrac{1}{a}+\ln a>0$，即 $f(-\ln a)>0$，故 $f(x)$ 没有零点；

c. 当 $a\in(0,1)$ 时，$1-\dfrac{1}{a}+\ln a<0$，即 $f(-\ln a)<0$

又 $f(-2)=ae^{-4}+(a-2)e^{-2}+2>-2e^{-2}+2>0$，

故 $f(x)$ 在 $(-\infty,-\ln a)$ 有一个零点。

设正整数 n_0 满足 $n_0>\ln\left(\dfrac{3}{a}-1\right)$，

则 $f(n_0)=e^{n_0}(ae^{n_0}+a-2)-n_0>e^{n_0}-n_0>2^{n_0}-n_0>0$

由于 $\ln\left(\dfrac{3}{a}-1\right)>-\ln a$，因此 $f(x)$ 在 $(-\ln a,+\infty)$ 内有一个零点。

综上，a 的取值范围为 $(0,1)$.

策略技巧：用导数研究函数的零点，常用两种方法：一是用导数判断函数的单调性，借助零点存在性定理判断；二是将零点问题转化为函数图像的交点问题，利用数形结合思想来解决。

变式训练3：（2019年高考全国Ⅱ卷理数）已知函数 $f(x)=\ln x-\dfrac{x+1}{x-1}$.

（1）讨论 $f(x)$ 的单调性，并证明 $f(x)$ 有且仅有两个零点；

（2）设 x_0 是 $f(x)$ 的一个零点，证明曲线 $y=\ln x$ 在点 $A(x_0,\ \ln x_0)$ 处的切线也是曲线 $y=e^x$ 的切线。

三、高考备考复习建议

1. 研析命题特征，把脉备考方向

从对近年高考全国卷函数与导数试题的分析看，全国卷都以“两小一大”的形式出现，解答题基本上形成一个模式，作为压轴题出现，第一问求函数解析式、切线方程、极值点或最值、极值、单调区间等问题，较为简单；第二问均和不等式相联系，考查最值问题、不等式恒成立时参数取值范围问题或证明不等式等综合问题，难度较大。特别是压轴题，对分类讨论思想要求较高，对转化与化归、数形结合、函数与方程思想等都给予重点考查，充分体现了高考命题强调“以能力立意”的指导思想，就是以函数知识为载体，从问题入手，把握数学学科的整体意义，加强对知识综合性、应用性的考查。全国新课标高考对函数与导数的综合题考查，重在对函数与导数知识理解的准确性、深刻性；重在与方程、不等式相关知识的联系，要求考生具备较强的数学思维能力、综合分析能力、运算能力和逻辑推理能力；体现了以函数为载体，同时考查多种能力的命题思想。这将是今后全国高考数学的命题方向，必须给予足够的重视。

2. 调整复习策略，给备考复习精确定位

根据全国卷“两小一大”的题量，进行比较全面的分析，备考复习应突出基础性和综合性，要准确理解概念，掌握“通性通法”，学会融会贯通，要会利用函数解决某些简单的实际问题。尤其要关注以下几个问题：一是关注函数的图像与性质，包括定义域、值域、单调性、奇偶性、对称性、周期性、极值、最值等基本内容，强化化归与转化、分类与整合、函数与方程、数形结合等数学思想方法在解题中的作用；二是关注函数与方程、不等式、数列等相结合的综合问题，要发挥导数的工具性作用，如应用导数研究函数的单调性、极值和最值以及不等式的证明等。

3. **回归教材，掌握研究函数的方法**

（1）在复习时，要注重回归教材，突出对函数性质的理解，尤其要熟练掌握基本初等函数的图像及画法，养成“遇函数，先画图”的好习惯，把以形助数、数形结合作为解决函数问题的主要思想与方法。

（2）要关注函数与方程、函数与不等式结合的问题及其常用解法，如函数零点、方程解的个数、存在性问题与函数性质、不等式恒成立问题等；要掌握用函数模型解最优问题及应用题的方法。

（3）必须准确、深刻地理解函数的概念，才能正确、灵活地加以运用，养成自觉地运用函数观点思考和处理问题的习惯。学会利用导数证明函数的单调性，求函数的最大值和最小值，才能建构更加完整的函数知识结构。所谓函数思想，实质上是将问题放到动态背景中去考虑，利用函数观点可以从较高的角度处理方程、不等式、数列、曲线等问题。

（4）含参数函数的讨论是函数问题中的难点及重点，复习时应适当加强这方面的训练，做到条理清楚、分类明确、不重不漏。

总之，函数与导数是高考重要考点，复习中应以全国考试大纲为依据，以考试说明为指导，以函数的基本概念和性质为主线，引导学生利用导数的“工具”作用，培养学生用导数分析函数性质的意识，渗透数形结合、分类讨论、函数与方程等数学思想方法，提高学生解决问题的能力，以适应高考改革对复习的新要求。

核心素养下“数列”高考复习策略

广州市增城区高级中学　胡能其

新的课程标准出台后，高考发生了全新的变化，学科核心素养成为选拔学生的主要标准。高考复习必须围绕立德树人的基本任务，发展学生的核心素养。因此，教师应该改变传统的备考方式，摒弃题海战术，着力发展学生的学科核心素养。数列既是高中数学的核心内容之一，也是高考数学的重点和热点考查内容。本专题在高考中主要考查等差数列、等比数列的定义、通项公式以及求和公式，数列简单的递推关系和数列求和的几种常见方法等内容。“数列”单元蕴含的主要核心素养包括数学抽象、逻辑推理、数学运算、数学建模。所以，我们在复习教学之前，应该纵览全章，从核心素养的角度进行复习备考。本文将通过对“数列”单元的复习，简单阐述如何制定基于核心素养的高考复习策略。

一、深化概念复习，提升学生的抽象概括能力

数学概念是数学思想与方法的重要知识载体，数学概念的教学有利于培养学生的思维能力，进而提升学生的数学学科素养。传统的数列概念复习课，由于教师认为简单，所以基本上都是教师简单复述一下概念的文字表达以及数学符号表达，对概念的复习轻描淡写地带过。而事实上，在复习数列章节时，概念的复习要贯穿始终，教师只有站在让学生学会在不同的数列模型中抽象出等差数列、等比数列的高度进行数列概念复习，才能让学生真正掌握数列的概念，提升学生学科素养，提高解题能力。

例 1：（2013 年全国卷Ⅱ文科数学高考试题 17）已知等差数列 $\{a_n\}$ 的公差不为零，$a_1=25$，且 a_1，a_{11}，a_{13}成等比数列。

（1）求 $\{a_n\}$ 的通项公式；

（2）求 $a_1+a_4+a_7+\cdots+a_{3n-2}$.

本题的考点是等差数列、等比数列的基本知识，考查学生对等差数列的通项公式和求和公式、等比数列的通项公式的应用，其中第二问就是在原有数列 $\{a_n\}$ 的基础上按相同间隔取项，构成一个新的数列，学生要能从新的数列模型中抽象出等差数列，题目就迎刃而解了。

略解：（1）设 $\{a_n\}$ 的公差为 d，由题意得 $a_{11}^2=a_1a_{13}$，

即 $(a_1+10d)^2=a_1(a_1+12d)$，

所以 $d=0$（舍去），$d=-2$.

故 $a_n=-2n+27$.

（2）已知 a_1，a_4，a_7，…，a_{3n-2} 构成以 a_1 为首项，-6 为公差的等比数列，且共有 n 项。

所以，$S_n=\frac{n}{2}(a_1+a_{3n-2})=-3n^2+28n$.

其实，教师在平时的复习备考教学中，要站在"学会抽象"的高度，复习数列的概念，这样学生才能在新的数列模型中抽象出等差数列、等比数列，进而找到解决问题的方法。而从新的数列模型中抽象出等差数列、等比数列是高考中常见的题型之一。

二、通过变式教学，提升学生的逻辑推理能力

变式教学是高三复习课中一种非常有效的教学手段，通过变式教学，学生可以在原有认知基础上通过类比、归纳等推理方式掌握新知，加深对知识本质的理解，提升自己的逻辑推理能力。

例2：已知数列 $\{a_n\}$ 的前 n 项和 $S_n=3n^2+8n$，求数列 $\{a_n\}$ 的通项公式。

本题考查利用 a_n 与 S_n 的关系求数列通项，容易求得结果 $a_n=6n+5$. 下面通过一道变式训练，通过类比推理，提升学生的逻辑推理能力。

变式：（2017 年高考文科数学全国Ⅲ卷 17）设数列 $\{a_n\}$ 满足 $a_1+3a_2+\cdots+(2n-1)a_n=2n$. 求 $\{a_n\}$ 的通项公式。

本题实际上也是考查利用 a_n 与 S_n 的关系求数列的通项公式，但很多学生并没有看出来。其实，我们只要假设 $b_n=(2n-1)a_n$，$\{b_n\}$ 的前 n 项和为 S_n，题目则相当于已知 $S_n=2n$，求 b_n，进而求出 a_n.

略解：设 $b_n=(2n-1)a_n$，$\{b_n\}$ 的前 n 项和为 S_n，则 $S_n=2n$.

当 $n\geqslant 2$ 时，$b_n=S_n-S_{n-1}=2n-2(n-1)=2$，又 $b_1=2$ 符合，所以 $b_n=2$，即 $a_n=\dfrac{2}{2n-1}$.

本题通过变式训练，通过类比推理，去“伪”还“真”，揭示了由数列的和求通项公式的本质，使数学思维得到了训练，提升了逻辑推理的数学学科素养。

三、明算理、巧计算，提升学生的数据处理和运算能力

数列求和是“数列”章节的重要知识点，数列求和的方法较多，但基本上都是围绕着等差数列、等比数列及由它们组合而成的数列求和，学生必须理解每种求和方法的算理，既会选择恰当的求和方法，也懂得计算的原理。

例 3：（2014 年广东）设各项均为正数的数列 $\{a_n\}$ 的前 n 项和为 S_n，且 S_n 满足 $S_n^2-(n^2+n-3)S_n-3(n^2+n)=0$，$n\in\mathbf{N}^*$.

（1）求 a_1 的值；

（2）求数列 $\{a_n\}$ 的通项公式；

（3）证明：对一切正整数 n，有 $\dfrac{1}{a_1(a_1+1)}+\dfrac{1}{a_2(a_2+1)}+\cdots+\dfrac{1}{a_n(a_n+1)}<\dfrac{1}{3}$.

本题的第三问是证明不等式的成立，实际上是如何求左边数列 $\dfrac{1}{a_n(a_n+1)}$ 的和，所以我们要根据左边数列的特征，因为 a_n 是等差数列，所以 $\dfrac{1}{a_n(a_n+1)}$ 既不是等差等比数列，也不是等差等比数列的组合数列，所以想到的对应方法是裂项相消法，不过再仔细分析 $\dfrac{1}{a_n(a_n+1)}=\dfrac{1}{2n(2n+1)}$，如果将 $\dfrac{1}{2n(2n+1)}$ 裂成 $\dfrac{1}{2n}-\dfrac{1}{2n+1}$，那么达不到裂项相消的效果，也就无法解决问题。所以，我们思考一下，由于分母的两项 n 前系数是 2，相等于公差为 2 的等差数列，如果分母中的两项相差为 2 的倍数，显然就可以用裂项相消法求解，而这道题是证明不等式，因此我们可以对左边的求和进行适当的放缩

使其满足裂项相消法的条件，所以我们可以这样处理$\frac{1}{2n\ (2n+1)}<\frac{1}{\left(2n-\frac{1}{2}\right)\left(2n+\frac{3}{2}\right)}=\frac{1}{2}\left[\frac{1}{\left(2n-\frac{1}{2}\right)}-\frac{1}{\left(2n+\frac{3}{2}\right)}\right]$，进而得证。

第（3）问略解：由（2）知，$a_n=2n$.

$$\frac{1}{a_n\ (a_n+1)}=\frac{1}{2n\ (2n+1)}<\frac{1}{\left(2n-\frac{1}{2}\right)\left(2n+\frac{3}{2}\right)}=\frac{1}{2}\left[\frac{1}{\left(2n-\frac{1}{2}\right)}-\frac{1}{\left(2n+\frac{3}{2}\right)}\right].$$

$$\therefore \frac{1}{a_1\ (a_1+1)}+\frac{1}{a_2\ (a_2+1)}+\cdots+\frac{1}{a_n\ (a_n+1)}<\frac{1}{2}\left[\left(\frac{1}{2-\frac{1}{2}}-\frac{1}{2+\frac{3}{2}}\right)+\left(\frac{1}{4-\frac{1}{2}}-\frac{1}{4+\frac{3}{2}}\right)+\cdots+\left(\frac{1}{2n-\frac{1}{2}}-\frac{1}{2n+\frac{3}{2}}\right)\right]=\frac{1}{2}\left(\frac{2}{3}-\frac{1}{2n+\frac{3}{2}}\right)<\frac{1}{3}$$，得证。

不同的数列求和所采用的方法不同，但不管采用什么方法，都涉及算法的选择，只有真正理解运算的算理，才能真正提高运算能力。

四、理论联系实际，注重数学文化，提升学生的数学建模能力

从 2019 年高考数学试题可以看出，高考注重理论联系实际，注重融入数学文化，旨在考查学生的数学建模和应用数学的能力。

例 4：（1）（2017 新课标Ⅱ）我国古代数学名著《算法统宗》中有如下问题："远望巍巍塔七层，红光点点倍加增，共灯三百八十一，请问尖头几盏灯？"意思是：一座 7 层塔共挂了 381 盏灯，且相邻两层中的下一层灯数是上一层灯数的 2 倍，则塔的顶层共有灯（　　）。

A. 1 盏　　B. 3 盏　　C. 5 盏　　D. 9 盏

（2）几位大学生响应国家的创业号召，开发了一款应用软件。为激发大家学习数学的兴趣，他们推出了"解数学题获取软件激活码"的活动。这款软件的激活码为下面数学问题的答案：已知数列 1，1，2，1，2，4，1，2，4，8，1，2，4，8，16，…其中第一项是 2^0，接下来的两项是 2^0，2^1，再接下来的三项是 2^0，2^1，2^2，依次类推。求满足如下条件的最小整数 n. $n>100$ 且该数列的前 n 项和为 2 的整数幂。那么，该款软件的激活码是（　　）。

A. 440　　B. 330　　C. 220　　D. 110

（1）略解：设第 n 层挂了 a_n 盏灯，则 $\{a_n\}$ 为公比为 2 的等比数列，且 $S_7=381$，有等比数列求和公式 $S_7=\frac{a_1(1-2^7)}{1-2}=381$，解得 $a_1=3$.

（2）略解：该数列前 k 组的项数和为 $1+2+3+\cdots+k=\frac{k(k+1)}{2}$.

由题意可知 $n>100$，即 $\frac{k(k+1)}{2}>100$，解得 $k\geqslant14$，$k\in\mathbf{N}^*$.

即 n 出现在第 13 组之后。又第 k 组的和为 $\frac{1-2^k}{1-2}=2^k-1$.

前 k 组的和为 $1+(1+2)+\cdots+(1+2+\cdots+2^k)=(2^1-1)+(2^2-1)+\cdots+(2^k-1)=(2^1+2^2+\cdots+2^k)-k=2^{k+1}-k-2$.

设满足条件的 n 在第 $k+1$（$k\in\mathbf{N}^*$，$k\geqslant13$）组，且第 n 项为第 $k+1$ 的第 m（$m\in\mathbf{N}^*$）个数，第 $k+1$ 组的前 m 项和为 $1+2+2^2+\cdots+2^{m-1}=2^m-1$.

要使该数列的前 n 项和为 2 的整数幂，即 2^m-1 与 $-k-2$ 互为相反数，即 $2^m-1=2+k$.

所以 $k=2^m-3$，由 $k\geqslant14$，所以 $2^m-3\geqslant14$，则 $m\geqslant5$，此时 $k=2^5-3=29$.

对应满足的最小条件为 $N=\frac{29(29+1)}{2}+5=440$，故选 A.

例 4（1）小题是以中国古代文化为背景，考查等比数列的基础知识，解决此题的关键就是建立等比数列的数学模型。（2）小题则是以贴近生活的实例为背景，考查数列的综合应用。此题难度较大，考查了学生数学建模、数学抽象、逻辑推理和数学运算等数学核心素养，是对学生综合能力的考查。

五、结束语

我国在新一轮高考命题改革中，不仅关注学生理解、掌握数学知识的准确性和完整性，更关注所提出的问题中包含的数学思维量，其目的是提升学生作为现代社会公民所具备的数学素养，促进学生自主、全面、可持续发展。所以，我们应该改变传统的备考模式，要把“以记忆为核心”的备考策略转变为“以思维为核心”的备考策略，跳出题海战术，以提升学生学科核心素养为目标进行复习备考。

参考文献：

[1] 张格波．提升核心素养，我们可以怎样做？——以苏教版教材“数列”单元的教学为例［J］．中学数学教学参考，2019（10）：12－16.

[2] 潘爱花．高中数学概念教学的深层次探索——以等差数列与等比数列的教学为例［J］．高中数学教与学，2017（4）：29－31.

[3] 康响．核心素养下《圆锥曲线》高考复习策略［J］．中学理科园地，2018，14（3）：51－52.

高考数学选择题解答基本策略

广东省平远县梅青中学　吴运兴

近几年来，高考数学全国Ⅰ卷试题中选择题稳定在12道题，分值60分，占总分的40%。2018年高考数学考试说明试卷总体评价中提到："高考数学试卷的设计立足于中学数学的基础知识、基本技能和基本方法；以能力立意为核心，坚持多角度、多层次地考查考生的数学能力，推理论证能力、空间想象能力、探究能力、分析问题能力和解决问题能力在试卷中都得到了较好的体现。"高考选择题注重多个知识点的小型综合，渗透各种数学思想和方法，体现基础知识、基础能力的导向，选择题在试卷中以中低档基本题型出现。因此，在选择题上能否获取高分，对高考数学成绩影响很大。选择题是客观题型，无须写出运算、推理等解答过程，切记小题大做，根据题设结构特点灵活解题，做到"迅速、合理、准确"解答选择题，是赢得时间、获取高分的重要保证。解题过程要充分利用题干和选择支的信息，根据合情推理、优化思路、少算多思的基本策略快速找到选项。

一般地，解答选择题的基本策略是：熟练掌握各种基本题型的一般解法；结合高考数学单项选择题的结构特征和不要求书写解题过程等特点，正确灵活运用特例、逐项代、图解等常用解法与技巧；挖掘题目特点，寻求简便快捷的解法。

一、利用题设条件直接推理运算得出结论

直接从题设条件出发，运用相关概念、性质、定理、法则等知识，通过推理运算，得出结论，从中选出正确答案。

例1：（2019年全国Ⅰ卷）设复数z满足$|z-\mathrm{i}|=1$，z在复平面内对应的点为(x, y)，则（　　）。

A. $(x+1)^2+y^2=1$　　B. $(x-1)^2+y^2=1$

C. $x^2+(y-1)^2=1$　　D. $x^2+(y+1)^2=1$

解：直接设 $z=x+yi$，代入 $|z-i|=1$ 可得 $x^2+(y-1)^2=1$，故选 C。

例 2：（2019 年全国Ⅱ卷）已知 $\overrightarrow{AB}=(2, 3)$，$\overrightarrow{AC}=(3, t)$，$|\overrightarrow{BC}|=1$，则 $\overrightarrow{AB}\cdot\overrightarrow{BC}=$（　）。

A. -3　　B. -2　　C. 2　　D. 3

解：直接计算 $\overrightarrow{BC}=\overrightarrow{AC}-\overrightarrow{AB}=(1, 3-t)$，再利用 $|\overrightarrow{BC}|=1$，即得到式子 $\sqrt{1+(3-t)^2}=1$，求得 $t=3$，所以选 D。

二、利用题设的通用条件将特殊值代入验证得出结论

题设中普遍条件都成立时，得出特殊结论，常用的解法是用特殊数值（取得越简单越好）代入计算得出结论，从而找到正确选项。

例 3：已知 $(1-2x)^7=a_0+a_1x+a_2x^2+\cdots+a_7x^7$，则 $a_1+a_2+\cdots+a_7=$（　）。

A. -1　　B. -2　　C. 1　　D. 2

解：令 $x=1$，则有 $(-1)^7=a_0+a_1+a_2+\cdots+a_7=-1$；令 $x=0$，则有 $a_7=1$，所以 $a_1+a_2+\cdots+a_7=-1-1=-2$.

例 4：在三棱柱 $ABC—A'B'C'$ 中，若 E、F 分别为 AB、AC 的中点，平面 $EB'C'F$ 将三棱柱分成体积为 V_1、V_2 的两部分，那么 $V_1:V_2=$（　）。

A. $\frac{5}{3}$　　B. $\frac{7}{3}$　　C. $\frac{7}{5}$　　D. $\frac{3}{5}$

解：由题意分析，结论与三棱柱的具体形状无关，因此，可取一个特殊的直三棱柱，其底面积为 4，高为 1，则体积 $V=4$，而 $V_1=\frac{1}{3}(1+\sqrt{4}+4)=\frac{1}{3}$，$V_2=V-V_1=\frac{5}{3}$，则 $V_1:V_2=7:5$.

已知条件中含有某些不确定的量，但题目暗示答案可能是一个定值时，可以将变量取一些特殊数值、特殊位置，或者一种特殊情况来求出这个定值，这样就简化了推理、论证的过程。

三、利用题设条件逐步剔除干扰项得出结论

从题设条件出发，运用定理、性质、公式推演，根据单选的指令，逐步

剔除干扰项，从而得出正确选项。

例5：已知 $y=\log_a(2-ax)$ 在 $[0,1]$ 上是 x 的减函数，则 a 的取值范围是（　　）。

A. $[0,1]$　　B. $(1,2]$　　C. $(0,2)$　　D. $[2,+\infty)$

解：$\because 2-ax$ 在 $[0,1]$ 上是减函数，所以 $a>1$，排除答案 A，C；若 $a=2$，由 $2-ax>0$ 得 $x<1$，这与 $[0,1]$ 不符合，排除答案 D。所以选 B。

例6：过抛物线 $y^2=4x$ 的焦点，作直线，与此抛物线相交于两点 P 和 Q，那么线段 PQ 中点的轨迹方程是（　　）。

A. $y^2=2x-1$　　B. $y^2=2x-2$　　C. $y^2=-2x+1$　　D. $y^2=-2x+2$

解：由已知可知轨迹曲线的顶点为 $(1,0)$，开口向右，由此排除答案 A、C、D，所以选 B。

此法适用于定性型或不易直接求解的选择题。当题目中的条件多于一个时，先根据某些条件在选择支中找出明显与之矛盾的，予以否定，再根据另一些条件缩小选择支的范围，这样逐步筛选，直到得出正确的选项。

四、将各个选择项逐一代入题设进行验证得出结论

将各个选择项逐一代入题设进行检验，从而获得正确判断的方法叫作选项代入法，又称为验证法，即将各选择支分别作为条件，去验证命题，能使命题成立的选择支就是应选的答案。

例7：函数 $y=\sin\left(\frac{\pi}{3}-2x\right)+\sin 2x$ 的最小正周期是（　　）。

A. $\frac{\pi}{2}$　　B. π　　C. 2π　　D. 4π

解：代入法。$f\left(x+\frac{\pi}{2}\right)=\sin\left[\frac{\pi}{3}-2\left(x+\frac{\pi}{2}\right)\right]+\sin\left[2\left(x+\frac{\pi}{2}\right)\right]=-f(x)$，

而 $f(x+\pi)=\sin\left[\frac{\pi}{3}-2(x+\pi)\right]+\sin[2(x+\pi)]=f(x)$．C、D 选项略算，所以选 B。

例8：母线长为 1 的圆锥体积最大时，其侧面展开图的圆心角 φ 等于（　　）。

A. $\frac{2\sqrt{2}}{3}\pi$　　B. $\frac{2\sqrt{3}}{3}\pi$　　C. $\sqrt{2}\pi$　　D. $\frac{2\sqrt{6}}{3}\pi$

解：代入法。四个选项依次代入求得 r 分别为 $\frac{\sqrt{2}}{3}$，$\frac{\sqrt{3}}{3}$，$\frac{\sqrt{2}}{2}$，$\frac{\sqrt{6}}{3}$，再求得 h 分别为 $\frac{\sqrt{7}}{3}$，$\frac{\sqrt{6}}{3}$，$\frac{\sqrt{2}}{2}$，$\frac{\sqrt{3}}{3}$，最后计算体积取最大，选 D。

此法适应于题设复杂，结论简单的选择题。若能据题意确定代入顺序，则能提高解题速度。

五、利用题设条件借助图形直观判断正确选项

据题设条件作出所研究问题的曲线或有关图形，借助几何图形的直观性做出正确判断。

例 9：在圆 $x^2+y^2=4$ 上与直线 $4x+3y-12=0$ 距离最小的点的坐标是（　　）。

A. $\left(\frac{8}{5}, \frac{6}{5}\right)$　　B. $\left(\frac{8}{5}, -\frac{6}{5}\right)$

C. $\left(-\frac{8}{5}, \frac{6}{5}\right)$　　D. $\left(-\frac{8}{5}, -\frac{6}{5}\right)$

解：图解法。在同一直角坐标系中作出圆 $x^2+y^2=4$ 和直线 $4x+3y-12=0$ 后，由图 1 可知距离最小的点在第一象限内，所以选 A。

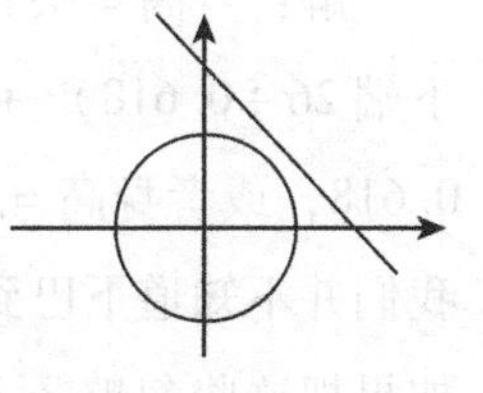
图 1

例 10：不等式 $\sqrt{2x-5}>x+1$ 的解集是（　　）。

A. $\left[-\frac{5}{2}, 0\right)$　　B. $\left[-\frac{5}{2}, 2\right)$

C. $\left[-\frac{5}{2}, 2\right]$　　D. $[0, 2)$

解：如图 2 所示，在同一坐标系中画出函数 $y=\sqrt{2x-5}$ 与 $y=x+1$ 的图像，由图可以直观地得到 $-\frac{5}{2}\leqslant x<2$，所以所求解集是 $\left[-\frac{5}{2}, 2\right)$，所以选 B。

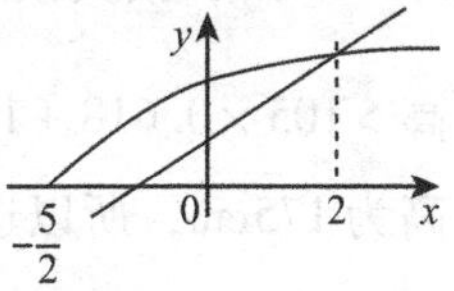

图 2

数形结合，借助几何图形的直观性，迅速做出正确判断是高考考查的重点之一。

六、利用题设条件进行数据推算得出结论

此类题型属于开放性题型，一般没有准确答案或者直接推算比较困难，只要运用题设条件进行数据推算，结合选项找到最接近的答案。

图 3

例 11：（2019 年全国Ⅰ卷）古希腊时期，人们认为最美人体的头顶至肚脐的长度与肚脐至足底的长度之比是$\frac{\sqrt{5}-1}{2}$（$\frac{\sqrt{5}-1}{2}\approx 0.618$，称为黄金分割比例），著名的“断臂维纳斯”便是如此(图 3)。此外，最美人体的头顶至咽喉的长度与咽喉至肚脐的长度之比也是$\frac{\sqrt{5}-1}{2}$. 若某人满足上述两个黄金分割比例，且腿长为 105 cm，头顶至脖子下端的长度为 26 cm，则其身高可能是（　　）。

A. 165 cm　　B. 175 cm　　C. 185 cm　　D. 190 cm

解：身高 = 头到肚脐 + 肚脐到脚底 = （咽喉到脖子下端 26 + 咽喉到脖子下端 26 ÷ 0.618） + （咽喉到脖子下端 26 + 咽喉到脖子下端 26 ÷ 0.618） ÷ 0.618，或者身高 = （105 + 腿跟到肚脐） ÷ 0.618 + 105 + 腿跟到肚脐，可是我们并不知道下巴到咽喉的长度是多少，也不知道腿跟到肚脐的长度是多少，如果把这些忽略不计，按从头顶至咽喉的长度与咽喉至肚脐的长度之比是$\frac{\sqrt{5}-1}{2}$估算，身高 < （26 + 26 ÷ 0.618） + （26 + 26 ÷ 0.618） ÷ 0.618 ≈ 178.15cm，按头顶至肚脐的长度与肚脐至足底的长度之比是$\frac{\sqrt{5}-1}{2}$估算，身高 > 105 × 0.618 + 105 = 169.89cm. 因此 169.89cm < 身高 < 178.15cm，大概身高为 175cm，所以选 B。

例 12：（2019 年全国Ⅰ卷）函数$f(x)=\frac{\sin x+x}{\cos x+x^2}$在 $[-\pi, \pi]$ 上的图像大致为（　　）。

A.
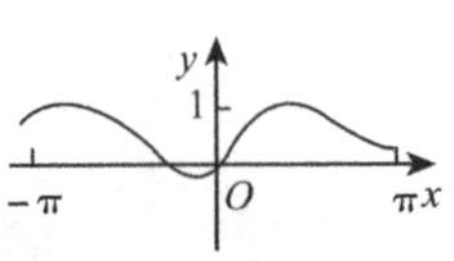

B.
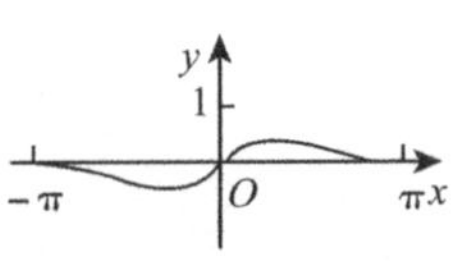

C. 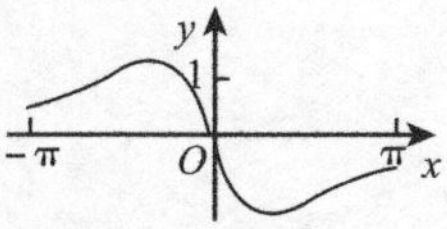

D. 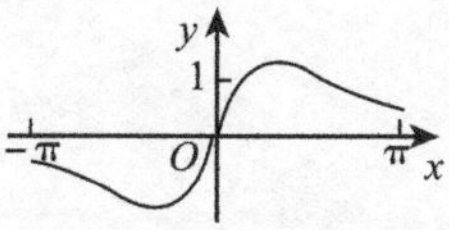

解：讨论奇偶性 $f(-x)=\frac{\sin(-x)-x}{\cos(-x)+(-x)^2}=-\frac{\sin x+x}{\cos x+x^2}=-f(x)$，所以$f(x)$为奇函数，故排除 A；先估算$f\left(\frac{\pi}{2}\right)=\frac{\sin\frac{\pi}{2}+\frac{\pi}{2}}{\cos\frac{\pi}{2}+\left(\frac{\pi}{2}\right)^2}=\frac{4+2\pi}{\pi^2}>0$，排除 C；再估算$f(\pi)=\frac{\sin\pi+\pi}{\cos\pi+(\pi)^2}=\frac{\pi}{1+\pi^2}>0$，排除 B；故选 D。

从考试得分来看，选择题求解只要选对就行，不管是什么方法，在高考时充分利用题目自身所提供的信息，化常规为特殊，避免小题大做，真正做到熟练、准确、快速、顺利完成；充分利用题干和选择支所提供的信息，按照先定性再定量、先特殊后推理、先间接后直接、先排除后计算等原则，小题巧解、简便快捷找出正确选项。这样为非选择题赢得了时间，高考才能得高分。

第四篇

解题探索

学习数学，关键之一是学会解题，解题教学是数学教师的基本功。因此，数学教师不仅要自己会解题，更重要的是想办法教会学生一道题，迁移一大片。数学教育家波利亚认为：“一个有责任心的教师与其穷于应付烦琐的书写内容和过量的题目，不如选择某些有意义且又不复杂的题目去帮助学生发掘题目的各个方面，在指导学生解题的过程中，提升学生的才智与推理能力。”可见，对解题的探索是基于深度学习、构建素养课堂的终极目标之一。

构建解题思维流程图 提高学生数学解题能力

广州市花都区秀全中学 陈伟炼

加涅将人类学习的结果分为五种类型：①言语信息；②智慧技能；③定义性概念；④规则；⑤高级规则。其中，定义性概念是指运用概念的定义对事物分类的能力。规则是反映几个概念之间关系的命题，包括法则、定律、定理、原理、标准、模型等。高级规则通常产生于学生解决问题情境中的思维。当学生试图解决一个具体问题时，可能会将多个简单规则予以组合，从而获得一个解决该问题的高级规则。

通过 10 多年的数学教学，本人发现大部分学生通过高中三年的数学学习，都能掌握基本概念和基本规则，并能熟练地运用到解题中去。然而，对于高级规则，即使到了高考还是有很多学生没有掌握好，在面对一些有一定难度的题型的时候，无从下手，甚至直接空白。这是因为在传统教学模式中，"知识加工"和"问题解决"的思考过程往往是不可见的，而且教师和学生都会更多地关注答案本身，却忽视了答案的生成过程。学生思维的发展并不来自"答案的累积"，而来自"生成答案的思维方法和过程"。对于较难的高级规则，很多学生由于逻辑跟不上，造成思维脱节而无法跟上老师的节奏，久而久之就会失去学习数学的信心，数学成绩也随之大大下降。

解题思维流程图是用一系列图示或图示组合把本来不可见的解题逻辑思维呈现出来，使其过程清晰可见，是一种有效的学习策略。其实，大部分学生思考都是依赖直观思想和形象思维的，教师如果能帮助学生构建解题思维流程图，把抽象的数学知识直观化、流程化，形成一个个解题高级规则，就能大大降低学习难度，从而提高学生学习数学的积极性和解题能力。

下面通过两个例题来说明如何把抽象的数学知识直观化、流程化。

例1：（1）一个动点 P 在圆$x^2+y^2=4$ 上移动时，它与定点 A（3，0）连线的中点 M 的轨迹记为 C，求 M 的轨迹 C 的方程。

解：依题意可设 C（x，y），P（x_0，y_0），则有$\begin{cases}x=\dfrac{x_0+3}{2}\\ y=\dfrac{y_0+0}{2}\end{cases}\Rightarrow\begin{cases}x_0=2x-3\\ y_0=2y\end{cases}$.

因为点 P 在圆上，则$x_0^2+y_0^2=4\Rightarrow M$ 的轨迹 C 的方程为$(2x-3)^2+(2y)^2=4$，即$\left(x-\dfrac{3}{2}\right)^2+y^2=1$.

（2）在平面直角坐标系 xOy 中，点 P 是圆$x^2+y^2=4$ 上一动点，$PD\perp x$ 轴于点 D。记满足$\overrightarrow{OM}=\dfrac{1}{2}$（$\overrightarrow{OP}+\overrightarrow{OD}$）的动点 M 的轨迹为 C，则轨迹 C 的方程为________。

解：设 P（x_0，y_0），M（x'，y'）

$\because PD\perp x$ 轴于点 D，满足$\overrightarrow{OM}=\dfrac{1}{2}$（$\overrightarrow{OP}+\overrightarrow{OD}$），$\therefore x_0=x'$，$y_0=2y'$

$\because$ 点 P 在圆$x^2+y^2=4$ 上，$\therefore x_0^2+y_0^2=4$，$\therefore x'^2+4y'^2=4$，$\therefore \dfrac{x'^2}{4}+y'^2=1$

即轨迹 C 是椭圆，椭圆方程为$\dfrac{x^2}{4}+y^2=1$.

（3）设定点 M（-3，4），动点 N 在圆$x^2+y^2=4$ 上运动，以 OM、ON 为两边作平行四边形 $MONP$，求点 P 的轨迹。

解：如图1所示，设 P（x，y），N（x_0，y_0），则线段 OP 的中点坐标为$\left(\dfrac{x}{2}，\dfrac{y}{2}\right)$，线段 MN 的中点坐标为$\left(\dfrac{x_0-3}{2}，\dfrac{y_0+4}{2}\right)$. 因为平行四边形的对角线互相平分，故$\dfrac{x}{2}=\dfrac{x_0-3}{2}$，$\dfrac{y}{2}=\dfrac{y_0+4}{2}$，从而$\begin{cases}x_0=x+3\\ y_0=y-4\end{cases}$，又 N（x_0，y_0）在圆上，故所求轨迹方程为$(x+3)^2+(y-4)^2=4$，且点 P 不在 OM 所在的直线上，所以需除去点$\left(-\dfrac{9}{5}，\dfrac{12}{5}\right)$，$\left(-\dfrac{21}{5}，\dfrac{28}{5}\right)$.

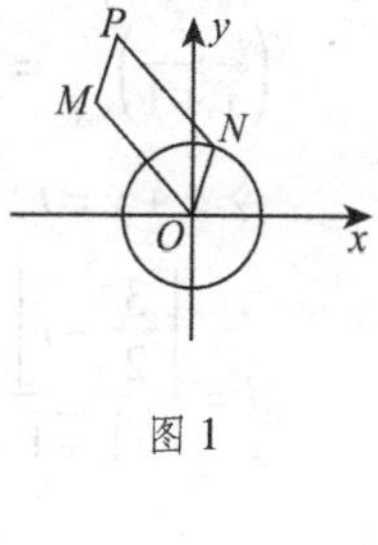

图1

小结：通过这三个例子，我们可以引导学生一起构建解决此类题型的方法（“相关点法”）的思维流程图：设所求动点坐标为 P（x，y）与在某曲线

上的点坐标为 $P'(x', y')$ →寻找 P 坐标与 P' 坐标的关系（通常可以通过中点、向量间的关系、图形性质等寻找点与点的坐标关系）→代入已知曲线，并化简→检验并去除特殊点。具体板书或投影如图 2 所示。

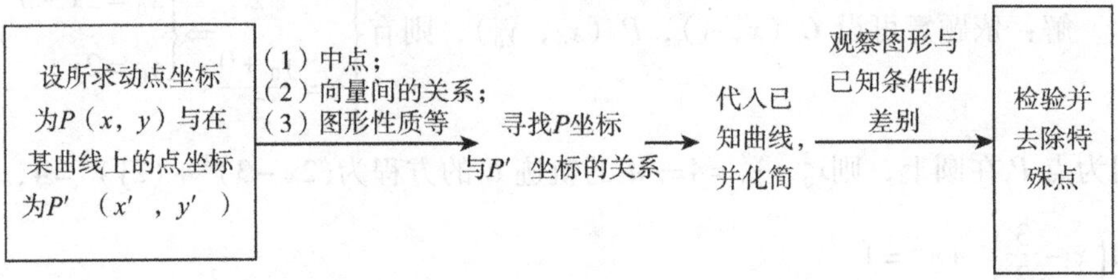

图 2

将“相关点法”的思维流程图形化并展示给学生，从而让学生非常直观地理解这种解题方法的流程。通过对比自己的思维，学生能深刻地认识到自己思维障碍的地方，最终成功地掌握这类题型的解题方法，并提高解题能力。

例 2：设点 $M(x, y)$ 在圆 C：$\left(x-\frac{3}{2}\right)^2+y^2=1$ 上，分别求出 $\frac{y}{x+1}$，x^2+y^2，$x+y$ 的最大值。

解：令 $\frac{y}{x+1}=k \Rightarrow kx-y+k=0$，当此直线与圆 C 相切时取得最值

$$d=\frac{\left|\frac{3}{2}k+k\right|}{\sqrt{k^2+1}}=1 \Rightarrow k=\pm\frac{2\sqrt{21}}{21}，故$$

$$\left(\frac{y}{x+1}\right)_{\max}=\frac{2\sqrt{21}}{21}，(x^2+y^2)_{\max}=\left(\frac{3}{2}+1\right)^2=\frac{25}{4}$$

令 $x+y=t$，此直线和圆 C 相切时取得最值，则有

$$d=\frac{\left|\frac{3}{2}-t\right|}{\sqrt{1+1}}=1 \Rightarrow t=\frac{3}{2}\pm\sqrt{2}，故$$

$$(x+y)_{\max}=\frac{3}{2}+\sqrt{2}.$$

小结：通过这个例题，我们引导学生理解 $\frac{y}{x+1}$，x^2+y^2，$x+y$ 表示的几何意义分别为直线斜率、点与点间距离的平方（或圆的半径）、直线在 y 轴上的截距。进一步引导学生构建思维流程图：理解所求代数式子的几何意义

（一般来说，分式为斜率、二次为距离的平方、一次为直线截距）→根据相应的定量（直线过定点、动点到定点的距离、直线斜率为定值的平行直线束）画出“临界位置”（如相切、距离最近或最远的情况）→计算并判断在这些“临界位置”，所求的斜率、距离、截距是否满足题意。具体板书或投影如图3所示。

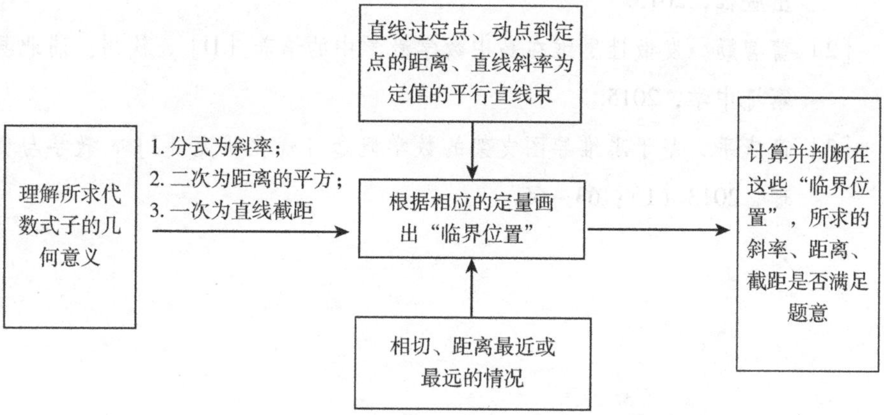

图 3

皮亚杰认为，知识总是以一定的层次结构在人脑中表征，人们在回忆某一具体概念时，常常回忆包含该概念的概念网络，然后形成概念的具体细节。它与人类认知结构中组织、储存知识的方式基本吻合。美国 CEP（品格教育协作组织）在 visc 报告中对可视化的定义是：“可视化能将抽象的符号数据表示成具体的几何关系，使用户更容易、更清晰地理解原来看不见的东西。”澳大利亚著名数学教授 Bishop 指出：“在数学课堂上的所有方面强调可视化描述是有价值的。”

将信息图像化能满足不同学生的需求，使其能以各种不同的方式满足学生个别化和理性化的筛选与理解，有利于促进学生更深层次的思维能力的提升。这就相当于一种支架式教学。支架式教学是以维果茨基的“最近发展区”理论为基础的一种新的构建主义教学模式，通过支架（在教师的引导帮助）把管理学习的任务逐渐由教师转移给学生自己，然后撤去支架。

数学问题往往包含多个要素，其中包含不少的抽象逻辑和内容，这些抽象逻辑和内容并不容易被直观地观察与感知，而大部分学生思考依赖直观思维和形象思维，所以学生不能总是做到清晰自然。而借助解题思维流程图，将解题思维可视化，就能让学生思维更加直观地被感知与消化，从而提高解题能力。

参考文献：

[1] 吴和贵．支架式教学：有效教学的生长点［M］．广东：中山大学出版社，2013.

[2] 曹智勤．发散性思维在高中数学教学中的培养［D］．钦州：浦北县寨圩中学，2015.

[3] 商庆平．基于思维导图支架的数学概念可视化研究［J］．教学与管理，2013（1）：63－65.

高中数学教学中学生解题能力的培养策略研究

广州市玉岩中学　柏君意

解题能力是以问题的形式，将学生的数学知识和对世界的认知联系起来，将知识和实践联系起来，让学生具备用数学知识解决实际问题的能力，将课本知识转化为自身技能，促进学生可持续发展。学生掌握必要的解题能力，将这种能力运用到对生活事件的解决中，能够为学生更好发展奠定坚实的基础。

一、高中数学教学中解题能力的价值

高中数学的解题中，学生以数学基础性知识为依据，对题目中涉及的知识进行分析，建立题目和掌握知识之间的联系，以此提高自身对实际问题的分析能力，在脑海中构建自主学习的概念，解出题目。但是，高中数学题目具有多样性特点，其对应的解题方法也具有多种解题思路。学生在解题上寻求多种解题方式，能够提高学生自身的数学修养水平，达到提高解题能力的目的。提高学生的解题能力符合我国新课标对学生教学的要求，能够帮助学生理解数学题目深层次的含义，促进学生全面发展。

二、高中数学教学中学生解题能力的培养策略

1. 审题能力培养

要解题就必须了解题目的详细信息，因此要培养学生的审题能力，以对题目准确审题，得到所有已知条件、挖掘隐藏条件，对题目及条件进行客观分析，找到题目关键，以转化、逆向分析、建立模型、化简等方式获取更多直观有用的信息，找到解题思路。

例如，$y=2x^2-7$，$x\in[-1,3]$，要求判断该函数奇偶性。在该函数的解

题中，学生可利用学过的奇偶函数的定义直接得出结果：

由 $f(-x)=2(-x)^2-7=f(x)$ 得到 $y=2x^2-7$，$x\in[-1,3]$.

在此过程中，学生利用 $f(-x)=f(x)$ 的基础性概念进行解题，但是没有看到题目当中的隐含条件，没有考虑函数的定义域。本题应先判断该函数的图像性质，判断函数图像是否关于原点对称，由 $x\in[-1,3]$ 得出其定义域并不关于原点对称，$2\in[1,3]$，$-2\notin[1,3]$，因此其函数定义域并不关于原点对称，应判断该函数为非奇非偶函数。该问题的关键在于学生要注重对题目条件的搜集，挖掘隐含条件，进而正确解题。审题能力培养能够避免学生犯一些低级错误，正确理解问题，利用自身知识，解决问题。

2. 发散性思维培养

高中数学题有许多未知条件，需要学生在联想的过程中猜测，发散思维，建立联系，将题目中的条件和数学性质、公式等联系起来，掌握规律，举一反三，将知识迁移到问题解决中。

例如，$A_n^1+2A_n^2+3A_n^3+4A_n^4+\cdots+nA_n^n=n2^{n-1}$.

解题中，学生对 A_n^1 的单个模块分析，从 A_n^2，A_n^3，A_n^4，…，A_n^n 分析，发散思维，联想到学过的 $\begin{cases}C_{n-1}^0+C_{n-1}^1+C_{n-1}^2+C_{n-1}^3+\cdots+C_{n-1}^{n-1}=2^{n-1}\\ kC_n^k=nC_{n-1}^{k-1}\end{cases}$ 系列公式中，结合题目中模块变化规律，建立公式 $A_n^0+A_n^1x+A_n^2x^2+\cdots+A_n^nx^n=(1+x)^n$.

套用到式子中求得结果，令 $x=1$，解出题目。学生在该类问题中发散思维，对题中1，2，3，4，…，n 深入思考，以 $1+2+3+4+\cdots+n$ 的方式，以另一种“倒序相加”方式解决问题。

3. 逻辑性思维培养

逻辑性思维培养让学生站在统筹的角度想问题，分析题目命题，用“如果是……则……”的逻辑性理论，以逆向思维推翻错误命题，解出题目。

例如，已知 $\sin\alpha>\sin\beta$，那么下列命题成立的是（　　）。

（1）若 α，β 是第一象限角，则 $\cos\alpha>\cos\beta$.

（2）若 α，β 是第二象限角，则 $\tan\alpha>\tan\beta$.

（3）若 α，β 是第三象限角，则 $\cos\alpha>\cos\beta$.

（4）若 α，β 是第四象限角，则 $\tan\alpha>tan\beta$.

在该题的解答中，学生以“如果是……，则……”的逆向逻辑思维，利用三角函数及实际图像知识，推翻错误结论，在(4)项中，若 α，β 是第四象限角，且 $\sin\alpha > \sin\beta$，如图 1 所示，利用单位圆中的三角函数线确定 α，β 的终边。

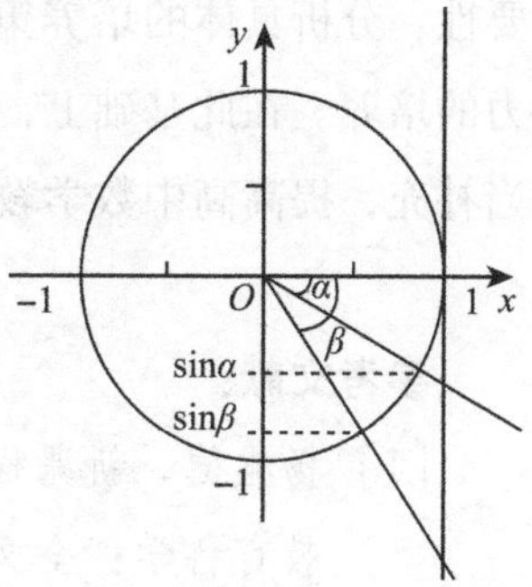

图 1

学生在了解三角函数知识后，习题中将三角函数知识和图像结合起来，利用"如果是……则……"的统筹逻辑思维，推翻错误结论，解出题目，提高自身的解题能力。

三、高中数学教学中培养学生解题能力的建议

1. 对错题及时整合

错题是高中数学学习中不可避免的，错题是对学生解题关键的反映，能够准确反映学生解题能力上的不足。学生要正视自身的错题，对错题及时总结，整合起来。教师要认识到学生错题出现的合理性，尊重学生的错题，让学生积极整合错题。教师积极引导学生从不同的角度想问题，自我分析、自我审视后，找到问题的根源，完善自身数学思维体系。例如，判断函数 $f(x) = 2x^3 - 3x + 1$ 零点的个数为 4 个。

学生在没有验证实际过程时，并不能准确判断，而在运算中考虑不全面、粗心等会导致学生做出错误判断，但是其错误并不是根本性错误，是由于粗心大意导致的。让学生将该类错题整合起来，对判断或题目复杂的习题，给予充分的重视，认识到自己的错误，找到原因，在今后学习中避免出现同类错误。

2. 及时反思

学生在解题中出现问题后及时反思，对解题过程进行总结，出现错误要深入分析错误原因，找到多种解题方式。仅仅掌握一种解题方式对提高学生的解题能力有一定的局限性，在面对一些复杂习题时会使学生遇到困难，不能快速解决。因此，教师要培养学生及时反思的习惯；解题结束后，要让学生深入分析该习题，找到更简便的解题方式，为今后的解题奠定基础。

四、结束语

综上所述，对高中数学教学中学生解题能力培养策略的研究，要分析高中数学教学中解题能力的价值，了解高中数学教学中学生解题能力培养的重

要性，分析具体的培养策略，注重对学生审题能力、发散思维和逻辑思维能力的培养。在此基础上，对高中数学教学中培养学生解题能力的建议做出适当补充，提高高中数学教学效率。

参考文献：

[1] 杨盛德．新课程背景下高中数学教学中学生解题能力的培养［J］．教育科学：全文版，2016（3）：198.

[2] 曾倦生．高中数学教学中学生解题能力的培养［J］．数理化解题研究，2016，2（31）：194－194.

[3] 王旭东．谈高中数学教学中学生解题能力的培养［J］．才智，2017（20）:63－63.

导数中的“隐”零点问题的处理方法

黄冈中学广州学校　杨旭昌

2018 年 11 月底，参加黄冈中学广州学校高三英达班的一次广州市花都区统测，学生的答卷完美地回答了第一问的单调区间，但是第二问的零点问题鲜有人做对，即使考试后能继续做出答案的学生也不多，究其原因还是对处理隐形零点的思维不清晰。今天我们就来对“隐”零点问题做一个详细的探究。

一、考题呈现：2018 年 11 月 29 日花都区高优测

（1）设函数 $f(x)=xe^{x}+a(1-e^{x})+1$，求函数 $f(x)$ 的单调区间。

（2）若函数 $f(x)$ 在 $(0,+\infty)$ 上存在零点，证明：$a>2$.

参考答案如下：（1）过程略。$f(x)$ 在 $(-\infty,a-1)$ 上单调递减，在 $(a-1,+\infty)$ 上单调递增。

（3）方法一：基于变量分离。

证明：由题意可得，当 $x>0$ 时，$f(x)=0$ 有解，

即 $a=\dfrac{xe^{x}+1}{e^{x}-1}=\dfrac{x(e^{x}-1)+x+1}{e^{x}-1}=x+\dfrac{x+1}{e^{x}-1}$ 有解

令 $g(x)=x+\dfrac{x+1}{e^{x}-1}$，则 $g'(x)=\dfrac{-xe^{x}-1}{(e^{x}-1)^{2}}+1=\dfrac{e^{x}(e^{x}-x-2)}{(e^{x}-1)^{2}}$，

设函数 $h(x)=e^{x}-x-2$，$h'(x)=e^{x}-1>0$，所以 $h(x)$ 在 $(0,+\infty)$ 上单调递增。

又 $h(1)=e-3<0$，$h(2)=e^{2}-4>0$，所以 $h(x)$ 在 $(0,+\infty)$ 上存在唯一的零点。

故 $g'(x)$ 在 $(0,+\infty)$ 上存在唯一的零点。设此零点为 k，则 $k\in(1,2)$.

当 $x\in(0,k)$ 时，$g'(x)<0$；当 $x\in(k,+\infty)$ 时，$g'(x)>0$.

$\therefore g(x)$ 在 $(0,+\infty)$ 上的最小值为 $g(k)$.

又由 $g'(k)=0$，可得 $e^k=k+2$.

$\therefore g(k)=k+\dfrac{k+1}{e^k-1}=k+1\in(2,3)$

$\because a=g(x)$ 在 $(0,+\infty)$ 上有解，所以 $a\geqslant g(k)>2$，即 $a>2$.

方法二：基于分类讨论。

由（1）可知 $x=a-1$ 为 $f(x)$ 的极小值点。

若 $a-1\leqslant 0$，则函数 $f(x)$ 在 $(0,+\infty)$ 上单调递增。$\because f(0)=1$ $\therefore f(x)>f(0)=1$，即 $f(x)$ 在 $(0,+\infty)$ 无零点。

若 $a-1>0$，则 $f(x)$ 在 $(0,a-1)$ 单调递减，$(a-1,+\infty)$ 单调递增，$f(x)$ 最小值为 $f(a-1)=a+1-e^{a-1}$，结合 $f(0)=1$，可知满足 $f(a-1)=a+1-e^{a-1}\leqslant 0$ 即满足题意。

设 $h(a)=a+1-e^{a-1}$ $(a>1)$，$h'(a)=1-e^{a-1}=0$，得 $a=1$.

当 $0<a<1$ 时，$h'(a)>0$，当 $a>1$ 时，$h'(a)<0$，$h(a)$ 在 $(0,1)$ 单调递增，$(1,+\infty)$ 单调递减。

又 $h(0)>0$，$h(2)>0$，$h(3)<0$，可知 $h(a)$ 在 $(2,3)$ 有一个零点，设其为 $t_0\in(2,3)$

故 $a\geqslant t_0>2$.

二、追根溯源：2012 年高考真题重现

函数的零点问题是近些年数学高考中的一个热点内容，我们经常借助方程、函数的图像等加以解决。根据函数的零点在数值上是否可以准确求出，我们把它分为两类：一类是在数值上可以准确求出的，不妨称之为显性零点；另一类是依据有关理论（如函数零点的存在性定理）或函数的图像，能够判断出零点确实存在，但是无法直接求出的（一般是超越方程，无有理数解），不妨称之为隐性零点。

例 1：（2012 年全国 I 卷）设函数 $f(x)=e^x-ax-2$.

（1）求 $f(x)$ 的单调区间；

（2）若 $a=1$，k 为整数，且当 $x>0$ 时，$(x-k)f'(x)+x+1>0$，求 k 的最大值。

解析：(1)（略解）若 $a\leqslant 0$，则 $f'(x)>0$，$f(x)$ 在 $\mathbf{R}$ 上单调递增；若 $a>0$，则 $f(x)$ 的单调减区间是 $(-\infty,\ \ln a)$，单调增区间是 $(\ln a,\ +\infty)$.

(2) 因为 $a=1$，所以 $(x-k)f'(x)+x+1=(x-k)(e^x-1)+x+1$.

故当 $x>0$ 时，$(x-k)f'(x)+x+1>0$ 等价于 $k<\frac{x+1}{e^x-1}+x\ (x>0)$（$*$），

令 $g(x)=\frac{x+1}{e^x-1}+x$，则 $g'(x)=\frac{e^x(e^x-x-2)}{(e^x-1)^2}$.

而函数 $h(x)=e^x-x-2$ 在 $(0,\ +\infty)$ 上单调递增。

① $h(1)<0$，$h(2)>0$，所以 $h(x)$ 在 $(0,\ +\infty)$ 上存在唯一的零点。故 $g'(x)$ 在 $(0,\ +\infty)$ 上存在唯一的零点。

设此零点为 a，则 $a\in(1,\ 2)$. 当 $x\in(0,\ a)$ 时，$g'(x)<0$；当 $x\in(a,\ +\infty)$ 时，$g'(x)>0$. 所以 $g(x)$ 在 $(0,\ +\infty)$ 上的最小值为 $g(a)$.

② 又由 $g'(a)=0$，可得 $e^a=a+2$.

③ 所以 $g(a)=a+1\in(2,\ 3)$. 由于（$*$）式等价于 $k<g(a)$，故整数 k 的最大值为 2.

点评：从第 2 问的解答过程可以看出，处理函数隐性零点的三个步骤如下：

① 确定零点的存在范围（本题是由零点的存在性定理及单调性确定的）；

② 根据零点的意义进行代数式的替换；

③ 结合前两步，确定目标式的范围。

三、堂练跟踪

例 3：（2017 年全国课标 Ⅰ 改编）已知函数 $f(x)=ax^2-ax-x\ln x$，且 $f(x)\geqslant 0$.

(1) 求 a；

(2) 证明：$f(x)$ 存在唯一的极大值点 x_0，且 $0<f(x_0)<2^{-2}$.

解析：(1) $\because f(1)=0$，$\therefore f(x)\geqslant 0$ 等价于 $f(x)$ 在 $x>0$ 时的最小值为 $f(1)$，$\therefore$ 等价于 $f(x)$ 在 $x=1$ 处是极小值，$\therefore$ 解得 $a=1$.（过程略）

(2) 证明：由 (1) 可知 $f(x)=x^2-x-x\ln x$，$f'(x)=2x-2-\ln x$，

令 $f'(x)=0$，可得 $2x-2-\ln x=0$，记 $t(x)=2x-2-\ln x$，则 $t'(x)=2-\frac{1}{x}$，令 $t'(x)=0$，解得 $x=\frac{1}{2}$，所以 $t(x)$ 在区间 $\left(0,\ \frac{1}{2}\right)$ 上单调递减，

在$\left(\frac{1}{2}, +\infty\right)$上单调递增，所以$t(x)_{\min}=t\left(\frac{1}{2}\right)=\ln 2-1<0$，从而$t(x)=0$有解，即$f'(x)=0$存在两根$x_0$，$x_2$，且不妨设$f'(x)$在$(0, x_0)$上为正、在$(x_0, x_2)$上为负、在$(x_2, +\infty)$上为正，所以$f(x)$必存在唯一极大值点$x_0$，且$2x_0-2-\ln x_0=0$，所以$f(x_0)=x_0^2-x_0-x_0\ln x_0=x_0^2-x_0-x_0(2x_0-2)=-x_0^2+x_0$，由$x_0<\frac{1}{2}$可知$f(x_0)<(-x_0^2+x_0)_{\max}=-\frac{1}{2^2}+\frac{1}{2}=\frac{1}{4}$；由$f'\left(\frac{1}{e}\right)<0$可知$x_0<\frac{1}{e}<\frac{1}{2}$，所以$f(x)$在$(0, x_0)$上单调递增，在$\left(x_0, \frac{1}{e}\right)$上单调递减，故$f(x_0)>f\left(\frac{1}{e}\right)=\frac{1}{e^2}$；

综上所述，$f(x)$存在唯一的极大值点x_0，且$e^{-2}<f(x_0)<2^{-2}$.

四、思考与总结

通过上面三个典型案例，不难发现处理隐性零点的三个步骤，这里需要强调的是：

第一个步骤中确定隐性零点范围的方式是多种多样的，可以由零点的存在性定理确定，也可以由函数的图像特征得到，甚至可以由题设直接得到，等等。至于隐性零点的范围精确到多少，由所求解问题决定，必要时尽可能缩小其范围。

第二个步骤中进行代数式的替换过程中，尽可能将目标式变形为整式或分式，那么就需要尽可能将指数函数式、对数函数式用有理式替换，这是能否继续深入的关键。

第三个步骤实质就是求函数的值域或最值。

最后需要说明的是，隐性零点代换实际上是一种明修栈道、暗度陈仓的策略，也是数学中“设而不求”思想的体现。

五、对应作业

1.（2015 年新课标Ⅰ）设函数$f(x)=e^{2x}-a\ln x$.

(1) 讨论$f(x)$的导函数$f'(x)$零点的个数；

(2) 证明：当$a>0$时，$f(x)\geqslant 2a+a\ln\frac{2}{a}$.

2. (2018年广州一模) 已知函数$f(x)=ax+\ln x+1$.

(1) 讨论函数$f(x)$零点的个数;

(2) 对任意的$x>0$, $f(x)\leqslant xe^{2x}$恒成立, 求实数a的取值范围。

3. 已知函数$f(x)=\frac{1}{3}x^3+x^2+bx$, $g(x)=e^x+1$, 其中$e=2.718\cdots$.

(1) 判断函数$f(x)$在$[-2,+\infty)$上的单调性;

(2) 设函数$F(x)=\frac{g(x)}{f'(x)}$的定义域为$\mathbf{R}$, 且有极值点。

① 试判断当$b=2$时, $F(x)$是否满足题目的条件, 并说明理由;

② 设函数$F(x)$的极小值点为x_0, 求证: $F(x_0)<\frac{e\sqrt{e}}{5}$.

第五篇

课题研究

新课程改革要求教师更新教育观念，转变教育教学行为，做学者型、研究型、创新型教师。进行教育教学研究是每一位教育工作者必须面对的事，而“问题即课题、教学即研究、提高即收获、效果即成果”，因此，教师应从教学问题中确定课题。有了课题，教学研究就有了目标、方向和具体内容。这也是基于深度学习、构建素养课堂之必须。

搭建学习支架 促进数学理解的理论与实践研究

广州市玉岩中学 吴和贵

一、问题的提出

（一）研究背景与问题的针对性

1. 研究背景

促进数学理解和提高课堂教学的有效性是教学改革永恒的主题，也是每一位教育工作者所追求的。然而，在实际的教学中，教师“满堂灌”，把学生当作装载知识的“容器”的现象还不少见。导致的结果是学生被动接受、厌学、课堂教学低效甚至无效。究其原因，是学生缺乏对数学知识主动建构的过程。对此，《为了中华民族的复兴，为了每位学生的发展：基础教育课程改革纲要（试行）解读》（钟启泉主编）一书中明确地提出：“我国目前的中小学教学有一个非常突出的问题，那就是：教师很辛苦、学生很痛苦，然而我们的学生却没有得到应有的发展。这是新一轮课改必须面对的一个问题，而且还需要有多种可供选择的解决问题的方案。其中一个方案是如何使我们的教师拥有数学理解的理念，掌握数学理解的策略和技术。”

2. 问题的针对性

基于以上背景，本课题组对以下四个问题进行了思考：

（1）教师如何在课堂教学中既重视学生的意义建构，又关注学生在意义建构过程中所遇到的困难？

（2）如何使学生学会学习？

（3）如何才能真正做到让学生主动学习？

（4）如何实现课堂教学的真正有效？

基于对以上四个问题的思考，我们研究认为，要解决以上四个问题，就必须认识到教师教学生学数学的最佳方法应该是："组织和创设一个让学生能在其中尽其所能，充分发展自己的合适的教学环境，搭建适宜学生学习的支架。"

基于数学理解的学习支架搭建策略的研究从理论与实践两个方面开展，以转变教师的教育观念为前提，以促进学生个性心理品质健康发展和转变学生的学习方式为突破口，构建相应的学习支架搭建策略和教学程序，并进行教学设计。实证研究将在学生的"最近发展区"内搭建学习支架，帮助学生学会学习，关注学生的主动参与，培养学生的实践能力、动手能力、选择能力、自主探究能力、合作能力，丰富学生的学习方式，改进学生的学习方法，尊重学生的人格和在数学学习上的差异，激发学生的学习兴趣，帮助学生养成良好的学习习惯，形成积极探索的态度，改善思维品质，促进数学理解，提高创新能力，提高学生的数学成绩，促进学生的长远发展，从而实现高中数学课堂教学的真正有效。

（二）研究的主要内容

（1）通过对国内外关于数学理解和学习支架的相关研究进行综述，以获得可借鉴的经验，为基于数学理解的学习支架搭建策略的研究确定一个恰当的起点。

（2）在学习支架与数学理解的相关理论的指导下，从理论上对开展基于数学理解的学习支架搭建策略研究的可行性进行分析。

（3）根据他人的研究成果并结合自己高中数学课堂教学实际，总结出基于数学理解的学习支架搭建的策略，并以此提出课堂实施策略及实施程序。

（4）研读分析高中数学课程标准以及高中数学教材，并结合学习支架的有关理论，设计适合数学学科特点的学习支架，按照高中数学课程标准、数学教学系统的四个要素（教师、学生、教学内容、教学媒体）以及数学理解等要求来进行教学设计。

（5）在对高中数学理解开展现状进行分析的基础上，开展基于数学理解的学习支架搭建策略的实证研究。

（6）通过课堂教学实验，整理并分析实施基于数学理解的学习支架搭建策略之后所带来的变化。

（7）根据实证研究结果，得出若干研究结论并有针对性地提出若干教学建议和一些尚待解决的问题，为本研究的进一步推广，以及广大数学教师在今后继续实施基于数学理解的学习支架搭建策略进行课堂教学时提供有价值的参考和借鉴。

（三）课题研究的意义

1. 基于数学理解的学习支架搭建策略的研究在理论方面的贡献和意义

基于数学理解的学习支架搭建策略的研究是一种面向“田野”的研究。本课题研究是学科问题解决研究的深化。本课题研究为学科问题解决的研究提供了前进的方向和继续生长的土壤，具备了将认知心理学的理论研究成果和学科教学实践密切结合的重要特点。在大量文献分析的基础上，阐明学习支架的搭建对提高高中数学课堂教学有效性的可行性，厘定数学理解中的学习支架的类型、搭建策略、实施程序和课堂组织，并进行教学设计等是本课题最基本和最重要的理论成果。本课题的研究对学习支架理论和数学理解的理论都有一定的丰富和创新，对数学教育教学理论研究具有一定价值和贡献，对发展数学教育改革的理论基础也有一定意义。

2. 基于数学理解的学习支架搭建策略的研究在教学实践方面的价值和意义

基础教育新课程改革的不断推进，对教学模式的创新和学习方式的转变有了更为迫切的需要，对教师也提出了更高的要求。而许多一线教师对于如何达到新课程改革的目标感到迷茫和无助，本课题的研究能够为教师提供一种新的教学思路，使其对新课程理念的理解有一种较为具体的依托。基于数学理解的学习支架搭建策略的研究，能够帮助教师转变教学行为方式，帮助教师形成与基础教育改革理念相适应的教育观念，走出“教师教得辛苦，学生学得痛苦”以及“满堂灌”，把学生当作装载知识的“容器”和应试教育的误区；帮助学生学会学习，注重学生的主动参与，培养其实践能力、自主探究与合作能力；改进学生的学习方式与学习方法，激发学生的学习兴趣，尊重学生的差异，帮助学生养成良好的学习习惯，形成积极的学习态度，着眼于学生的长远发展，从而真正实现数学理解和课堂教学的有效。

此外，理论和实践两方面的研究可以使教师的专业素养与学生一道得到同步提高和发展，也可以为基于数学理解的学习支架搭建策略的研究的更进一步完善提供一些思考，同时也为广大中小学数学教师今后的教学实践提供了有价值的参考和借鉴。

本课题的研究将为提高学生和教师的整体素质，大面积提高教育教学质量提供理论和实践两方面的依据，具有较大的现实意义。

二、相关概念与文献综述

（一）相关概念

1. **支架的内涵**

“支架”原意为建筑行业中的脚手架，是建筑楼房时施予的暂时性支持。当楼房建好后，这种支持就拆掉了。当将支架应用于学习时，它表示同行、成人或有能力的人在另一个人的学习过程中所施予的有效支持。

从图 1 可以看出支架是如何发生的，左边白色的条形柱表示提供给学习者的支架，而右边黑色的条形柱表示学习者的渐进知识水平。在过程的最后，我们可以看到学习者无须帮助就可独立自主地完成学习任务。

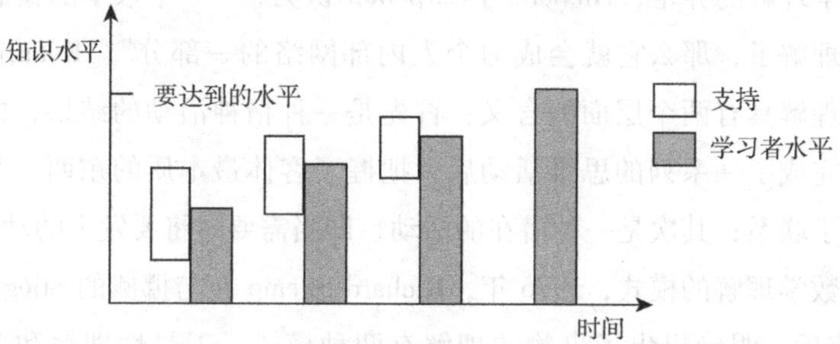

图 1

维果茨基的“最近发展区”理论将学习者的实际发展水平和潜在发展水平联系起来，并在一个更有能力的人的帮助和指导下才得以进入“最近发展区”。支架的构建就是帮助学习者快速有效地进入“最近发展区”，从而获得潜在的发展水平。

因此，支架的过程是一个教师或更有能力的他人先为学习者提供支架，然后通过支架把管理学习的任务逐渐转移给学习者，最后撤去支架的过程。

2. **运用基于数学理解的学习支架搭建策略的教学及基本环节**

根据欧洲共同体“远距离教育与训练项目”的有关文件，运用基于数学理解的学习支架搭建策略的教学被定义为：运用基于数学理解的学习支架搭建策略的教学应当为学习者建构对知识的理解提供一种概念框架。这种框架中的概念是为发展学习者对问题的进一步理解所需要的，为此，事先要把复杂的学习任务加以分解，以便于把学习者的理解逐步引向深入。运用基于数学理解的学习支架搭建策略的教学是建构主义的一种教学模式，它是一种以学生为中心，利用情境、协作、会话等学习环境要素充分发挥学生的主动性、积极性和首创精神，最终达到使学生有效地对当前所学知识的意义建构目的的教学方法。运用基于数学理解的学习支架搭建策略的教学由以下几个环节组成：①搭脚手架；②进入情境；③独立探索；④协作学习；⑤效果评价。

（二）文献综述

1. 国内外对数学理解的研究现状与学术思想

数学理解是近年来在数学教育领域中较受关注的研究课题，原因在于数学理解不仅是数学课程和教学的重要目标之一，而且它对于学生的数学学习能力和数学素养的发展均具有重要作用。因此，在日常教学中，教师应有意识地对学生的数学理解予以关注，并积极探索有效促进学生数学理解发展的措施和策略。

对数学理解的界定，Hiebert 与 Carpenter 认为，“一个数学的概念或方法或事实被理解了，那么它就会成为个人内部网络的一部分”。Kotarbinshki 指出，数学理解具有两个层面的含义：首先是一种精神活动的结果，即数学理解的主体完成了一系列的思维活动后，把握了客体最本质的东西，并与相关内容建立了联系；其次是一种潜在的活动，即当需要时将要发生的动作。

对于数学理解的模式，1976 年，Richard Skemp 在与挪威的 Stieg Mellin－Olsen 交流后，明确提出了事物的理解有两种模式：工具性理解和关系性理解。所谓工具性理解，是指一种语义性理解——符号 A 所指代的事物是什么，或者一种程序性理解——一个规则 R 所指定的每一个步骤是什么，如何操作；关系性理解则还需加上对符号意义和替代物本身结构上的认识，获得符号指代物意义的途径，以及规则本身有效性的逻辑依据等。Richard Skemp 认为：学生在学习新的数学概念或数学公式时，由于对代表学习对象的符号形式不熟悉，往往把注意力集中于对符号本身含义的描述，而不是它的指代物的意义上，即所从事的是促进“工具性理解”形成的活动。他还明确给出关系性理解的四个优势：更有益于学习者解决新的问题；更容易记忆；本身就是一个数学学习的目的；有助于形成高质量的知识结构。

对于数学理解的水平，1994 年，英国的 S. Pirie 和加拿大的 T. Kieren 提出一个数学理解发展的“超回归”数学理解模型，即运用模型间接地、直观地描述学生数学理解的过程和本质。该模型由八个不同的理解水平组成，即原始认识、产生表象、形成表象、性质认知、形式化、观察评述、构造化、发明创造。这八种水平的关系可以用八个相嵌套的圆来表示，并依水平的增高代表圆的半径依次增大，前一个圆包含在后一个圆中，逐步拓展。它们包含了人们理解某一数学知识（概念、公式、定理等）所经历的全过程。模型从认知的观点认为数学理解并非直线式的提高或直线式的发展，而是一个动态的、分水平的、非线性发展的、反反复复的建构过程。

对于数学理解的功能，Carpenter 和 Resnick 等人的研究结果表明，数学理解有助于发明创造，基本观点是：丰富的内部知识网络容易激活、引导和检验，这是创造和发明的基础，而完善的图示建构依赖于理解。Baddeley 等人认为，理解能促进记忆。Davis 和 Meknigth 等人对理解和迁移的关系做了较深入的研究，指出理解会直接影响迁移。此外，Doyle 等人通过研究认为，理解会影响学生对数学的信念。

数学理解是数学教育的中心问题，数学教学特别注重学生理解能力的发展，因此，国内对数学理解的研究也非常重视。上海市青浦县（现为青浦区）数学教改实验小组通过大样本因素分析得到数学理解的三个层级分类，即记忆性理解、解释性理解和探究性理解。其中，记忆性理解的教学和解释性理解的教学都是以教师为中心的，而探究性理解的教学是以学生为中心的。判断解释性理解和探究性理解的一个关键就是看学生的数学理解是教师教给学生的还是学生自己独立思考获得的。当教师把理解教给学生时，教学是在解释性理解上操作；当学生和教师通过共同探究去发展理解时，教学才是在探究性理解上操作。就我国目前数学教学现状而言，多数教师采用教师讲授、学生理解为主的方法；有些教师采用学生自主探究的教学方法，着重培养学生探究和创造的能力；当然，仍有些教师的教学方法停留在让学生机械记忆的阶段。

刘良华教授在《数学理解的六种维度观及其启示》一文中介绍了数学理解的六种维度，即解释、释义、应用、洞察、移情、自知，并指出这六个维度从多个角度阐明了什么是数学理解，学生实现数学理解时应有何种表现。这六种维度观对我们深入认识数学理解，改进数学教学提供了一些有益的启示。该文提出：

第一，数学理解要求认知与情感协调统一。根据数学理解的六种维度观，数学理解不仅包含认知领域，还包含情感领域。数学理解的六个维度体现了认知与情感的协调统一，认知中渗着情感，情感中带有认知。

第二，教师应全方位考查学生的数学理解。依据数学理解的六种维度观，我们知道对数学的理解是一种多维度、复杂的东西。有研究表明，即使学生给出了一个表面看来完美的解答，也不表明学生完全理解了其中相关的数学，有的可能只是一种记忆与模仿。因此，教师在考查学生对数学的理解时，应多角度地进行考查，而不是只根据学生对问题的答案来确定他是否理解。

第三，注重数学交流。在教学过程中，教师应注重数学交流。通过数学交流，教师可以发现学生理解的过程，理解的深刻程度，有没有独到的见解，存在的问题是什么，以及存在这些问题的原因在哪里。学生也可以通过交流重新认识、思索哪些理解得不是很透彻，哪些理解出现了偏差，自己的理解与别人的理解有什么不同，别人的优点在哪儿。这样就可以达到数学理解的批评洞察和移情性体验程度。

徐兆洋在《数学理解型教学及其课例设计》一文中指出，教学具有理解性，理解是数学教学的内在本质，数学理解型教学包含彼此相互联系的三个层面：第一层面是理解性教学。理解是数学教学的基本属性，数学学习重在理解。现代认知心理学研究表明，对于一些简单的技能，训练也许可以奏效，但对于较为复杂的技能，特别是高级思维技能，则必须建立在理解的基础上。如果说掌握知识是数学教学的主要目的，那么，理解是掌握数学知识的有效手段，数学教学应为学生理解性学习创造条件。第二层面是“数学”地理解。学会数学地理解就是学会从数学的角度观察、思考和处理问题。从数学中最简单的数与形，到现代数学中的许多概念、分支，都是数学家在理解世界的过程中抽象或建立起来的。在这里，理解是探索世界的方法，数学知识是理解世界的结果。与掌握一些具体的数学知识相比，学会“数学”地理解也许是数学教学更为基本的价值追求。第三层面是为理解而教。理解是数学教学的目标，而且是一个极其重要的目标。知识的获得和应用是以理解为基础的。理解是具有关联性价值的目标，是构成认知目标的基础和核心。在教学实践中，以理解为取向，围绕理解组织教学有助于教学目标的全面实现。

2. 国内外对学习支架的研究现状与学术思想

国外对于学习支架理论的研究相对较少。现有的研究，从层面上看，主要集中于注重学习支架在教学中应用的实证研究。早在 20 世纪 90 年代中期，人们就将学习支架应用到各类课堂中，并有向各类教学形式渗透的趋向。国外专家起初主要将支架应用于认知学徒模型中。1996 年，Jonasen 将支架应用于诊断性评价的训练中，荷兰的 Winnips J. C. 对支架也有较全面的研究：从研究对象上看，主要集中在低年龄学生阶段，很少有针对高中生的研究报告；从研究内容看，涉及语言学习、阅读、写作、数学等科目的教学应用。还有一些研究比较关注学习支架的分类情况，如美国的Bernie Dodge博士认为学习支架可以分为接收支架、转换支架和产品支架。

国内有关建构主义的理论应用非常多，学习支架属于建构主义的一部分，所以人们在研究时往往附带着对学习支架做一些描述。但是，关于学习支架的专门研究相对较少。从已经存在的学习支架方面的研究来看，主要包括学习支架的概念、学习支架应用的原则、学习支架的形式以及学习支架的设计技术、支架的搭建步骤等。

胡小勇、祝智庭在《教学问题设计研究：有效性与支架》一文中提到利用教学问题设计支架的使用方法。学习支架在教学中的应用主要分为三类：一类是在传统课堂教学中的应用研究，一类是在探究式学习中的应用研究，还有一类是在计算机支持协作学习（CSSL）中的应用研究。冯晓英等在《远程校际协作学习中支架教学策略的应用研究》一文从八个维度构建了教学支架系统，并通过研究发现校际协作学习与传统课堂教学不同，不仅在学习的初始阶段需要学习支架的支持，在整个过程中都需要学习支架的支持。

华东师范大学教育信息技术系闫寒冰老师在《信息化教学的学习支架研究》一文对学习支架的定义、理论基础、形式及作用做了较全面的介绍。北京师范大学的何克抗教授在《建构主义的教学模式与教学方法》中对支架的涵盖步骤做了相应研究。

近几年，有一个新的概念出现在英特尔未来教育的学习内容中，它就是"学习支架"。其"教学指导手册"将"学习支架"作为一个重要的学习内容，向教师介绍学习支架的基本知识，在学习过程中的引导、帮助作用，以及教师应怎么设计学习支架。另外，还有关于学习支架的教学案例。

总之，我国针对中小学生学习提供的学习支架还很少，这说明我们对于有关学习支架理论的学习和理解还停留在理性思维阶段，要将其真正运用于实际教学中还需要进一步的研究和努力。

三、解决问题的过程和方法

（一）研究策略

1. 理论研究先行

为提升课题研究的效益，本课题研究采用理论研究先行的原则，首先进行理论研究，理论上可行实践中才有可能。理论研究以文献研究为主，在理论上反复论证，力求在理论上比较完善，然后才在教学实践中推行实施。无论在本课题的研究之初，还是在研究的进程中，始终坚持“理论→实践→理论”的研究原则。

本课题研究的主要理论基础为：

(1) 教育学、心理学的一般原理和高中数学课程标准的基本理念。高中数学课程标准要求凸显“以学生发展为本”“以学生为学习主体”的思想。有意义的数学学习必须建立在学生主观愿望和知识经验的基础上。有效的数学学习活动不能单纯依赖模仿与记忆。动手实践、自主探索，与合作交流，是学生学习数学的重要方式。

(2) “最近发展区”理论。“最近发展区”的理论认为，每个学生都存在着两种水平——现有水平和潜在水平——称之为“最近发展区”和“教学最佳区”。支架式教学模式就是从学生的这两种水平出发，对较复杂的问题通过建立“支架式”概念的框架，使学生自己能够沿着“支架”逐步向上攀升，不停地将学生的智力从一个水平引导到另一个更高的水平，从而完成对复杂概念意义的建构。

(3) 建构主义学习理论。建构主义学习观认为，学习是一个积极主动的建构过程，学习者不是被动地接受外在信息，而是主动地根据先前的认知结构注意和有选择地知觉外在信息。因此，在教学过程中，应当以学生为中心，视学生为认知的主体。教师只对学生的意义建构起帮助和促进作用。建构主义的教学方法特别强调，在教学环节中，教师要注重情境的创设和引导学生进行协作学习，并在此基础上由学生自身最终实现对所学知识的意义建构。

(4) 教学最优化理论。Бабанский 教育教学过程最优化的理论认为：要达到教学最优的目的，就必须分析学生状况和教学任务，明确教学内容，选择教学方法、方式，拟订教学进度，对教学结果加以测定和分析等。要达到最优的关键：一是分析教材中主要的和本质的东西，确保学生能掌握这些内容；二是选择学生能有效地掌握所学内容、完成学习任务的教学方法、方式，进行有区别的教学。

(5) 多元智力理论。1983 年，美国哈佛大学心理系教授加德纳提出了关于智力的新理论——多元智力理论。他倡导学生主动参与、探究发现、交流合作的学习，倡导教师角色、教与学的方式的变革，在教育理论与实践领域产生了极大影响。以多元智力理论为指导的全新的个性化的教学理念和最优的教与学的方式为提高课堂活动有效性教学策略的实施提供了良好的思路。

（6）数学本身的特点。数学区别于其他学科最本质的特点是其抽象性和形式化。首先，高中数学知识是一种高度抽象化的逻辑知识。因此，要理解数学知识，必须具备一定的抽象思考能力，这就必须有一个逻辑的思考过程，而这个思考过程，就必须按照一定的脉络——构建数学支架，并通过支架的引领和驱动，才能使知识的发生、发展自然、清晰，最终达到有效。其次，数学教材呈现的是其学术形态，它通常表现为冰冷的美丽，而数学教师的任务在于返璞归真，把数学形式化的逻辑链条，恢复到数学家发明创造时的火热思考。学生只有经历这一思考的过程，才能理解和欣赏到这份冰冷的美丽。因此，要将学术形态的冰冷的美丽转化为教育形态的火热的思考，就必须构建有意义的数学问题（搭建学习支架），并通过问题（支架）的引领和驱动方可进行和展开，深入下去。

2. 实证研究至上

实证教学研究始终恪守行动至上的教研原则，坚守“教学实践是检验教学理论的唯一标准”。课题小组在理论上达成共识，才能开始实施实证研究。实证研究以教学实践和教学案例开发为主，采用“实践→反思改进→再实践→再完善”的循序渐进的递进方式。

3. 具体做法

实证教学程式的研发以课题主持人为主。主持人先选择典型的教学案例，通过理论与实践相结合研究得出运用基于数学理解的学习支架搭建策略的教学模式；再经课题小组研讨提出改进方案，课题成员达成共识；然后小组成员各自开发该课型的教学案例；从而得出“基于数学理解的学习支架搭建策略研究”的教学流程。

（二）研究阶段

1. 准备阶段（2015 年 1—3 月）

成立课题组，制订研究计划，确立研究方案。

2. 文献调研阶段（2015 年 4—6 月）

系统地查阅与学习支架、数学理解等有关的文献资料，对已有的相关研究做一个较为全面的梳理，以开阔研究的视野，为本研究找到恰当的起点。

3. 调查分析阶段（2015 年 7—9 月）

依据高中教材的特点及高中学生的心理特征，设计测查目前高中数学课堂教学现状以及高中数学理解开展情况的问卷并予以分析，从教师和学生两个层面为后续研究提供现实基础。

4. **模式研究和教学设计阶段**（2015 年 10—2016 年 8 月）

在文献研究和调查分析的基础上，提出基于数学理解的学习支架搭建策略与实施的教学模式，并对学习支架的搭建对促进数学理解，提高高中数学课堂教学有效性的可行性进行分析。在此基础上，厘定数学理解中的学习支架的类型、搭建策略、实施程序和课堂组织形式，并进行教学设计。

5. **教学实践和分析阶段**（2016 年 9—2017 年 7 月）

选择适合的教学内容和班级，以建构主义下的支架式教学对促进数学理解，提高数学课堂教学的实效性的教学模式为指导进行教学设计。根据相关的教学设计进行为期一学年的教学实践活动，从教和学两个方面对该教学实践活动进行过程分析，完善基于建构主义的支架式教学模式及相关教学案例的设计，从分析结果中找出该教学模式与促进数学理解，提高课堂教学实效性间的相互关系。

6. **总结阶段**（2017 年 8—10 月）

对课题资料进行整理和汇总；审定初步研究成果；完成课题研究的终期论文；完成课题研究报告；申请结题，成果提交，请专家进行评审；进行课题结项答辩。

四、实证研究及研究结论

（一）基于数学理解的学习支架搭建策略教学实施程序的构建

运用基于数学理解的学习支架搭建策略的教学实施流程一般为：第一步，教师创设情境，为学生的探索搭建情感支架。第二步，根据创设的情境提出问题，但要注意提出的问题要有一定的难度和梯度，并具有引导意义，做到步步深入、层层递进。第三步，让学生尝试独立探索，问题提出后，要给学生留有一定的独立思考的时间和空间，让学生尝试进行独立探索，但这时的探索可能是盲目的，甚至很可能是不着边际的，但却是必要的。如果这一探索过程顺利，就可以进入下一阶段的合作交流；否则，就要为学生搭建认知支架引导学生探索。如果还不顺利，还要继续搭建支架，这一过程可循环进行。第四步，营造民主讨论氛围，引导学生合作交流。合作交流和独立探索可交替进行，不能截然分开。如果这一过程顺利，学习便可继续进行；如果不顺利，教师还要反复搭建探索和交流的支架，直至完成对所学知识的意义建构。第五步，搭建元认知支架，引导学生反思评价，并最终使学生完成对所学知识的意义建构。运用基于数学理解的学习支架搭建策略的教学程序流程图如图 2 所示。

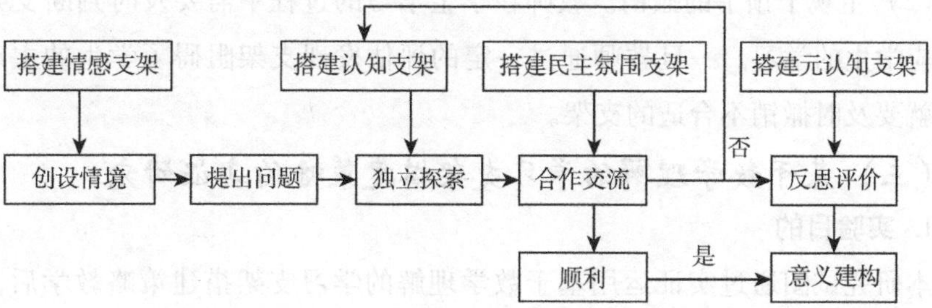

图 2

（二）运用基于数学理解的学习支架搭建策略的教学课堂组织的基本环节

运用基于数学理解的学习支架搭建策略的教学课堂组织的基本环节如下：

1. 前期分析

前期分析的目的在于帮助教师搭建合理的支架。其中所包含的内容有学习任务分析、学生分析和学生学习过程的预分析。

2. 支架搭建

支架在运用基于数学理解的学习支架搭建策略的教学中起着重要的作用，因此我们不可不重视支架的搭建。具体来说，重视支架搭建的理由有以下三个方面：第一，支架的搭建是为了联结学生已有发展水平和潜在发展水平；第二，支架的搭建是为了引导学生的学习；第三，支架的搭建是为了让学生主动学习。

3. 运用基于数学理解的学习支架搭建策略的教学的展开

运用基于数学理解的学习支架搭建策略的教学的主体是学生，因此运用基于数学理解的学习支架搭建策略的教学中的学习在课堂内主要有三种形式出现：一是在教师指导下的独立探索；二是在教师指引下的小组学习；三是教师的讲授学习。这三种形式将会交叉出现在运用基于数学理解的学习支架搭建策略的教学中。这主要取决于学生学习的需要。

4. 支架的调整与撤销

教师要根据教学进程中学生掌握知识的情况适时调整支架，其目的就在于保证学生学习的积极性，真正促进每个学生的能力发展。调整支架的手段主要有两种：一为调整支架的跨度；二为添加支架。支架的撤销主要存在两种情况。

（1）非主观干预下的撤销。当学生可以通过自己的能力在预期目标上进行独立学习时，支架也就没有存在的必要了，就会自动撤销。

（2）主观干预下的撤销。教师在学生学习的过程中需要及时判断支架是否适应学生的学习。一旦教师通过一定的评估发现支架阻碍了学生的主动学习，就要及时撤销不合适的支架。

（三）基于数学理解的学习支架搭建策略的实证研究

1. 实验目的

本研究试图通过实证运用基于数学理解的学习支架搭建策略教学后，研究其给教与学带来的影响和变化，从而验证运用基于数学理解的学习支架搭建策略教学以后确实可以提高高中数学课堂教学的有效性。

2. 实验的对象

选取玉岩中学高三2016—2017学年度第一学期期中考试数学成绩比较接近的两个层次的班级进行对照。

3. 实验结果分析

为探讨运用基于数学理解的学习支架搭建策略进行教学对学生学习成绩的影响，本实验在实验过程中做了实验班与控制班学生数学成绩的比较，见表1、表2。

因为实验班、控制班的样本容量均大于30，所以前测、后测数学成绩均分采用双总体 Z 检验方法对其进行显著性检验，计算公式为 $Z=\dfrac{\overline{x_1}-\overline{x_2}}{\sqrt{\dfrac{s_1^2}{n_1}+\dfrac{s_2^2}{n_2}}}$. 实验班与控制班前后测数学成绩平均分比较（$\bar{x}\pm s$）、及格率比较结果见表1和表2。

表1　实验班与控制班前、后测数学成绩平均分比较（$\bar{x}\pm s$）

班别	N	前测（满分150分）	后测（满分150分）
实验班	42	109.56 ± 12.68	120.43 ± 9.41
控制班	42	109.77 ± 12.56	112.37 ± 9.37
Z	—	0.92	t = 2.87

表2　实验班与控制班前、后测数学成绩及格率比较

班别	N	前测（%）	后测（%）
实验班	42	83.3	95.2
控制班	42	83.3	90.5

表1和表2的数据信息表明：

前测成绩实验班比控制班平均分低0.21分，及格率差不多，控制班略高。两班前测成绩平均分无显著差异（$Z=0.92$，$p>0.05$）.

从后测数据来看，实验班比控制班平均分高8.06分、及格率高4.7%。实验班与控制班考试成绩平均分有显著差异，表明实验班学生的数学成绩明显超过了控制班。

由此可以看出，实验班与控制班在运用基于数学理解的学习支架搭建策略教学后，实验班高分段学生明显增多，实验班的高分段频数明显高于控制班。这就表明运用基于数学理解的学习支架搭建策略教学实验对提高“中上水平”学生的数学成绩效果比较显著。但实验班低分段学生人数与控制班相比没有发生根本性改变（从及格率可见），这表明运用基于数学理解的学习支架搭建策略教学实验对数学成绩（相对）较差的学生效果不太明显。

为真正了解运用基于数学理解的学习支架搭建策略教学后对不同层次水平学生的影响，对实验班和控制班分层进行 t 检验，因为各个层次的样本容量均小于30，计算公式为 $t=\dfrac{x_1-x_2}{\sqrt{\dfrac{n_1s_1+n_2s_2}{n_1+n_2-2}}\sqrt{\dfrac{1}{n_1}+\dfrac{1}{n_2}}}$，三个水平学生数学成绩前、后测差异比较（$\bar{x}\pm s$）结果见表3。

表3

水平	组别	N	前测（满分150分）	后测（满分150分）
优	实验组	14	134.49 ±1.97	141.97 ±4.83
	对照组	14	134.75 ±2.11	132.02 ±3.43
	t		−0.13	2.76
中	实验组	20	115.56 ±5.20	133.82 ±11.88
	对照组	20	114.84 ±5.01	124.21 ±11.13
	t		0.35	2.52
学困	实验组	8	89.18 ±5.61	95.22 ±8.91
	对照组	8	90.54 ±6.03	93.96 ±9.89
	t		−0.33	1.44

表3的数据表明，在数学成绩方面，优生和中等生的实验组与对照组前测均分无显著差异（优生：$t=-0.13$，$p>0.05$；中等生：$t=0.35$，$p>0.05$），而后测均分差异显著（优生：$t=2.76$，$p<0.05$；中等生：$t=2.52$，$p<0.05$）. 这同样说明运用基于数学理解的学习支架搭建策略教学后对优生及中等生在数学成绩提高方面，效果是明显的。但是对于学困生，实验组与对照组比较，前测（$t=-0.33$，$p>0.05$），后测（$t=1.44$，$p>0.05$）均分差异不显著。这说明运用基于数学理解的学习支架搭建策略教学实验对学困生在提高数学成绩方面的效果不是很明显。

（四）研究结论

从研究结果看出，运用基于数学理解的学习支架搭建策略进行教学可得到以下结论：

1. 学生的主体地位得到体现，教师主导作用得到充分发挥

运用基于数学理解的学习支架搭建策略的教学，其课堂面向的是全体，更多的学生在教学过程中得到了更公平的对待，充分体现了学生的主体地位。

在运用基于数学理解的学习支架搭建策略的教学过程中，教师大部分的时间在进行教师主导活动。教师更多的是面向全体学生及时调控教学和调整教学进程，给更多的学生以参与的机会，调动全体学生的学习积极性，优化了学习过程，从而提高了教学效率。

2. 提高数学学习兴趣，培养良好的学习习惯，增强学习数学的自信心和信念

实施引导学生独立探索的教学策略，能强化学生的学习兴趣；实施组织学生合作交流的教学策略，使学生具有学习兴趣形成的心理基础；实施指导学生反思评价的教学策略，推动了学生数学学习兴趣的发展。

“良好的数学学习习惯是形成高效数学学习的充分条件。”对所构建支架的有效独立探究和合作交流，既激发了学生的探究心理，从而使学生产生积极的数学情感，又让学生在交流中体验数学的发现过程，使其产生对数学的喜爱，建立和培养了学生学习数学的良好习惯，从而形成学生学习数学的积极态度。

此外，在运用基于数学理解的学习支架搭建策略的教学实施过程中，教师是学生学习的组织者、引导者和合作者，从根本上改变了以往教师权威者的形象，给学生一个平等交流、合作的空间，建立了和谐的师生关系，从而增强了学生学习数学的自信心。

3. 提高学生理解和多种数学能力

“数学是研究数量关系和空间形式的科学，理解是数学学习的重要环节。”实验结果表明，实验班的优秀率、及格率和平均分明显高于控制班，这说明运用基于数学理解的学习支架搭建策略教学能有效地提高学生的理解和运用知识的能力。这是因为，运用基于数学理解的学习支架搭建策略教学通过支架的搭建与情境的创设，对支架的攀爬与主动探索，师生间、生生间的对话交流与互动，转变了学生的学习方式，充分挖掘了学生的潜能，既加深了学生对知识的理解，又培养了学生主动探究、数学应用和创造性思维等多种数学能力，从而提高了学生的数学学业成绩。

4. 对学困生学习成绩的提高不甚明显

实证研究表明，实施运用基于数学理解的学习支架搭建策略进行教学能够提高学生的整体数学成绩，特别是对优生和中等生的数学成绩的提高十分显著，但对学困生的数学成绩的提高不怎么明显。学困生的数学成绩没有提高，并不是因为运用基于数学理解的学习支架搭建策略不适合学困生，而是因为教师没能搭建适合学困生探索的学习支架。

5. 能够帮助学生学会学习

从实验结果可以看出，由于采取了自主探索和协作交流等多种学习方式的有效组合，实验班的学生在课堂学习中，理解迁移能力、思维的灵活性和创造性均优于控制班，表现出较好的发展趋势，从而可以帮助学生学会学习。

6. 促进数学理解和提高课堂教学的有效性

如前所述，运用基于数学理解的学习支架搭建策略的教学打破了传统的“师讲生听”的课堂教学模式，代之为以学生为主体的教学模式，教师从学生的原有经验和实际水平出发，面向学生的认知差异，以支架的搭建来创设一定的情境，全员参与，使每个学生在课堂上都动起来。这既减轻了学习负担，提高了学习效率和质量；又培养了学生的自主创新精神和独立思考以及合作交流的能力；在教与学之间搭建一条有效、融合之道，从而促进数学理解和提高课堂教学的有效性。

总之，在运用基于数学理解的学习支架搭建策略进行教学的过程中，通过情境的创设和教学支架的辅助支撑作用，学生的认知发展不断从“现有发展区”提升到“最近发展区”，教师也将学习的责任逐步从自己身上转移到学生身上，让学生进行自主学习。这种教学策略不仅能满足不同学生的情感需求，也能最大限度地顾及学生的认知差异；不仅保证了教学从每个学生的起点开始，建立了有效的教学反馈系统，而且实现了每个学生由被动学习转为主动学习，发展了师生的探究精神和独立思考能力。

因此，在运用基于数学理解的学习支架搭建策略的教学中，教师只要深入挖掘知识的内涵和外延，为学生提供合适的教学支架，充分利用学生之间的活动与讨论，合理运用师生之间的互动，依靠学生的学习经验，相信学生的主动学习能力，使学生成为课堂的主人，让学生向知识的高峰不停攀登，不断缩短原有水平与学习目标之间的距离，最终完成对所学知识的意义建构和方法建构，就能使运用基于数学理解的学习支架搭建策略的教学切实成为课堂教学建构功能发挥的有效途径。

数学理解，实质就是不断把“最近发展区”转化为“现有发展区”的过程。实践证明，只有针对“最近发展区”设计教学活动，才能促进学生的发展，实现有效学习。

五、研究不足及尚待研究的问题

（一）研究的不足

由于本研究中的实证研究是在学校正常的教学活动中进行的，实证研究的条件有限，仅在玉岩中学两个班进行实验，样本容量小，时间短，对效果的评价比较简单，考虑指标单一，无法全面显示实验情况，同时也未能完全排除干扰因子对实验结果的影响。因此，该实验仍需要花工夫做进一步深入的研究。此外，由于研究者的学术修养和学术视野的限制，对数学理解下的支架式教学的探讨不能站在较高的平台上更加深刻、细致地分析，有许多问题还有待进一步研究。

（二）尚待研究的问题

本研究所构建的基于数学理解的学习支架搭建策略教学的实施程序及其课堂组织的基本环节为我们提供了一套行之有效的高中数学课堂教学模式。运用基于数学理解的学习支架搭建策略进行教学，关键是教师如何为学生的“学”搭建合适的支架，这需要教师课前做大量的工作，精心地进行教学设计。实施支架式教学，虽然课堂上教师讲的少了，但教师的任务不是减轻了，而是加重了，只不过教师的工作由台前转移到了台后。虽然支架式教学有助于把学习的主动权还给学生，有助于让学生学会学习，有助于提高教学的有效性，但运用基于数学理解的学习支架搭建策略进行教学也有它不完善的地方，还存在一些尚待研究的问题，需要我们进一步完善。

1. 在具体的课堂教学中，哪些措施可以算作学习支架

在课堂教学中，如果学生学习某个知识时，教师没有采取一定的教学措施和手段，对学生的学习将会造成或多或少的困难，而采取了某个教学措施或教学手段后，可以降低学生学习的困难或消除学习的困难，或者可以加速学生对知识的理解，这样的措施和手段都可以算作学习支架。因为消除学生学习困难的措施可以有很多，这就需要对学习支架的类型、作用、使用的原则进行研究，才可以提高广大教师教学设计的能力。

一般来讲，一节课上，为了突出教学的重点和突破学习的难点而设计的学习支架是这节课中的重要支架，是一节课中必不可少的学习支架。而为了消除一部分学生的学习困难，或者为了加快学生的理解速度，教师所采取的学习支架因人而异，因班级而异。

2. 如何合理构建辅助整个班级的支架以及帮助个别学生的支架

由于每个学生都有各自不同的“最近发展区”，一个班级就会有一个范围更为广泛的“最近发展区”。仅仅构建一个辅助整个班级的支架显然不能满足学生的需要。这就要求教师在恰当的时机为个别学生量身设计支架。例如，教师在学生进行小组讨论时，会对学生进行个别辅导，更多地关注小组合作而非个人表现，这种做法是有效的，因为这种方式能够节约时间使得每个小组都有机会接受教师的帮助。但是，教师无法有效地控制给予每一个学生的关注力及辅导时间。在课堂上，这样的情景时有发生：教师可以花 5 分钟时间回答一个学生接二连三的提问，而当他转向另一个学生，询问其是否有问题的时候，那个学生会说没有。教师便跳过该学生继续帮助下一个学生。结果，第一位学生在课堂陈述时的表现比第二位没有问题的学生优秀很多。正如 Newman 和 Goldin 所说，最需要被帮助的学生往往最不懂得去寻求帮助。要解决这个问题，最好的方式就是促进一个班级整体自主学习调控能力的提升。也就是说，有能力的学生可以帮助辅导能力不足的学生，这种协作的学习模式对于学生是有益的。

3. 如何在有限的时间里完成支架的搭建

支架式教学理论主张对复杂内容的深度学习，因此它相当耗费时间。然而，受到教学内容的制约，搭建支架的时间通常是非常有限的。它对教师提出了另一种挑战——如何在有限的时间里完成支架的搭建？因此，在这个时候，教师越俎代庖的现象就会时有出现，直接告诉，甚至包办。这样一来，教师就剥夺了学生思考的权利，也错过了促进学生提高能力、发展思维的“关键时刻”。

4. 如何控制教学进度和教学秩序

上面的研究结果表明，学生的独立探索、合作交流等策略确实能发展学生的思维，提高学生的多种数学能力，但是，有时问题结论的隐蔽性、探索过程的烦琐性、复杂性，可能就会使探索占去课堂的大部分时间，教学任务难以完成。如果教师为了赶进度，搭的支架过多，引导过度，学生又会失去一个很好的探究和培养能力的机会，这也违反了搭建支架的适度性原则。再者，合作交流确实能够活跃气氛、集思广益、互相启发，但是有时学生间的交流会不着边际，课堂秩序难以维持，如果教师对课堂秩序控制较多，合作交流又难以展开。那么，如何解决以上这些矛盾呢？这是我们需要进一步研究的问题。

5. 如何把课堂掌控权顺利过渡给学生

只有当学生参与到互动中，并保持教师对对话的控制时，支架的作用才能被最大化地发挥出来。这就是说，虽然教师应该对教学目标进行控制，但课堂最终应由学生来主导。因此，教师就要决定在何时以何种形式把以教师为核心的课堂转化成以学生为中心的课堂。而这一决策往往取决于教师的经验和教师对学生学习兴趣的感知。然而，目前却缺乏帮助年轻教师运用这一教学技巧的理论指引。

6. 如何提高学困生的学业成绩

通过前面对实验结果的分析，我们得知，实施基于数学理解的学习支架式教学策略对学困生数学成绩的提高不明显。之所以会出现这样的结果，主要是因为在学习中，中上等的学生表现自己的机会多，在课堂上或习题作业中能够充分展现自己的思维，教师能够较容易地发现中上等学生学习的“最近发展区”，进而采取相应的应对策略；并不是因为支架式教学策略不适合对学困生教学，主要是教师没能站在学困生的角度，搭建适合学困生探索的学习支架。“最近发展区”理论认为，每个学生都有一个最近发展区域，不同的学生其最近发展区域也不相同，搭建学习支架时要注意遵守多样性原则。因此，要想提高学困生的学业成绩，首先，教师必须站在学困生的“最近发展区”上，为学困生搭建适合他们探索的学习支架。其次，教师要善于为学困生创造成功的机会和体验。成功会使学生的信心和成就感不断被强化，从而促进学生进一步探索。要想做到以上两点，我们认为，最好的办法是对学生实施分层教学、分层指导、分层评价，即对不同层次的学生提出不同的目标和要求，给予不同的学习任务，搭建不同的支架，给予不同的评价方式；使每个学生都能体验到成功后的满足感，充分地挖掘其发展的潜能，使他们都可以在各自的“最近发展区”上得到最大的发展，使我们的课堂教学充分体现因材施教的思想。但是要做到这些，实现这些想法绝非易事。这需要投入大量的人力和物力，在当前的教学条件和教学环境下很难做到。这也是笔者继续探索所面临的一个问题。

7. 如何改变教师的教学观念

实施基于数学理解的学习的支架式教学策略，需要教师切实转变教学观念，不断提高自身素质。切实转变教育观念不能只停留在口头上，一定要体现在行动上，彻底抛弃“精英教育”“应试教育”的思想，真正面向全体学生，以学生的发展为本。教师只有在正确的教育理念指导下，才能使支架式教学策略发挥其应有的价值。那么，怎样才能切实转变教师的教育观念呢？这就需要教师关注课程改革，加强理论学习，树立终身教育的思想；学校或上级教育部门应多为教师创造继续学习的条件和机会，转变教师的教学理念，不断提升教师自身的素质和教学水平，为我国全面实现素质教育创造良好的大环境。

8. 如何认识并跨越支架式教学在课堂教学中的障碍

尽管支架式教学模式从理论基础到操作程序都很严密，但是在课堂教学的实践中必然会遇到很多障碍。

（1）“最近发展区”的多重性。支架式教学要求教学始终保持在学生的“最近发展区”之内。然而，在班级授课中，学生人数众多，必然产生多重性的“最近发展区”。首先，“最近发展区”不是一个点，而是一个区间，对每个学生来说，这个区间的大小也不相同。也就是说，具有相同现有发展水平的学生会具有不同的区间容量，他们的潜在发展水平也就不相同，即他们的“最近发展区”并不统一，会因各自心理发展内容而各异。所以，即使保持在“N＋1”这个范围内，不同学生所能接受的“1”也不相同。其次，“最近发展区”只是一个潜在的虚拟的空间，只有当问题呈现出来，并且对学生构成一个相邻的挑战时，最近发展区才能“显现”出来。因此，我们不可能像分辨学生身高差异那么容易地区别出学生的“最近发展区”的差异。

（2）学生已有经验不同。支架式教学要求必须根据学生已有的知识和经验设立支架。学生来自不同的家庭，有着不同的生活背景，拥有不同的“原认知”和“前概念”，因此建构事物的角度、方式、深度甚至性质可能不同。尽管建构主义要求以一种开放的、多元的价值观来对待教学中出现的不统一甚至是相互对立的价值取向，但是在班级授课中如何使这些不同的价值取向得到普遍认同和接受？徐学福教授曾经就此提出“如果每个学生都对，教师该怎么办”的问题，这不能不说是支架式教学模式所面临的一个挑战。

（3）互动的形式化难以克服。互动是支架式教学的一大特点，可以说没有互动就不称其为支架式教学。为了便于互动，教学中常常使用小组讨论的方法。然而，班级授课形式规定了每节课的时间，导致课堂上的互动时间通常都比较短，加上学生多，教师根本没有足够的时间和注意力听取每个小组讨论，更谈不上给予有效的提示或是回应学生的想法，从而使互动流于形式。更糟的是，这种情况很可能引起学生的思维惰性，尤其是能力相对较差的学生，他们在讨论时也许什么都没做，甚至会顾左右而言他。而当学生需要深入探究时，教师往往无法留给学生充足的建构空间，因为他们没有足够的时间去“等待”这个过程，为了完成教学任务，他们不得不“急”于“告诉”学生本来能够探索的结果。

看待这些障碍的观点决定了支架式教学的方向：一些研究者认为这些障碍不可逾越，坚持支架式教学只适合个别教学而难以在班级授课形式下运用；一些研究者认为可以采用措施减小这些障碍的影响，因而肯定支架式教学具有广泛的适应性，能够用于许多日常班级教学活动；也有一些研究者采取中立的态度，认为有些学科的教学可以采用支架式教学而有些科目不可以。事实上，每一种教学模式都不可能是完美的，我们不应该一遇到障碍就将其束之高阁，而应该在理论的指导下从事更多实践性的研究并逐步将其完善，因为只有这样才能促进教学理论和实践的发展。

六、结语

教学有法。无论哪一种教学模式，哪一种教学方法都应有益于新课标的实施，都应符合学生的认知规律，都应遵循教育教学规律。支架式教学在高中数学教学中的运用，既符合青少年的认知规律，又符合青少年的身心发展规律。在新课程教学实践中，教师利用学生的“最近发展区”，结合实际情况，善启善诱指导学习实践，充分发挥不同层次学生的学习积极性和主动性，提高教学效率，科学地让学生不断从“现有发展水平”到“最近发展区”再到“潜在发展水平”，逐步实现知识和技能水平的提高，并获得丰富的成长情感体验。支架式教学的过程就是师生共同合作解决同一问题的过程，教师提供必要的学习支架，让课堂形成愉快、温暖的学习氛围，从而使学生利用有关资源与工具积极主动地探索。

教无定法。支架式教学，教师必须注意从最接近学生现有的起点出发，带领他们登攀到离自己最高的顶点；与此同时，教师不仅要关注起点的支架设置，而且需关注学生登攀的过程，让生活成为一种教学，使教学变成一种生活。支架式教学模式给我们提供了一种有益的教学思路，本文的研究只是一个小小的尝试。笔者相信，随着研究的深入，这一教学模式将会有广泛的发展和应用。

参考文献：

[1] 中华人民共和国教育部．普通高中数学课程标准（实验）[M]．北京：人民教育出版社，2010.

[2] 徐斌艳．数学课程与教学论 [M]．杭州：浙江教育出版社，2003.

[3] 王光生，何克抗．基于信息技术的数学问题解决教学策略 [J]．开放教育研究，2009，15（2）.

[4] 涂荣豹，宋晓平．中国数学教学的若干特点 [J]．课程·教材·教法，2006，26（2）.

[5] 徐学福，宋乃庆．20世纪探究教学理论的发展及启示 [J]．西南师范大学学报（人文社会科学版），2001，27（4）.

[6] 靳玉乐．探究教学的实施：理念与策略 [J]．网络科技时代，2007（13）.

[7] 郭佳佳．信息技术环境下高中数学探究式教学模式研究 [D]．长春：东北师范大学，2010.

[8] 徐学福．美国“探究教学”研究30年 [J]．全球教育展望，2001（8）.

[9] 杨承印，马池芝．我国“探究教学”研究十年［J］．教育学报，2007，3（2）．
[10] 张杜芳．关于信息技术与数学课程整合研究的思考［J］．教育探索，2006（2）．
[11] 冯晓英，张伟远，陈丽．远程校际协作学习中支架教学策略的应用研究［J］．北京广播电视大学学报，2008（1）：26－30.
[12] 闫寒冰．信息化教学的学习支架研究［J］．中国电化教育，2003（11）．
[13] 吕爱杰．学习支架在教学中的应用研究——以高师现代教育技术公共课为例［D］．南京：南京师范大学，2007.
[14] 李玉龙．简论数学“支架式教学模式”［J］．红河学院学报，2008，6（2）．
[15] 陈小波．高中数学教学中对话行为有效性初探［J］．宁波大学学报（教育科学版），2009（1）．
[16]] 胡小勇，祝智庭．教学问题设计研究：有效性与支架［J］．中国电化教育，2005（10）：49－50.
[17] 朱维宗，唐敏．聚焦数学教育研究生学术沙龙［M］．昆明：云南民族出版社，2004.
[18] 朱琳琳．关于支架式教学基本问题的探讨［J］．教育导刊·幼儿教育，2004（10）．
[19] 王海珊．教与学的有效互动——简析支架式教学［J］．福建师范大学学报（哲学社会科学版），2005（1）．
[20] 李光华．论建构主义理论指导下的文化教育——兼谈支架式教学模式［J］．山东理工大学学报（社会科学版），2005（4）．
[21] 陈英和．认知发展心理学［M］．杭州：浙江人民出版社，1996.
[22] 施良方．学习论［M］．北京：人民教育出版社，1994.
[23] 维果茨基．维果茨基教育论著选［M］．余震远，译．北京：人民教育出版社，2005.
[24] 曹才翰，章建跃．数学教育心理学［M］．北京：北京师范大学出版社，1999.

第六篇

阅读感言

教师在投身实践的同时，只有时时汲取理论的营养，才能跟上先进理念的步伐，以全新的高度审视自身的行为。只有站在更高处，才能看见更美的风景。教师在工作之余攀登书山就好比是一次思想之旅，在吸收、消化的同时，不断提升自身的思想境界与理论素养，使源头的活水不断涌入，使耕耘的土地不再贫瘠。以书为友，教师不仅要做一个行动者，还要做一个思想者，且行且思考。将新的思想观点内化为自身思想框架的一部分，并以此反思自身的行为。如此就会发现，观察的视角变得更宽广，挖掘的内容更深入，产生的影响更深远。

阅读是吸纳，阅读是反思。对教师而言，阅读、实践、反思，缺一不可。

阅读是长根的事业。当你把书读到一定程度的时候，你对很多事物的理解就会融会贯通，站得高才能够看得远。

在阅读中，我们可以不断完善自己的知识结构，丰富生命的底色，让专业底蕴更加厚实。

书读得越多，备课也就越轻松，与学生交流也越容易。读书看似使人忙碌，其实使人变得悠闲。

不要害怕深度阅读，那是你通往未知世界的路。如果你害怕深度阅读，你就给自己关上了一扇通往未知世界的门。

从教学要素到课堂实践

广州市玉岩中学　吴和贵

为推动学校“课堂变革”的深入开展，引导教师养成“爱读书、会读书、读好书”的好习惯，着力提高全体教师的教育教学水平和行动研究能力，本学期（2016—2017 学年第二学期），学校启动“玉岩中学教师教学理论阅读月”活动，号召教师利用一个月时间围绕课堂教学变革精读由日本教育学博士佐藤学所著的《静悄悄的革命——课堂改变，学校就会改变》一书。

校领导要求我在这里谈一谈阅读《静悄悄的革命——课堂改变，学校就会改变》这本书后的心得。由于本人才疏学浅，感受不是太深，汇报过程中，若有不当之处，敬请领导、老师批评指正。

下面将就阅读《静悄悄的革命——课堂改变，学校就会改变》过程中对我触动较大的语段，并联系自己的工作实际，与各位领导、老师做如下分享。

佐藤学教授在《静悄悄的革命——课堂改变，学校就会改变》这本书里提到，这场“静悄悄的革命是从一个个教室里萌生出来的，是根植于下层的民主主义的、以学校和社区为基地而进行的革命，是支持每个学生的多元化个性的革命，是促进教师的自主性和创造性的革命”，并指出，“课堂改变，学校就会改变”。可见，学校改变是从课堂改变开始的。

我们先来看看课堂如何改变?

佐藤学教授认为，教室里的革命，要克服“主体性”绝对化的倾向，以及克服教学中的形式主义（如“手势”教学等），并指出，以“学”为中心的学习应是“活动的、合作的、反思的学习”，以“应对”为中心的教师“在课堂上以慎重的、礼貌的、倾听的姿态面对每一个学生，倾听他们有声和无声的语言”。

佐藤学教授还指出：“没有哪一个教室和其他教室飘溢着完全相同的气

息，或有着完全相同的问题。”这与学校本学期“课堂变革”所提出的“在推动课堂变革时，不限定教学模式，旨在追求让学生愉悦的、积极的、向上的、有收获的、有激情的、能够丰富智慧的课堂”是相一致的。

当前学校的“课堂变革”将围绕“课堂为什么要变，变什么，怎么变，变成什么样”来进行教学研讨和课堂实践。那么，“课堂变革”该“怎样变”?“变什么”呢?

黄校长上次在全校教师会上谈到课堂应是“有味”的课堂、“有质”的课堂、“有品”的课堂。周校长在上次的科组研讨会上也谈到课堂教学应体现三性，即科学性、艺术性和人文性。

要实现这“三有”或“三性”课堂，我认为首先应从激发学生的学习兴趣开始。

我曾经看过这样一段话：“智力发展离不开兴趣。兴趣是专注和颖悟的先决条件。你可以用教鞭来极力引起兴趣，但没有兴趣就不会有进步。”

可见兴趣的培养是多么重要。为培养学生的学习兴趣，我们还是从教学所含的要素谈起。

教学是一个由多种要素构成的非线性的活动系统。对教学究竟是由哪些要素构成的这一问题，研究者存在不同的看法，形成诸如“三要素（教师、学生、教学内容）”“四要素（教师、学生、教学内容、方法）”“五要素（教师、学生、教学内容、方法、媒体）”“六要素（教师、学生、教学内容、方法、媒体、目标）”“七要素（教师、学生、目的、课程、方法、环境、反馈）”等观点。

佐藤学教授认为，教学是由学生、教师、教材、学习环境四个要素构成的。（见《静悄悄的革命——课堂改变，学校就会改变》第10页）对于学生、教师、教材这三个要素不用解释，学习环境是一个由多种不同要素构成的复杂系统。狭义的教学环境特指班级内影响教学的全部条件，包括班级规模、座位模式、班级气氛、师生关系等。

这四个要素之间均存在一定的关系，如教与学的关系、教师与教学内容（教材）的关系、学生与教学内容（教材）的关系、学习环境与其他要素间的关系等。

教师与学生的关系实际上是“教”与“学”的关系，正如孟校长在“课堂变革”第一阶段总结会上所说的：一切“教”的行为最终都要落实到

"学"的行为上，然而，"教"的行为的发生不一定会导致"学"的行为的发生，"学"的行为的发生还需要一定的"诱因"来"引发"。

"学"的行为由所学知识来引发。由于教材所呈现的是一种"静态"的知识（知识的学术形态），而教师只有将其转化为"动态"（动静结合）的知识（知识的学术形态转化教育形态），才能为学生所接受和理解。因此，在教学过程中，就必须运用一定的教学活动方式（"以教定学""以学定教""对话教学"等）、教学策略（教学途径）（"搭建支架""变式教学""问题驱动"等），以及采取一定的教学手段（"实验操作""多媒体演示""教学平台"等多元化的技术手段），来帮助学生快速地理解知识。

然而，要实现课堂教学的优质高效，仅有恰当的教学活动方式、教学策略以及教学手段还不够的，要真正激发学生的学习兴趣，并维持其学习兴趣，除此以外，还必须有一个和谐的学习环境。正如孟校长在"课堂变革"第一阶段总结会上所说的：教师要认真思考今天的学生所需要的课堂与我们曾经的课堂是否一样，只有这样，我们才能意识到，不能再用我们曾经历过的学习方式去教今天的学生，不能再用我们曾接受过的思维去束缚今天学生的思维，从而积极主动地去改变我们的课堂。因此，"课堂变革"首先要对学生高度重视，把学生当"人"，当你不把学生当"人"时，教学就无从谈起。

一、有效的教学活动方式：以学定教与对话教学

根据教与学相互作用的方式，可将教学活动方式分为三种形式："以教定学""以学定教""对话教学"。

"以教定学"是以教师的"教"为主的教学方式，它强调教师中心，主要追求的是"教"的有效性，教学活动的表现形式是"教师牵着学生走"。然而，"教的方式"的有效性最终要体现在"学的方式"的有效性上，因此，"以教定学"方式下培养的学生更多的是一些循规蹈矩、急功近利、思维僵死、缺乏主动性和创造性的人。

"以学定教"强调的是"学"的有效性，而教学的有效性最终都要体现在"学"的有效性上。"以学定教"教学活动的表现形式是"教师跟着学生走"，其突出的特点是强调学生学习的主动性和参与性。此教学活动方式对学生的自觉性和自主学习能力要求较高。

"对话教学"强调教与学之间的关系是一种双向的、平等的、和谐的

“你—我”对话的关系，追求师生生命活动的有效性，教学活动的表现形式是“教师和学生一起走”。“对话教学”增强了师生发展和成长的真实性、丰富性和有效性。然而，此教学活动方式对教师的课堂把控能力和应变能力要求较高。

可见，“以学定教”和“对话教学”是两种较为有效的教学活动方式。

二、和谐的师生关系：倾听与对话

我曾经看过这样两段话。

“很多父母与教师真的忽略了一件事，他们所教育的对象不是一个物品，是一个人，你的任何举动，都可能对孩子的一生产生极大的影响，你的一点点关心也会改变孩子的一生。”

“给孩子讲道理是必要的，但给13岁前后的孩子讲道理，姿态比道理更重要。否则，孩子会厌恶，反抗。孩子会说：你讲的话都是对的，但你讲话的那个样子很令人讨厌。”

我们再来看看几段名人的话。

巴西著名教育家保罗·弗莱雷说过：通过对话，学生的教师和教师的学生不复存在，代之而起的是新的术语：教师式的学生、学生式的教师。教师不仅仅去教，而且通过对话被教，学生在被教的同时，也同时在教。

佐藤学教授认为，教室里的“静悄悄的革命”，即通过和事物对话、和他人对话、和自己对话的活动过程，创造一种活动的、合作的、反思的学习。这种学习是创造以相互倾听为基础的教室里的交流。

教师在课堂上要以慎重的、礼貌的、倾听的姿态面对每一个学生，倾听他们有声和无声的语言。

教师不仅仅是听学生发言的内容，而且应是听其发言中所包括的心情、想法，与他们心心相印，从而产生“啊，真不简单”“原来如此”“真有趣呀”等共感共鸣。

教学应当追求的不是“发言热闹的教室”，而是“用心地相互倾听的教室”。只有在“用心地相互倾听的教室”里，才能通过发言让各种思考和情感相互交流；否则，交流是不可能发生的。

然而，有不少的教师对学生身体所传达的信息漫不经心，麻木不仁。当学生不听讲时，大多数教师都是责备学生的“听讲态度”，而极少有教师反省自己的“讲话方式”，极少有教师认为以自己的“倾听方式”或“身体状态”

为轴心所构成的与学生的交往方式有问题。也就是说，教师的全身心还没有对每个学生敞开，没有与每个学生的思考或情感相互呼应、相互应答。

倾听学生的发言，好比是在和学生玩棒球投球练习，然而，多数教师只注意自己教学的进度，并没有去想准确地“接住”每个学生的发言，未能与那些倾心“投球”的学生的想法产生共鸣。当然，明确地控制教学的进程是教师必要的工作，而在此之上，首先让教师的“投球”成为愉快的事情，不是更加重要吗？再进一步说，不擅长“接球”的教师应当一心一意地面对学生，去“接住”他们的每一个“球”，重视他们的每一个“球”，而不要以为只有按自己的教学计划上课才是上课。

在教室里的交流中，倾听远比发言更加重要。在教室里，倾听的能力培养起来之后，课堂的言语表现才会变得丰富，而不是相反。因此，互相倾听是互相交流与学习的基础，不管是教师还是学生都要养成良好的倾听习惯。

下面请看我的两篇与对话教学有关的论文。

第一篇论文：《生长的课堂：倾听与对话，动态中生成——一道课堂例题的教学与反思》

本文发表在《中学数学》高中版2014年第10期上（图1）。

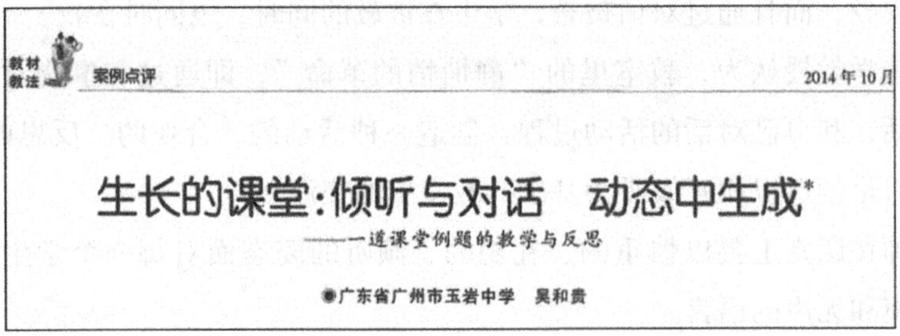
教材教法 案例点评 2014年10月

生长的课堂：倾听与对话 动态中生成*

——一道课堂例题的教学与反思

◉广东省广州市玉岩中学 吴和贵

图1

本文是我在讲授“1.2导数的计算”知识点，并在讲解完教材例题后，接着要求学生完成如下补充例题：设曲线 S：$y=x^3-6x^2-x+6$，则在哪一点处切线的斜率最小？设此点为 P（x_0，y_0），证明：曲线 S 关于点 P 中心对称。

正是这道题的出现，才引发了一番对该题解法的课堂对话与探究。

教师总结：第一位学生的解决是一般的方法，因为它对构成曲线的形式没有任何要求，可以是任意曲线，因此，我们称这种解题方法为“通性通法”，而第二和第三位学生提供的解法仅适合曲线方程为函数解析式，因为这要涉及奇函数的对称性和函数的求导以及导函数的几何意义等问题。而曲线关于某点成中心对称，其方程不一定就是函数解析式，自然经过平移后，曲线关于坐标原点对称，但平移后的方程也不一定就是函数解析式。因此，第二和第三位学生的解法只适用于曲线方程为函数解析式的情况，这样的解题方程只能算是带有技巧性的特殊解法。“通性通法”揭示问题的本质，因此，对一般问题都适用，而技巧性的特殊解法只有在满足一定条件的情况下才适用。因此，与核心解法（“通性通法”）相比这些特殊解法只不过是花拳绣腿而已，因为凡是用特殊方法能够解决的问题都可以用“通性通法”来解决。其实，只要真刀真枪的功夫练就了，那花拳绣腿的玩意就很容易上手，学得快也学得好。

第二篇论文：《这道题真的有问题吗——一道教材习题教学引发的课堂质疑与探究》

本文发表在《中国数学教育》高中版2012年第1－2期上（图2）。

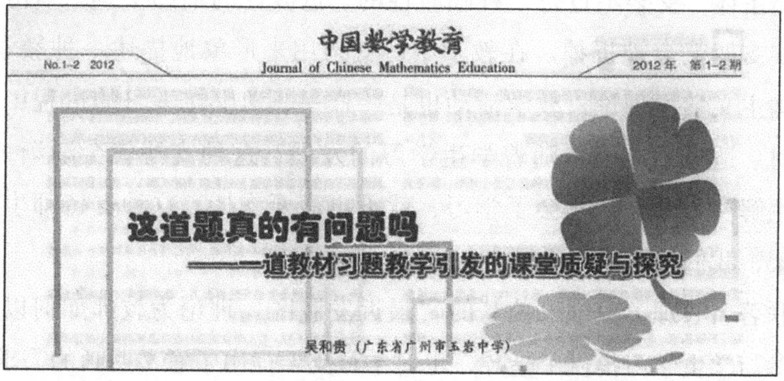
中国数学教育
No.1-2 2012
Journal of Chinese Mathematics Education
2012年 第1-2期
这道题真的有问题吗
——一道教材习题教学引发的课堂质疑与探究
吴和贵（广东省广州市玉岩中学）

图2

本文是我在讲授人教A版《普通高中课程标准实验教科书·数学（必修3）》的“3.3几何概型”，并在讲解教材中的例2之后提出的一道题。正是这道题的出现，引发了全班学生对该题的课堂探究、质疑与对话。

教师总结：看得出来，大家的热情还十分高涨，学习就应该像今天这样，对任何问题都要有所反思和质疑，哪怕是极具权威性的教材，也要敢问一个为什么。只有不断地反思和质疑，才能有所提升和发展。但由于时间的关系，我们不能继续往下讨论了，非常乐意在课下与同学们继续探讨。有兴趣的同学不妨将此作为一个探究性问题来认真研究一下。

三、恰当的教学策略：搭建支架

要将学术形态的知识转化为学生易于接受的教育形态的知识，除了运用一定的教学活动方式以外，还必须实施一定的教学策略与教学途径，如“搭建支架”“变式教学”“问题驱动”等，来帮助学生快速地理解和掌握所学的知识。

在这三种教学策略中，“变式教学”被称为中国的支架式教学，而问题又可以称为学习支架中的一种。学习支架包含变式与问题，因为凡是在一个人的学习过程中施予有效支持的东西都可以称之为支架。常见的支架类型主要有认知支架、情感支架、能力迁移支架、元认知支架等，支架的呈现方式主要有范例、问题、建议、工具、图表、向导、暗示、激励、给予部分答案、解释、对话、合作学习以及直接教学等。

（一）搭建支架

支架是由建筑术语借用而来的，原意是指建筑行业中使用的脚手架。楼房建造是主体，支架不过是一种临时性的、过渡性的辅助工具。当房子造好后，这些支架就会被拆掉。在教学中，支架用来形象地描述一种教学方式。根据建构主义学习理论，教学活动也是一样——学生在学习的过程中，需要老师适时、适量地支持。随着学生学习的发展，这种支持就会渐渐地减少，直到学生解决了问题，学会了学习，就不再需要支持。这种支持师生教学活动的支架，我们就称之为学习支架。

苏联著名心理学家维果茨基的“最近发展区”理论为教师如何以助学者的身份参与学生学习提供了指导，也对学习支架提出了意义明晰的需求说明。

维果茨基将学生的实际发展水平与潜在发展水平相交叠的区域称为“最近发展区”。这个发展区存在于学生已知与未知，能够胜任和不能胜任之间，是学生需要支架才能够完成任务的区域。总的来讲，学习支架的作用就在于帮助学生顺利穿越“最近发展区”，以获得更进一步的发展。通过支架（教师或有能力的同伴）的帮助，管理学习的任务逐渐由教师转移给学生自己（学习过程被内化），最后撤去支架。因此，恰当利用支架，可以培养学生的探究能力，使探究过程在有适当支持、有针对性的状态下开展，而不是漫无目的地“试误”。

（二）学习支架搭建的必要性

1. 基于学科知识说明学习支架搭建的必要性

从知识的角度来看，数学知识其实质是一种高度抽象化的逻辑知识。因此，学习者要理解这些知识，必须具备一定的抽象思考能力，这就需要有一个逻辑的思考过程，而这个思考过程就必须按照一定的脉络——构建问题（搭建学习支架），并通过支架的引领和驱动，才能使知识的发生、发展自然、清晰，最终实现有效。

2. 基于教学说明学习支架搭建的必要性

从教学的角度来看，由于教材的知识是以学术形态出现的，其表现形式比较枯燥，给人一种冰冷的感觉。这是由数学学科的特点决定的。而我们的教学的目标之一，是要把这种学术形态转化为教育形态。因此，要将学术形态的冰冷的美丽转化为教育形态的火热的思考，就必须构建有意义的问题（搭建学习支架），并通过支架的引领和驱动方可进行与展开，深入下去。

3. 基于心理需要说明学习支架搭建的必要性

从心理需要的角度来看，教学应站在学生的立场，顺应学生的心理发展，才能满足他们的真实需要。学生通过对教师在其“最近发展区”内所搭建的支架的攀爬，教师通过自己的主导行为影响课堂的心理气氛，并运用探究性、民主性、分享性、合作性、建构性和批判反思性的策略，把握好教学设计与课堂学生状况的互动关系，激发学生的学习兴趣，满足学生的心理需要，创造一个富有建设性的师生共同学习成长的过程。

其实，通过“支架理论”看到的不仅仅是学科上的应用，更应看到的是人的终身发展。过去是经验，现在是体验，将来是发展，“支架理论”在学科上的应用要解决的是如何将学生由“现有发展水平”通过支架的攀爬，穿越“最近发展区”，达到“潜在发展水平”的问题。这其中实际上隐藏着一种思考问题和解决问题的方法与态度，如果将其推及至人生这门大的学科，就是连接现在和将来。当你走向社会，遇到一时难以解决的问题时，你就会用积极的心态，运用你所学的思维方式去智慧地思考和勇敢地面对难题，并努力地去克服它、战胜它，发展自己、成就自己。

下面是我发表的另外两篇与实施支架搭建策略有关的论文。

第一篇论文：《源于铺路，归于高效——“一类特殊递推数列的通项公式的求法”的教学分析与思考》

此文发表在《中学数学》高中版 2014 年第 12 期上（图 3）。

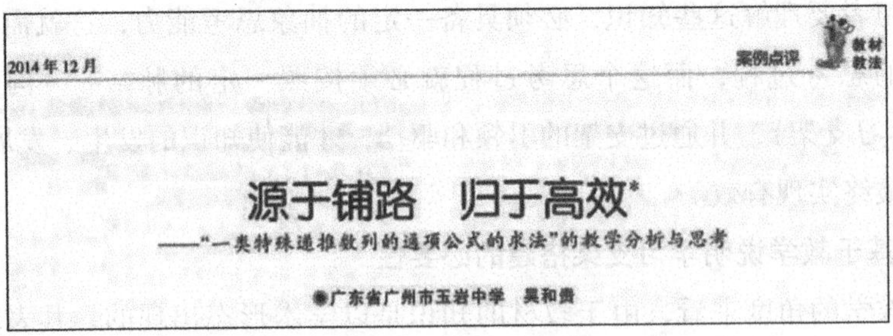
2014年12月 案例点评 教材教法

源于铺路　归于高效*

——"一类特殊递推数列的通项公式的求法"的教学分析与思考

◉广东省广州市玉岩中学　吴和贵

图3

本文所谈及的是以“对话教学”来组织教学，全文由如下几个部分构成：

（1）“上路”之前，先知“去路”。

（2）为上“好路”，学会“问路”。

（3）既已“上路”，何不放手“探路”。

（4）回头“看路”，反思“来路”。

（5）辨别“歧路”，避免“迷路”。

（6）应对“变路”，沟通“回路”。

为此，在文末（教后）做如下反思：

（1）“对话教学”是实现精巧铺路，成就高效课堂的主要教学方式之一。

（2）“搭建支架”是实现精巧铺路，成就高效课堂的主要教学途径之一。

（3）“重视课堂理答”是实现精巧铺路，成就高效课堂的主要教学策略之一。

（4）“给学生的数学思维留有足够的时间和空间”是实现精巧铺路，成就高效课堂的主要教学措施之一。

该文在结语中这样写道：通过对“一类特殊递推数列的通项公式的求法”教学的分析与思考，笔者认为“精巧铺路”是一种“授人以渔”的教学方法。一个经过精心设计的，恰当而富有吸引力的“铺路”能把教师与学生双方的理解、倾听、学习清晰地连通起来，形成一条认知路线，使教师“导”得轻松，学生主动建构得容易，使教与学融合为一体，达到实现高效课堂的真正目的。

第二篇论文：《搭建学习支架，促进数学理解》

此文发表在《基础教育参考》2016年第24期上（图4）。

说明：“充分与必要条件”是高中数学中的一个重要概念，是教学中的一个难点。由于教材中对“充分条件与必要条件”的定义寥寥数语未加以解释，查阅所配套的教师用书也没有发现对此概念做深入的分析，加之不少教师对它的含义也没有深入思考，使得在处理这一节的概念教学时往往是一带而过，学生只能是照猫画虎，生吞下去，从而达不到应有的概念教学效果。笔者在进行本节内容的教学时采用对话环境下的支架式教学来处理，达到了较为满意的效果。

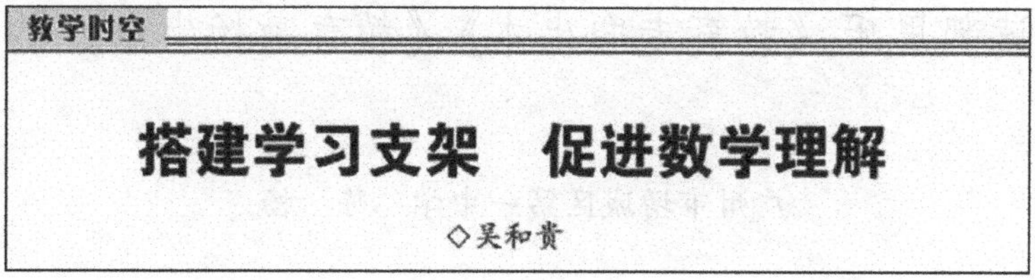
教学时空

搭建学习支架　促进数学理解

◇吴和贵

图 4

四、教后反思

“对话教学”对数学理解确实可以起到很好的促进作用，具体体现在以下几个方面：

（1）“对话教学”易于激发学生学习的兴趣，有助于对概念的理解。

（2）将学生与文本对话置于师生对话之前，可以使学生对概念的理解更加深刻。

（3）“对话教学”可以实现学生新旧知识的连接，激活学生的思维，促进数学理解。

（4）“对话教学”中的“多元对话”与“动态生成”让数学学习效果反馈更及时快速，可以加速数学理解。

最后，请让我用佐藤学教授在《静悄悄的革命——课堂改变，学校就会改变》的一句话作为本文的结尾。

让教室里的学习成为每个学生都能得到尊重、每个学生都能放心地打开自己的心扉、每个学生的差异都得到关注的学习。

（在广州市玉岩中学《静悄悄的革命——课堂改变，学校就会改变》阅读心得分享会上的发言）

胸藏万汇凭吞吐 笔有千钧任翕张

——读郭思乐《教育走向生本》《教育激扬生命》的感悟

广州市增城区第一中学 陈 畅

8月，高三上课期间，恰逢学校课改的需要，所以笔者重温了之前已拜读过的郭思乐教授的两本著作《教育走向生本》《教育激扬生命》，感觉受益匪浅。对比现今的教育教学模式和在全国各地如火如荼开展的多种形态的教学改革，可以说生本教育的先进理念和灵动愉快的教学模式绝对是独树一帜。笔者将从横向对比、纵向加深拉高的角度，结合具体教学实践，汇报自己的读书体会。

一、当前教学现状缩影

教育萎缩成教学，教学萎缩成教知识点，教知识点萎缩成教考点，教考点萎缩成教考题。教师苦，学生累，学校很无奈。教师经常挂在口头上的一句话：这个内容考试又不考，你讲它干吗？至于它对学生思维的作用、方法的提炼都不做考虑。

郭思乐教授指出："教育者站在这批天赋高质的孩子们旁边，为他们好学而设计——主要依靠他们自己学，最大限度地依托大自然所赐给他们的禀赋来为他们服务，就是生本教育。"生本教育认为，教学就是学生在教师的组织引导下的自主学习。在教学组织上生本教育采用个人、小组和班级活动等多种方式的自主学习，鼓励先学后教，以学定教，少教多学，直至不教而学。

生本教育是为学生好学而设计的教育，在方法上强调先学后教，只有有了学生的先学，学生有了"对话的基础"，学生的大脑充实了，才可能思维，才可以展开小组讨论，思维有了碰撞，才会产生火花。

如何让学生先学起来是问题的关键。前置作业是学生先学的内容，一定要好学，所以，前置作业的布置一定要简单、根本、开放，要让每个学生都能进入（简单），问题要切入概念的核心（根本）。不同层次的学生得到不同的发展（开放）。

生本教育强调先会后学。这里的“会”是“领会”的意思，即先领会再学习；而这里的“学”指的是对事物认识的理念化或者是符号的表述。数学教学中，教师要抓住能让知识生长的“根”，帮助学生把“根”扎好，只要学生领会到问题的本质，知识就能在学生的大脑中蓬勃生长。

为了让学生领会问题的本质，教学中，教师要尽量排除“数学符号语言”带来的干扰。有的数学家提出要“淡化形式，注重实质”，甚至要“得意忘形”。

二、对生本教育的几点感悟

1. 生本理念，人有先天学习本能

郭思乐教授提出，全面依靠学生，相信学生，激发学生的学习潜能，甚至可以说激活学生先天已经具备的学习能力；先成长，后成绩。我认为郭思乐教授提倡的生本理念是归还学生的本原能力，原来是教师剥夺了或者是压制了学生的这种能力。

海量阅读的概念引导学生把原来玩手机、看电视的时间用来阅读。可以说，学生阅读成果在课堂上的表现令人震惊。

2. 变零碎为整体，课程与教学的再创

课程整合在生本教育中叫作课程再造。课程再造的原则是根本、简单、开放，从简单易学入手，达到不简单的收获。

理论与课堂观摩的学习，可以让我们把模糊的想法变清晰与明确。课程整合解决了教学进度问题，突出教学内容的完整性，在课堂教学中以学生发现的问题、产生的疑问为线索，处理好教学中的“减法”运算，避免“零”起点教学，体现教学实践的有效性。在我们实际的课堂上与生本教育相关的说法有“一讲，两不讲”的提法。学习之后，可以让我们放手去做了，排除顾虑。至于课程的整合方式、教学起点的定位、教学内容的确定，需要在集体备课中大家集思广益科学论证。

3. 课程前置，前置研究，原来叫作课前预习

本次感受到听课中学生的优异表现首要是前置研究的效果体现。应该说，前置研究是这种课堂教学模式的根，是课堂教学的起点。广州市教研室也有相同说法，“练在讲之前，讲在关键处”，其他说法还有“先学后教，一步达标”。因此，生本教育的说法，没有作业，应该说有前置作业，不需要后续作业。问题是，需要搞清楚前置研究与导学案教学的区别，搞不好又走上导学案的老路，学生又被困在僵化的题目怪圈中。

4. 生本教学的完整过程中一个非常重要的组织架构——小组捆绑合作

其实，很多学校很早以前也都采取了这种形式，但是没有深入发掘小组的作用效果。在生本教育的课堂上，学习小组既是学生课堂上的“学习共同体”，也是课堂下的“管理共同体”和“成长共同体”。班级成绩的考核评价、操行评价、日常行为评价、大型集会、课间操等都以学习小组为单位实行捆绑式管理评价。学习之后，我们还要尝试探究试验，把各个环节逐步运行调整，如小组人员组合、组员的责任分工、小组的评价机制等。

5. 生本课堂模式一：新授课型要择地生根，根深干粗才能叶茂

前置引领课堂：前置感悟—小组交流—班级展示—质疑探究—点评提升（新授课型）。

6. 生本课堂模式二：复习课要落叶归根，抓住一根根基，推出一片东西，探究在课前，提升在课堂

展示引领课堂：前置要空—回收要满—分类选定—小组交流—班级展示—质疑探究—点评提升—后置反思（复习课型）。

7. 生本教育是一种教育原则，一种理念

今天学习的是理念与具体模式的结合，和其他的教育流派、教学创新有异曲同工之效。表现为前置研究、小组讨论、展示探究、以生管生、转生为师、以教促学等。应该说，围绕课改的种种探索都曾经尝试，并无优劣之分。但是，这次学习的一个重要收获是，郭思乐教授对生本教育的理论有了详尽明确的阐述：全面依靠学生、相信学生，还原学生先天具有的学习能力。每个人有每个人的生本，不可能千篇一律，把握的原则就是激发学生的本性，还学生以生命的本源。

8. 生本教育的开展要求教师的教学能力、专业能力、情感能力等

前置研究方向、问题设置，教师对学生、对知识、对教学形态的认知，教师对学生的讨论结果要不断归纳总结，这都对教师提出了新的要求。所以说，教育虽然以生为本，但关键在教师。伴随着对教育的不同理解，每个教师都将践行不同的生本教育。未来的教育改革，将会掀起新的教育浪潮。

以上几点是笔者通过阅读这两本书获得的粗浅体会，难免肤浅幼稚。生本理念博大精深，操作模式灵活多变，绝非一时可以完全理解和掌握的，需要在实践中体会其中奥妙之处，理论结合实际逐步加深理解，践行全面依靠学生，充分相信学生的理念，还课堂给学生，还学习以愉快，还教学以自然，依托生命、激扬生命，力争在教育教学中盛开生本教育之花。

浅谈成长型思维模式

——读《可见的学习与思维教学》有感

广州市白云中学　郭根文

近期在繁忙的工作中，我抽空完整阅读了美国教育家玛丽·凯·里琪所著的《可见的学习与思维教学》一书。该书用科学的理论和具体可行的操作建议引领教师接受成长型思维模式；针对学生核心素养培养的教育目标，教师重新审视课堂，改变思维方式，明确教学的思维航向，在课堂教学、师生关系、学校氛围中，打造出学生智力、行为、学习与思维方式的创新教学模式；培养学生成长型思维方式，改变学生对自身能力和潜力的固定思维，从失败中学习，不断挑战自我，认定努力和困难能创造新的神经元连接，让大脑越来越聪明，最终成为具备极强学习能力，保持学习热情，主动追求卓越，自信健康的优秀学生。

一、什么是成长型思维模式

斯坦福大学心理学教授卡罗尔·德韦克教授将人们关于智力的信念体系分为以下两类：固定型思维模式和成长型思维模式。固定型思维模式——一个信念体系，认为一个人有先天注定的智力、技能和才华；成长型思维模式—— 一个信念体系，认为通过坚持、努力及专心致志的学习，一个人的智力将得以成长或发展。简单来说，就是固定型思维模式认为聪明是天生的，而成长型思维模式恰恰否定了天赋优势教育，提出智力不是固定不变的，是可以通过训练塑造的，智力会发展的观念。因此，成长型思维模式的核心思想是相信所有的孩子只要付出努力、坚持不懈、受到激励都能成功。同时也有相关研究表明，在恰当的刺激因素作用下，大脑是能够发展的，由此提出了“神经可塑性”的概念，即当学习新事物时，神经元产生新的关联。这些关联随着实践和努力变得更加强大；关联越多，大脑神经越稠密；大脑神经密度越高，人就越聪明。这也是支持成长型思维模式的有力证据。

二、为什么要建立成长型思维模式的思维教学

固定型思维关注天赋、关注已有的特质，诱发的行为是“失败了，我要如何保护自尊心”，所以导致的结果是停滞不前，原地踏步；成长型思维关注成长，关注潜力挖掘，诱发的行为是“从挑战和挫折中，我能学习到什么，有哪些不足，下次该怎么做”等积极向上的反思调整，所以能够持续突破，不断进步。思维方式指导行动，心理学实验发现，固定型思维者只关注答案的对与错，只关注自己有没有被证实很聪明，而成长型思维者的关注点却是自己有没有成长。例如，在班级测试中，固定型思维的学生多半发考卷时只关心分数，关注有没有考出自己的能力水平，而不订正错题；而成长型思维的学生多半在发卷后，能够查漏补缺，将错题逐一搞懂，真正掌握提升。所以，拥有成长型思维的学生能不断思考创新，能越走越远、越攀越高，逐渐拉开与普通学生的差距，成为学习佼佼者。观念指引行动，教师只有拥有成长型思维的观念，才会有意识地推动学生发展，教育才会呈动态发展，才能培养学生应具备的、能够适应终身发展和社会发展需要的必备品格和关键能力。

三、怎样践行成长型思维模式的思维教学

具有成长型思维模式的教育工作者相信，只要付出努力且勤奋学习，所有学生都能证明自己的显著成长，因此所有学生都应该得到挑战的机会。玛丽·凯·里琪认为，一位好的教师必须是一个拥有因材施教能力的教育工作者。她说，一个教师的思维方式很大程度上能促成他对学生需求的回应。如果一个教育工作者只看到一个学生的不足与缺陷，那么这个学生不会得到成长的机会，除非他是在一个回应式的课堂上。只看不足的思维方式是指根据已知的不足或者其他各种因素来推断一个学生的能力。而重视因材施教的教育工作者必须非常清楚自己对学生智力深信不疑的信念。她强调如果一个教育工作者不能真正相信智力可以发展，那么一个有效的、因材施教的回应式

课堂不可能得以策划并实践。教师首先应该相信所有学生都有潜能，才能尊重学生的个性差异，因材施教。

其次，教师需注重过程性评价，在学生脑海里深化过程比结果更重要的意识。在给学生反馈时，教师要评价他的坚持和努力等行动，而不是结果。当表扬学生“付出”的行动或者“完成”的任务时，学生会将成就归因于自己的努力。将表扬“努力”“细心”的词汇添加到已有的表扬陈述中，可以传达成长型思维模式的信息，如“你的作业完成得很好，我可以看出你学习非常用心、非常努力”等语句。

最后，教师要改变学生对失败的反应，帮助学生学会处理和接受失败及错误。当学生面对失败时，教师要建构让学生反思、调整或改变的机会，如此他们可以从中吸取教训。例如，当教师纠正学生的错误时，应该抓住这个机会帮助学生将错误理解为未来对他们有帮助的“数据”，而不是将此视为自己能力差。或者教师通过向学生介绍对失败更积极的看法或者分享他人对失败的态度来帮助学生反思失败。

成长型思维模式是一种信念系统。拥有这种信念的人，会愉悦地接受发生的任何事情：好的结果，是自己努力的结果，今后会更加努力；失败或者挫折，是自己智力或者能力成长的机会，会积极地克服、努力和坚持。拥有成长型思维模式的人拥有积极、乐观的人生观和价值观，并且会一直成长下去，无论最终的成就如何，他的一生都会是快乐、幸福的。作为学生的引路人，教师应该践行成长型思维，同时将此信念传递给每个学生。

读《中学学科核心素养通典》有感

广州市增城区高级中学　胡能其

暑假里，我拜读了《中学学科核心素养通典》一书，收获很多。我对核心素养有了更深刻的认知，下面谈谈几点的认识。

一、对核心素养有了更加全面的认知

核心素养虽然提了很多年，尤其近几年成了教育界的热点，但是由于繁忙的教学任务和认识上的不足，尽管也参加了各式各样相关的培训，但我对核心素养的认识始终处于一个相对模糊的状态，仅仅能做到脱口而出说出数学学科的六大核心素养的内容。我记忆较深刻的是在广州市第一中学参加的新时代数学教育的再出发——普通高中数学课程与教学研究会上，一位老师把数学学科的六大核心素养归纳为一个解题过程。他认为读题就是数学抽象的过程，想题就是逻辑推理的过程，动手解题则是数学建模的过程，而运算的过程就是学生数学运算、直观想象和数据分析的过程。现在想来，这种提法虽有一定的道理，但却不是那么完整和到位。而通过对本书的认真阅读，我对核心素养可以说有了全面的认识和理解。学生的核心素养既包括总的素养，也包括各学科的核心素养。总的核心素养是学生通过学习所获得的终身发展的必备品质和必备能力，它具有各学科融合的特点。而学科核心素养则是基于各科学科特点而提出的。当然，各学科核心素养培养的最终目标也是实现培养总的核心素养的目标。本书通过通俗易懂的概括，让我既很容易地记住数学学科的六大核心素养的内涵，也让我对数学学科核心素养有了真正的理解。书中提到，数学学科的三大特点——抽象性、严谨性、应用性分别对应数学抽象、逻辑推理和数学建模的核心素养，数学知识的三大内容——代数、几何、概率统计则分别对应数学运算、直观想象、数据分析的核心素养，通俗易懂，明明白白。

二、教学中如何培养学生的学科核心素养

书中不但对学科的核心素养有全面的解读，而且对如何培养学生学科的核心素养进行了实例分析。这些实例分析，让我更清晰地掌握了提升学生核心素养的教学方式方法。例如，对于抽象素养的培养主要在于数学概念的形成、函数性质的探究等，而要培养数学抽象素养最好的方法不是教师给予，而是要教师设计相应的活动让学生亲身体会，从而使学生理解并掌握概念的形成，促进学生对性质的理解掌握。又如，在培养学生的数学建模能力时，教师应该做适当的有必要的引导，带领学生分析问题的求解模型。再如，在培养学生的数学运算素养时，教师不仅要让学生掌握准确的计算能力，也可适当引导学生掌握一定的估算能力，因为估算能力的培养可以反映学生对实际问题情境的理解，鼓励学生发现生活中、身边的数学等。可以说，本书中教材实例、高考试题的实例分析，对我来说是对课堂教学方法的进一步引领，使我在今后的教学中可以把握好培养学生相应学科核心素养的目标和具体实施的方案。

三、教师教学观念及教学方法的转变与升级

本书最后还对教师教学观念的转变和专业素养的提升提出了适当的要求，并对新课程教材的设计内容进行了说明，对教学的评价方式方法提出了要求等。通过这些，我深刻感受到，要提升学生学科核心素养，首先教师必须提升自己的教学专业素养。我认为教师至少应做到以下几点：①清楚每节课我们需要培养学生怎样的学科素养以及怎样培养；②尽可能地设计教学活动和问题，使学生通过活动和问题的解决体验知识的生成过程，进而理解并掌握好所学知识；③必须从自己所教学生的学情出发，选择学生的“最近发展区”，使学习能力逐步提升，不过低要求也不盲目拔高；④必须有自己的比较鲜明的风格，使学生喜欢自己的课堂教学，愿意跟着自己学习。

四、学习可以让自己变得更优秀

对于我来说，虽然不能说是教学名家，但在学校里可以说扮演着核心的角色。我长期担任着毕业班的教学工作，担任数学学科的科组长和备课组长，

并担任区教研中心组副组长等职务。这些都是我在教学上学校给予我的信任和肯定。然而，不知是天生的缺陷还是自己懒惰，我对教研始终缺乏动力和激情，没有研究的方法，当然也缺乏钻研的能力。有时我甚至抱怨研究是在浪费我们教学的精力。而自从我成为吴和贵名教师工作室成员之后，在吴老师的指导下，我对教研有了一定的研究能力，也深刻体会到只有自己不断地学习深造，自己的教学水平才不至于出现瓶颈，才能得到实质性的提高。虽然我没有教学大咖的能力水平，也很难成为教育名家，但我至少可以学习他们的精神，把教育当作自己的事业去追求，追求自己可以达到的能力高度，做一个有担当、有责任心、终身学习的教师。

后记

支架梦想　共进前行

由广东省教育厅和广州市教育局命名的广东省吴和贵名师工作室和广州市吴和贵名教师工作室分别成立于2018年4月和2018年8月。工作室有包括高校专家、教研专家、技术专家、主持人助手在内的成员6人，遴选来自广州、清远、梅州等地的优秀骨干教师20名（省、市工作室各10名）为工作室入室学员。此外，工作室还招收网络学员60余名。

工作室自成立以来，在省、市、县教育行政部门的亲切关怀下，在专家的引领、指导、帮助下，在广州市玉岩中学的大力支持下，工作室全体成员以课程改革为方向，以上级相关文件为指针，努力践行“教师成长的共同体，教学改革的实验室，活力课堂的发源地，教学质量的促进者”的工作室理念，围绕“聚焦深度学习，构建素养课堂”的研究方向，从“团队建设，培育名师，发挥功能”三个方面进行内涵建设，采用“导师跟踪制、课堂交流制、课题引领制、成果辐射制、资源共享制”等手段，以“专家引领、课题研究、辐射带动、共同成长”为宗旨，以“升华教育情怀、提升专业素养、提炼教学风格、提高辐射作用”为工作室成员专业成长和发展的目标，采取“定期例会、专题研讨、课堂观摩、档案管理、考核评价”等方式开展常规工作。工作室以课题为引领，围绕“素养课堂”研究主题，开展了专题研修、课题引领、课堂教学、专家讲座、送教讲学、网上研修、交流考察等一系列丰富多彩的教育教学理论和实践研究，有力地促进了学员专业成长以及名师自我提升，发挥示范、指导、辐射作用，使工作室成为名教师和骨干教师合作互动的学习共同体。工作室成立以来，全体成员找准目标，刻苦钻研，锐意进取，克难奋进，圆满完成了各项预定工作任务，个人专业成长迈出坚实步伐。现将工作室成立以来的工作总结如下。

一、价值导向，师德先行

百年大计，教育为本；教育大计，教师为本。师德是教师专业成长的第一要务，是教师评价的首要标准。名师工作室要引领教育，培养名师，而名师的首要条件就是在师德上成为教师的表率。工作室把有理想信念、有道德情操、有扎实学识、有仁爱之心作为师德的主要标准。理想信念是师德之魂，道德情操是师德之根，扎实学识是师德之基，仁爱之心是师德之源。良好的师德是培养具有高尚品德、良好责任意识和可持续学习能力，具备完全人格的学生的基本保障，是教师教育教学研究行为的思想观念和精神追求的保障。为此，工作室开展了"价值引领，师德先行"的师德教育，要求全体工作室成员始终坚持"四个相统一"，扎实做好"四个引路人"，争做"四有好老师"，不断将社会主义核心价值观与师德师风建设工作融入工作室活动和自身的教育教学活动的全过程，努力提升教师基本道德修养和专业技能，为做一名学生喜欢、家长信任、社会满意的新时代教师而不懈努力。工作室成员积极参加多种形式的师德培训活动，工作室为全体成员购买了陈之华著的《世界最好的教育：给父母和教师的45堂必修课》（中国青年出版社出版），供学员阅读，写出阅读感想，并在专题研修时逐一分享。工作室成员陈伟炼老师被评为广州市骨干班主任和花都区名班主任工作室主持人，主持广州市花都区德育课题"大数据视域下高中微信班会的实践研究"，多名教师被评为德育先进个人。

二、深度学习，提升素养

教学、研究、学习是现代教师的三种基本职业生活方式。为什么很多教师工作若干年之后，会出现高原现象，专业没有实现第二次发展？究其原因是经验很丰富，但理论却很骨感。此阶段教师职业素养中最欠缺的是教育教学理论的支撑，因此加强学习就显得非常重要。

按照工作室规划，我们把学习摆在首位，最大限度地强化工作室成员的自觉读书和主动学习意识，并"学以致用，用以促学，学用相长"，不断增强其专业素养。我们主要从以下途径来开展学习。

1. 读书（读文）

阅读是吸纳，阅读是反思。对教师而言，阅读、实践、反思缺一不可。阅读是长根的事业。在阅读中，我们可以不断完善自己的知识结构，丰富生命的底色，让专业底蕴更加厚实。阅读的积累和提升使优秀教师和普通教师站在了不同的平台。可能一个月和半年都看不出差距，甚至一年效果也微乎其微，但三年、五年、十年，实践里就走出了普通教师和优秀教师间不可企及的鸿沟。当你把书读到一定程度的时候，你对很多事物的理解就会融会贯通，站得高才能够看得远。不要害怕深度阅读，那是你通往未知世界的路。如果你害怕深度阅读，你就给自己关上了一扇通往未知世界的门。

为倡导多读书，养成写读书笔记的习惯，工作室高度重视理论学习，倡导在学习、研究中提升理论素养。工作室免费发放了多本书籍：苏霍姆林斯基的《给教师的建议》、佐藤学的《静悄悄的革命——课堂改变，学校就会改变》与《教师的挑战：宁静的课堂革命》、玛丽·凯·里琪的《可见的学习与思维教学》、郑金洲的《教师如何做研究》、新青年数学教师工作室的《中学数学教研论文的读与写》以及工作室主持人吴和贵的《支架式教学：有效教学的生长点——高中数学课堂教学方式的探索与研究》等。工作室定期开展线上线下读书分享活动，让大家就教育教学中的热点和有价值的实际问题发表意见和见解，共创和谐对话氛围，在学术研讨中“百花齐放，各抒己见”，通过交流与碰撞启迪彼此的思维与想法。工作室组织大家积极参加名师共读书会，引导大家结合自己的教育经历写反思、写教育叙事、发表论文，使每一位成员、学员能够在研究与交流中提升自身的专业素养。此外，在疫情期间，工作室还开展了以“读好书、写实感”为主题的读书征文评比与分享活动。

2. 名师引领与示范

工作室自成立以来，在学科专业领域内有计划地开办名师精品系列讲座，传播学科理论知识和实践技能，促使学员更新教育观念、优化教学设计、增强科研能力；传播与推广各种成功经验，从而实现“知识资源的共同分享”和“优质资源的开发利用”，除了工作室主持人的专题讲座（累计 20 多次）外，工作室还邀请了国内知名专家为工作室成员举办包括教育教学理论与实践、学科教学与教师专业发展、教育改革与评价等诸多内容的专题讲座（累计 17 场次）。工作室还邀请名师与工作室学员同课异构，带学员外出观摩名师现场授课，观看名师授课录像。这些活动使工作室成员的理论素养得到了提升，教学思想和实践经验得到了扩展，让他们认识到自己欠缺的地方在哪里，与名师的差距在哪里，为他们的成长指明了方向。

3. **踏实研训促提升**

工作室自成立以来，本着“走出去，请进来”的原则，为团队成员打造更加宽广的学习平台，大家敞开思想，迈开脚步，迎接八面来风，广开交流学习渠道，积极参加各类培训活动，助推了工作室团队的专业化成长，推动了本地区教育教研工作的良好运转。所有学员都有个性化的发展规划，工作室能针对每一个学员专长实施指导，促使其专业发展。

（1）为了开阔工作室成员的视野，工作室成员积极主动参加各级各类培训活动。例如，2019 年 4 月，工作室成员吴光潮、陈友冬、陈畅参加为期一年的广州市第四批骨干教师理论与实践培训，工作室主持人吴和贵被广州大学教师培训中心和广州市中小学教师培训中心聘为广州市第四批中小学骨干教师（中学数学）实践导师，并参与多次教学指导工作；陈伟炼老师 2019 年 12 月参加为期半年的省、市名班主任工作室校级工作坊人员培训等。

（2）工作室成立以来，采用集中和分散多种方式灵活进行线上与线下研修活动。除每年全员集中研修时间均超过规定的不少于 15 天之外，我们还组织学员积极参与教学改革实验，以求促进学科教学质量的提升。例如，工作室 2018 年 7 月参加在内蒙古鄂尔多斯市召开的全国名师工作室联盟首届名师工作室创新发展成果展示博览会；2018 年 7 月参加百位名师广州峰会；2018 年 9 月参加 2018 年省名教师工作室团队专项研修活动；2019 年 9 月参加广东省中小学幼儿园（含中职）名教师、名校（园）长、管理专家工作室主持人团队专项研修项目研修；2019 年 10 月参加在广州市南沙区麒麟中学举行的广州市南沙区“深度学习”教学改进项目第二期数学学科成果汇报活动，参加广州市第一中学普通高中教学研讨会、广东省广雅中学教学开放日、广州市玉岩中学教学开放日、广州市教育研究院到广州市玉岩中学教学视导等活动，听了 50 多位老师的课和包括王尚志、章建跃、俞平等一大批知名专家的讲座与点评；2019 年 12 月 4 日，广州市玉岩中学举行开放日活动，工作室成员柏君意老师与广东省铁一中学正高级教师钟进均进行了同课异构。

（3）工作室主持人结合参加 2019 年广东省青年教师教学技能大赛的评审经历，举办了一次工作室成员和 2019 年广东省乡村骨干教师高端研修（高中数学）培训班跟岗学员层面的研讨会。大家一起解题，一起说题，一起说课，使学员的专业能力和学科素养得到了快速提升。

4. **同伴交流与分享**

为促进学员之间的学习分享与互动交流，工作室倡导向身边优秀的同伴学习。工作室不定期地开展“研习所得、成长感悟”交流与汇报活动。工作室通过微博、微信、钉钉群等网络平台或现场研讨交流等方式为成员之间的交流与分享搭建平台。在这个平台上，大家就课程改革的热点和焦点问题进行论述，就课堂教学的代表性话题和重点议题进行论辩，就论文写作与课题研究进行切磋，还可以即时展示教育随笔、教学反思、读书笔记、学习心得，促使成员转变思想、更新观念、提高认识，让所学、所思、所悟真正能够内化于心、外化于形、实化于行，从而快速、持续地成长与发展。例如，集中研修时，请论文评比获得一等奖的成员就论文写作中的困惑、感受、经历等进行分享；请部分获得教学设计一等奖的工作室成员结合自身的教学设计理念和设计思路，以及具体的实践过程中的困惑等进行分享；工作室还开展了“读好书、写实感”读书征文评比活动一等奖成员的线上分享活动。

三、聚焦课堂，协力成长

课堂永远是教师的主阵地，工作室充分发挥名师的优势，以教育教学为中心，通过“名师示范”“与名师同行”“集体教研”等活动，引领工作室成员更新教学理念，提高驾驭课堂的能力，积极推进高效课堂模式的探索和开展。逐步建构支架式教学模式的实施程序：创设情境→支架导思→自主探究→合作交流→意义建构→应用巩固→拓展延伸→反思评价→总结提升。在课堂教学设计中，注重教学目标的逆向设计，关注学生学习过程和结果的评价，重视数学课堂文化建设，形成了“激趣、互动、灵活、高效”的课堂教学特色。课堂教学设计突出一个“趣”：注重营造“课前兴趣始，课中兴趣浓，课后兴犹存”的课堂氛围；追求一个“动”：创建师生互动、生生互动的数学探究合作的文化；讲究一个“活”：形成激活激励、灵活多变的课堂教学艺术；实现一个“高”：实现拓展提高、高质高效的课堂教学的效益。为提升工作室成员的教学设计水平，工作室于2020年4月开展了以“聚焦数学核心素养，追求理解的教学设计”为主题的工作室教学设计评比，并在2020年6月27日晚上工作室网上集中研修时，请荣获一等奖的成员就自己的教学设计理念和具体的实践过程中的难点等进行了分享。

四、以研促教，学研一体

教育教学研究始终是推进教育改革和教学创新的重要渠道。教育教学研究最本质的特点就是求真和解惑。一线教师只有进行教育教学研究，才能夯实学术根基，构筑教育愿景，建立自己的教育教学核心理念；才能在教学实践中找到和发展自己的专长领域，提升教学的境界，使教学更有实效，进而产生自己的教学主张，形成教学特色。“问题即课题、教学即研究、提高即收获、效果即成果”是中学教师最常用的研究模式。教师开展教育教学研究就是为了能成为更好的自己。因此，进行教育教学研究是每一位教育者必须面对的事。工作室要借助名师的学术辐射作用，以问题为切入点，以课题为支撑点，捕捉教育教学的实际问题，发挥研修团队的优势，攻坚克难，使之成为提升学员研究能力的重要抓手。

1. 开展以问题为导向的课题研究

工作室着力引领学员开展以问题为导向的课题研究，旨在将教学与研究有机结合起来，解决学员身边的实际问题，提升自己的职业素养和教学水平，并以此为载体，助推学员的科研实力。工作室团队共同确立工作室课题研究的方向：一是依托主持人主持的广东省“十三五”规划课题“搭建学习支架促进数学理解的理论与实践研究”和工作室主持人所获得的广东省教育教学成果二等奖的获奖成果“支架式教学模式的高中数学教学设计与实践研究”继续进行研究，如胡能其老师主持申报的课题“‘以问题为支架的高三数学复习课有效性’研究”获增城教育规划课题立项；邱蓝青老师主持申报的课题“基于核心素养的高中数学支架式本元教学研究”获广州市黄埔区教育规划课题立项等。二是学员可以根据自己的专长确立自己的研究课题，如黄小辉老师主持申报的课题“体悟教学法的理论与实践研究”获梅州市教育课题立项；陈伟炼老师主持申报的课题“构建思维流程图，提高学生解题能力”获广州市花都区教育课题立项等。工作室要求每位成员积极申报各级教育教学科研课题。据不完全统计，截至2020年9月，工作室共有立项课题24项，省级课题4项（主持课题1项），市级课题9项（主持课题3项），区级课题15项（主持课题8项），2项省课题结题（主持人主持的广东省规划课题2020年7月以优秀等级结题），3项市级课题结题（主持课题1项），5项区级课题结题（全为主持课题）。

2. 在实践中思考，在写作中表达

在实践中思考，在写作中表达。这是教师必走的专业发展之路。在解决问题或取得阶段性成果之后，教师需要将解决问题的整个过程或取得的阶段性成果叙述出来，因而写教学案例、教学随笔、教学叙事、教学反思，基于课题研究撰写研究论文、调研报告，以及撰写具有本学科特色的文章就成了教师要做的功课。其实，写一篇论文逼着教师带着目的学习相关的理论书籍和参考资料，查找相应的理论观点，思考自己的教学实践，这样反复实践、思考、再实践，教学水平就会逐步提高。工作室重视经验总结及论文写作，要求教师经常反思，总结经验，发现问题，检查教育教学工作中的疏漏，努力探索教育教学规律，凝练推广应用成果，推动教育教学研究和改革。工作室成立以来，大家思考、实践，能带着问题走向课堂，在课堂中实践自己的思考，并将思考与实践的成果用文字记录下来。每次研修活动，教师不仅记下了听课随想，写下了再教设计，还记录了自己的研修心得，大家养成了专业思考的习惯。工作室每一位成员都在活动中迎来了自己的成长和进步。工作室自成立以来，据不完全统计，截至2020年9月，工作室成员吴光潮、杨刚、黄小辉、郭根文、胡能其、刘护灵、徐小珍、柏君意等老师在《中学数学》《中学数学研究》《中学数学教学参考》《广东教育》等刊物上共发表文章近20篇，并有多篇研究论文获得市级论文比赛一、二、三等奖。为提升工作室成员的写作水平，工作室于2019年6月开展了以“聚焦核心素养，打造高效课堂”为主题的工作室论文评比活动，并在2019年10月22日上午工作室集中研修时，部分获一等奖的工作室成员结合自身的论文写作历程，围绕教学的理想与情怀、具体的实践与经验和写作过程中的困惑等，进行了分享。

五、辐射引领，协作共享

为充分发挥工作室的带头、示范、辐射作用，实现优质教育资源的共享，工作室开展“走出去，请进来”系列活动。工作室承担了广东省高中数学骨干教师跟岗培训、扶贫协作（送教）讲学与送教助学等传帮带和辐射引领相关活动。

1. 承担了广东省高中数学骨干教师跟岗培训活动

（1）根据广东省2018—2019学年递进式培训——中小学骨干教师能力提升高端研修学习工作计划，受项目承担单位广东第二师范学院数学系的邀请，

2018年11月18日至12月2日，工作室承担了广东省跨年度递进式培训项目——中小学骨干教师能力提升高端研修班跟岗培训活动，其间开展了名师示范、专家引领、教学实践、同伴交流与分享等多种形式的活动，受训人员既收获了吴老师渊博的学识和踏实严谨的工作作风，又感受到吴老师做人的低调、实在和独特的人格魅力，受益匪浅，终生难忘。

（2）根据广东省教育厅《关于做好2019年“强师工程”中小学幼儿园（含特殊教育）骨干教师、校（园）长省级培训研修工作的通知》（粤教继函〔2019〕8号）文件的要求，受项目承担单位广东第二师范学院数学系的邀请，2019年11月24日至12月9日，广东省乡村骨干教师高端研修（高中数学）培训班学员6人到广东省吴和贵名教师工作室跟岗学习。

以下内容摘自跟岗学员马锋的跟岗总结《人格引领人格，高阶思维看数学》：

半个月前的开班仪式依旧历历在目，很荣幸我们能够成为广东省吴和贵名教师工作室的跟岗成员，虽然时间比较短，但是我们受益匪浅。这次我们最大的收获不仅是专业上的提高，更重要的是教育的情怀，这一点在吴老师身上，可以说是体现得淋漓尽致。虽然接触只有短短的十几天，但是从生活到学习，吴老师都给了我们无微不至的关怀。吴老师担任两个班的教学任务，让我们感到很惊讶，看着吴老师在课堂上的神采飞扬，用自己的激情和学识感染学生，我们都自惭形秽。我自己也在反思，我的课堂是不是这样充满激情与活力。

吴老师说，我们要站在巨人的肩膀上成长，就是名师引领。首先我们很荣幸的是这段时间内一直接受吴老师的教导，从他的支架式教学到课堂教学的反思，到课后练习的实际操作处理，吴老师还特地给我们做了怎么样撰写论文，怎么样撰写教学设计，怎么样写开题报告，怎么样做课题的讲座，以他自己的亲身经历给我们做指导。吴有昌教授从论文课题这个角度给我们分享怎么样做好课题、写好论文；肖凌戆老师从怎么样撰写教学设计的角度给予我们指导，有具体可操作的步骤；袁志斌老师从数学教学策略和案例分析方面给予我们引领。在此期间，广东第二师范学院的李样明教授、陈静安教授、田德路博士还特意过来给我们指导开题报告，发现我们课题中存在的一些问题，并且给予建设性的修改意见。

在此期间，吴老师给我们上示范课，钟进均老师做了说数学课。我们有幸参加了广雅中学的校园开放日、广州一中的全国普通高中教育教学研讨会，以及玉岩中学的教学开放日，听了很多骨干教师的课，有本省的，也有外省的。在观课的过程中，我们学会对教学理念、教学目标、教学内容、教学组织、教学实施、教学效果以及不同层面的关注，如教学常态下的关注、引入、生成与发展、巩固与应用，还有数学文化下的关注，信息技术下的关注，在国际化、多元化、信息化为特征的时代，关注视角也发生了深刻的变化。

吴老师说，我们要站在团队的肩膀上成长，也就是同伴互助。这次跟岗活动，我很感动的一件事就是吴老师给了我们每个人上台讲课的机会。在这次同课异构的活动中，大家积极研讨，提出自己的教学设计，其他成员进行补充和修改，可以说每节课都是精益求精。在此基础上，吴老师最后还给我们把关。每堂课虽然没有经过试讲，但是取得的效果都是令人满意的。当然和专家相比，还是有差距。但是，这个过程极大地提高了团队的合作意识、团队的凝聚力。我们是一个小组，一个集体，“三人行，必有我师焉”，每个人都有自己的长处，我们互相帮助，取长补短，共同进步。吴老师引用萧伯纳的话：如果你有一个苹果，我有一个苹果，彼此交换，我们每个人仍然只有一个苹果；如果你有一种思想，我有一种思想，彼此交换，我们每个人就有了两种思想，甚至多于两种思想。

吴老师说，我们要自我成长，那就是反思实践。15 天的跟岗学习已经过去，但是学习的脚步却不能停下来。这次研修我们学到了很多，也获得了很多，我们应以这次研修为契机，回去之后反思自己的教学，并且在高阶思维的指导下改善和完备自己的专业素质。在这里，我们从相遇到相知，不仅收获了知识，更加收获了友情。最后吴老师亲笔签名给我们送上了他的著作，送上了他美好的祝福，也对我们提出了殷切的希望。一日为师，终身为师，我们真的很珍惜这次培训的机会，广东第二师范学院给我们提供了学习的平台，玉岩中学的吴老师热情地接待了我们，而且吴老师毫无保留地传授了他自己教书育人的心得。此次跟岗学习，最重要的是观念的改变，我们将以高阶思维看待我们的职业，看待我们的数学，看待我们的生活，看待世界。

2. 扶贫协作（送教）讲学与送教助学

（1）根据《广东省教育厅关于开展特级教师讲学团赴桂讲学的通知》（粤教师函〔2018〕97 号），2018 年 11 月 8 日到 11 月 10 日，受广州市教育局指派，广东省名教师工作室主持人吴和贵随广州市特级教师讲学团赴广西河池市开展扶贫协作（送教）讲学活动。河池市各县（区）教研室主任，市教科所全体人员，各高中学校领导及高中数学教师约250人参加了活动。吴和贵老师讲学的专题是“善教：教师专业发展之本”。与会人员一致认为该讲座体现了数学新课标的精神，对提升高中数学课堂教学效果有很强的指导性，效果很好。

本次帮扶培训的主要内容为数学学科教学策略、理念等，并就高考改革的方向、策略和做法，以及如何利用数据分析指导高考等进行讲授。

此次讲学活动是广西壮族自治区教育厅和广东省教育厅商定在河池市及百色市开展的粤桂教育扶贫协作活动项目。其目的是在优秀教育教学专家、名师的示范引领下，通过特级教师讲学团的讲学，帮助河池市高中学校一线教师更新教育教学理念，学习先进的教育教学方法，解决教师在教学工作中遇到的困惑及实际问题，满足教师对专业发展的内在需求，进而提高实施素质教育、开展有效教学的能力和水平，促进欠发达地区高中教育教学质量的提升。

（2）为进一步深化课堂教学改革，充分发挥示范性高中以及省名师工作室的辐射、示范引领作用，促进帮扶区域的教育均衡协调发展，实现教育资源共享，2018年12月3至4日，工作室培养对象郭根文参加广州市白云中学赴英德市英西中学送教活动。本次活动分为“同课异构”课堂教学展示、听课评课共促成长、集中座谈分享感悟三个环节。

（3）2019年10月24日至10月25日，广东省和广州市吴和贵名教师工作室成员赴清远市华侨中学开展送教下乡活动，其间开展了由工作室成员陈畅与清远市华侨中学李海波老师共同演绎的室校同课异构活动，并开展了听评课与座谈交流等教育教学活动。

六、支架梦想，共进前行

几年来，在全体成员的共同努力下，工作室成效显著。工作室主持人吴和贵被评为高中数学正高级教师和广东省特级教师，主持申报的项目“支架式教学模式的高中数学教学设计与实践研究”获2017年广东省教育教学成果奖（基础教育）二等奖，在实践中总结提炼出“支架数学”的教学主张，并形成了“激情促学，支架导思，转知为智，化识成慧”的教学风格。吴老师多次承担公开课、观摩课，多次在省、市、区、校教科研会上做专题讲座和交流发言，参加多项省、市级以上教育评估、评审和考核工作；在教育教学、辅导学生竞赛以及带领团队等方面多次实现历史性的突破，在本区域有较大的影响，发挥了很好的示范带动作用。工作室成员杨刚老师被评为清远市教坛标兵，刘护灵老师参加广州市基础教育系统新一轮“第3批名教师培养对象”项目培训并以优秀等级结业，郭根文、陈畅、陈友冬、吴光潮、胡能其、陈伟炼、张玉清、连明瑞等老师被评为广州市骨干教师；陈畅老师的“3.1.2概率的意义”获“一师一优课、一课一名师”市级“优课”；柏君意老师获广州市中学数学教师“教学设计比赛”高中组一等奖；刘护灵老师2018年获广州市数学年会论文一等奖及海珠区基础教育教学成果奖一等奖等。现已有10多人走上学校校级和中层领导岗位。据不完全统计，自工作室成立以来，工作室成员共获得综合性荣誉30多项，业务获奖50余项，主持或参与的区级以上课题30余项，发表论文20余篇，在各级各类教研活动中上公开示范课30多节次，在各级教研会上做中心发言（讲座）以及担任主要职务等示范引领40余人次……这些成绩的取得为我们工作室踏实的教研态度、专业的团队精神做了很好的诠释。

工作室主持人曾经在集中研修时寄语学员：教师成长是一个锲而不舍的探索过程，需要正确的途径。教师成长是一个负重前行的修炼过程，需要有力的支点。教师成长的三个支架：站在巨人的肩膀上成长靠名师引领，站在团队的肩膀上成长靠同伴互助，自我成长靠反思实践。研修只有起点，没有终点。在研修路上能走多远，靠的不是双脚，而是志向；能登多高，靠的不是身躯，而是意志；能做什么，靠的不是双手，而是智慧；要怎么教，靠的不是幻想，而是思考。

“至诚善学，笃信善教”，漫漫研修路上，你我同行，做研修的学者、践行的巨人。我们将继续心怀愿景，支架梦想，共进前行。

吴和贵

2020年11月6日